David D. Gilmore:

Mythos Mann

Wie Männer gemacht werden

Rollen, Rituale, Leitbilder

Mit einem Vorwort von
Maya Nadig

Aus dem Amerikanischen von
Eva Gärtner

Deutscher
Taschenbuch
Verlag

dtv

Ungekürzte Ausgabe
April 1993
Deutscher Taschenbuch Verlag GmbH und Co. KG, München

Titel der amerikanischen Originalausgabe:
Manhood in the Making. Cultural Concepts of Masculinity

ISBN 3-7608-1926-5
Umschlaggestaltung: Klaus Meyer
Umschlagabbildung: Angelika Fritsch
Gesamtherstellung: C. H. Beck'sche Buchdruckerei, Nördlingen
Printed in Germany · ISBN 3-423-30354-9

Das Buch

»Wann ist ein Mann ein Mann?« Der Refrain von Herbert Grönemeyers Hymne an sich und seine Geschlechtsgenossen fiel schon vor Jahren auf fruchtbaren Boden. Männer sahen ihr Dilemma auf den Punkt gebracht: Softie oder Macho oder einfach nur Mann sein, aber wie geht das? Inzwischen sind Männer-Bücher zu Bestsellern avanciert, und auf jedem Niveau – wissenschaftlich, populär oder peinlich – versichern sich Männer ihres Mannseins.
›Mythos Mann‹ von David D. Gilmore setzt hier einen Markstein: Zum ersten Mal gibt es einen umfassenden Überblick über Männlichkeitsbilder der unterschiedlichsten Kulturen rund um den Globus. Getrieben nicht von Ideologie, sondern von Neugier und Forscherdrang, führen ihn eigene Feldforschung und neuere ethnologische Erkenntnisse nach Polynesien, China, Japan, Afrika, in den brasilianischen Regenwald, den Mittelmeerraum und in die anglo-amerikanischen Gefilde. Gilmore findet bei der Interpretation dessen, was den Mythos vom »echten« Mann ausmacht, trotz aller Unterschiede zwischen grausamen Initiationsriten afrikanischer Stämme und dem Machismo Spaniens Gemeinsamkeiten. Und: Als Mann wird man nicht geboren, wächst auch nicht wie die Frau durch biologische Gegebenheiten in seine Rolle hinein, sondern Männer werden gemacht. Gilmore läßt sich jedoch nicht zu endgültigen Schlußfolgerungen verleiten über das Mann-Sein oder konstatiert gar eine naturgesetzliche Polarität Mann-Frau. Sein auf diesem Gebiet überfälliges Werk bietet der Diskussion über die Geschlechterrollen eine große, sachliche Materialfülle und neue Denkanstöße.

Der Autor

David D. Gilmore, am 19. August 1943 in New York geboren, lehrt als Professor für Anthropologie an der State University of New York. Die Geschlechterrollen in den verschiedenen Gesellschaften bilden das Grundthema seiner kulturanthropologischen Studien (›Sex and Gender in Southern Europe‹, 1985, ›Aggression and Community‹, 1987).

Inhalt

Wann aber, und nach welcher Prüfung, mit welchen Anzeichen setzt Männlichkeit ein? Physisch mit einem ersten Kriterium, juristisch mit einem anderen, moralisch mit einem dritten, geistig mit einem vierten – und alles bleibt vage.

Thomas De Quincey, *Autobiography*

Männlichkeit ist nicht etwas, das einem gegeben, etwas, mit dem man geboren wird, sondern etwas, das man erwirbt ... Und man erwirbt sie, indem man in Ehren kleine Schlachten gewinnt.

Norman Mailer, *Cannibals and Christians*

Für den Menschen wird weder im psychologischen noch biologischen Sinne eine reine Männlichkeit oder Weiblichkeit gefunden ... Jede Einzelperson weist vielmehr eine Vermengung ihres biologischen Geschlechtscharakters mit biologischen Zügen des anderen Geschlechts und eine Vereinigung von Aktivität und Passivität auf, sowohl insofern diese psychischen Charakterzüge von den biologischen abhängen, als auch insoweit sie unabhängig von ihnen sind.«

Sigmund Freud, *Drei Abhandlungen zur Sexualität*

Bist du ein Mann?

Shakespeare, *Macbeth*, 3. Akt, 4. Szene

Vorwort

Auf die Bitte, eine Einleitung zu David Gilmores Buch über die gesellschaftliche Konstruktion von Männlichkeitsbildern zu schreiben, habe ich spontan interessiert reagiert. Es erscheint mir wichtig, daß sich nun ein Mann auf Geschlechterfragen einzulassen wagt, den Frauen einiges abnimmt und sie mit seiner Sicht der Zusammenhänge bekannt macht. Ich erinnerte mich auch an eine frühere Untersuchung von Margaret und David Gilmore über den »Machismo« in Andalusien, in der die Autoren anhand eines psychodynamischen Ansatzes das Phänomen des Männlichkeitskultes analysieren. Indem sie die Strukturanalyse der gesellschaftlichen Situation mit psychoanalytischen Kategorien, also mit der subjektiven Erlebnisweise der Individuen verknüpften, gelang ihnen eine sehr differenzierte Aufschlüsselung der dortigen Macho-Verhaltensweisen, die die ökonomischen und psychischen Elemente des Phänomens erhellt.

Die vorliegende Studie von David Gilmore füllt eine Lücke in der Erforschung der Geschlechterbeziehung. Ethnologinnen, die seit mehr als zwanzig Jahren Fragen der gesellschaftlichen Konstruktion von Geschlechterbildern nachgehen, haben sich vorwiegend auf die Situation der Frau konzentriert – sie konnten dabei die Vorteile nutzen, die sie als Frauen aufgrund der Nähe zum Thema und der eigenen Betroffenheit hatten. Eine systematische Studie eines Mannes zur kulturellen Konstruktion männlicher Leitbilder hat bisher gefehlt. Die Studie von Gilmore holt vieles nach. Sie nimmt nicht nur die theoretischen und wissenschaftspolitischen Errungenschaften der Frauenforschung auf, sondern wendet sie auch fruchtbar an. Ich denke dabei an die Annahme, daß Geschlechterbilder immer kulturelle Konstrukte sind, an die Einsicht, daß es nicht von vornherein und unumstritten klar ist, was einen »Mann« und eine »Frau« eigentlich ausmacht, und an die psychoanalytischen Untersuchungen, die Wissenschaftlerinnen zur Psychodynamik der weiblichen Geschlechteridentität und der sozialen Komponenten, die sie beeinflussen, vorgelegt haben. Gilmore hat sie zur Kenntnis genommen, und baut auf den Erkenntnissen der letzten Jahrzehnte auf. Der Ansatz seiner Arbeit fügt sich in die Fragestellungen vieler feministischer Wissenschaftlerinnen ein und kann als deren Fortsetzung und Bereicherung betrachtet werden. Der Autor geht dabei von der Einsicht aus, daß die Untersuchung der Prozesse, die die Geschlechterrollen bestimmen, auf beiden Seiten, der männlichen und der weiblichen, ansetzen muß. Gerade auf der männlichen Seite besteht ein großer Nachholbedarf.

Der derzeitige Boom an Veröffentlichungen zum Thema Mann ist in erster Linie psychologisch, pädagogisch oder autobiographisch orientiert. Angesichts der Weite des Themas wirken alle drei Ansätze – für sich genommen – einseitig: Die Psychologie wird leicht individualisierend, die Pädagogik moralisierend und die Selbstdarstellung bekenntnishaft. In dieser Situation leistet das Buch von Gilmore etwas sehr Wichtiges und Nützliches: Es liefert zunächst einmal das Informations- und Erkenntnismaterial, auf dem die Diskussion über die Männlichkeit aufbauen kann. Gilmore geht dabei von der Feststellung aus, daß in allen Kulturen unserer Erde eine klar definierte Vorstellung davon existiert, wie ein »wahrer« oder »echter« Mann zu sein hat. Erstmals versucht er in einem breit angelegten Kulturvergleich aufzuzeigen,

- wie diese Männlichkeitsbilder in den verschiedensten Kulturen aussehen, was sie gemeinsam haben, aber auch, was sie unterscheidet
- wie der Vorstellung vom »echten« Mann in jeder Kultur Legalität und Wahrheitsgehalt verliehen wird und auf welche Weise Männer dazu gebracht werden, diesem Bild zu entsprechen, und
- welche gesellschaftlichen und individuellen Ziele den jeweiligen Männlichkeitsidealen zugrunde liegen.

Es geht Gilmore in seiner Arbeit nicht um eine Neudefinition des Rollenverständnisses, aber auch nicht um das Verhältnis der Geschlechter zueinander. Die Hierarchie der Geschlechter und die

Bedeutung der Unterdrückung der Frau für die Demonstration der »wahren« Männlichkeit sind nicht Thema seiner Studie. Ziel ist zunächst eine Bestandsaufnahme, eine wissenschaftlich fundierte und kritische Analyse der existierenden männlichen Rollenbilder.

Die Auswahl der Kulturen, die dargestellt werden, ist sehr breit. Beispiele aus Wildbeutergesellschaften, Gartenbau und Viehzucht treibenden Stämmen, von Bodenbauern und postindustriellen Zivilisationen werden abgehandelt. Gilmore berücksichtigt in seiner Untersuchung kriegerische wie pazifistische Gesellschaften, egalitäre und hierarchisch gegliederte, matrilineare, patrilineare und bilaterale Verwandtschaftssysteme. In allen Beispielen, die auf Materialien aus ethnologischen Monographien beruhen, geht Gilmore der Frage nach, warum die Männer ihren Status als »wahrer« oder »echter« Mann als ungewiß und gefährdet erleben und durch welche Praktiken und Rituale sie versuchen, sich wirkliche Männlichkeit zu sichern. Es ist interessant zu erfahren, daß sich die Männlichkeitsvorstellungen der wohlhabenden Klassen in England nicht grundsätzlich von denjenigen der Amhara oder der Pueblo-Indianer unterscheiden. In England werden die Knaben früh von den Eltern getrennt und in Internaten aufgezogen, in denen grausame, auch körperliche Prüfungen der Jüngeren durch die Älteren die Regel sind. Bei den Amhara in Äthiopien und den Pueblo in Neumexiko werden die angehenden Männer ebenfalls von ihren Familien getrennt und äußerst schmerzhaften und grausamen Initiationsritualen unterzogen, denen sie ohne jegliches Zeichen von Schwäche standhalten müssen. Gilmore zeigt, daß Männlichkeit nicht als natürlicher Zustand begriffen wird, »der spontan durch biologische Reife eintritt, sondern vielmehr als ein unsicherer oder künstlicher Zustand, den sich die Jungen gegen mächtige Widerstände erkämpfen müssen«. Die meisten Kulturen konstruieren auf sehr dramatische Art und Weise eine für sie geeignete Männlichkeit und stellen sie bildhaft dar. Die Männer werden angespornt, »Leib und Leben zu riskieren und ›starke‹ oder ›männliche‹ Gedanken zu haben«.

Männlichkeit ist kein biologisches Faktum und kein individueller psychischer Zustand, sondern ein kulturelles Produkt. Dieses Produkt kann von Kultur zu Kultur variieren, obwohl es ohne Frage auch

Ähnlichkeiten gibt. Gerade an der Darstellung des klassischen »Macho« wird diese Differenzierung deutlich, denn der andalusische, der griechische oder mexikanische Macho weist trotz aller Ähnlichkeiten wichtige sozial und historisch begründete Differenzen auf. Gilmores Insistieren auf der grundsätzlichen Künstlichkeit des Männlichkeitsbildes – so wie die Feministinnen seit Jahrzehnten auf der Künstlichkeit des Frauenbildes beharren – wirkt befreiend und öffnet Raum für vielschichtige Interpretationen.

Geschlechterideologien sind soziale Tatsachen, sagt Gilmore, sie sind kollektive Vorstellungen, welche die Menschen dazu zwingen, in bestimmten Formen zu handeln. Gleichzeitig führt er aus, daß bei einer ganzen Reihe von Kulturen (Fox, Pueblo, Truk, Kalymnos, Massai, Rendille, Jie, Samburu) die Mädchen zwar auch Initiationsriten durchmachen müssen, daß diese aber in keiner Weise von der entsprechenden Überzeugung geprägt sind, es würden hier »richtige« oder »echte« Frauen gemacht. »Weiblichkeit entwickelt sich für ... die oben genannten Völker auf natürlichem Wege, Weiblichkeit braucht keine kulturell bedingte Intervention, ihr Eintreten bei der ersten Monatsregel wird mehr gefeiert als durch Rituale erwirkt.«

Diese These ist provokant und wirft eine Reihe von Fragen auf, die im Rahmen von Gilmores Buch keinen Raum finden können. Ich möchte dies an einem Beispiel erläutern. Der mexikanische Machismo zum Beispiel ist eine soziale Tatsache; er unterscheidet sich vom mediterranen Machismo bereits dadurch, daß er in eine indianische Gesellschaft importiert wurde und sich unter kolonialen Verhältnissen entwickelt hat. Die Männlichkeitsideologie des Machismo bringt die Mexikaner nicht nur dazu, als Ernährer und Erzeuger zu funktionieren, sondern sich auch für die Verteidigung überlebenswichtiger Güter und Werte einzusetzen: ihre wirtschaftliche Subsistenz, die indianische Kultur, ihre Familie, ihre Frauen, die vor Ausbeutung und Unterdrückung geschützt werden müssen. Der Machismo erlaubt es den Männern aber auch, sich im Männlichkeitsgebaren selbst immer wieder Selbstbewußtsein und Würde anzueignen, die durch ihre soziale Unterdrückung bedroht ist. Interessant ist nun, daß der Machismo in Mexiko keineswegs eine einsame Männerherrlichkeit darstellt, sondern daß er im Geschlechterverhältnis eng bezogen ist auf das Verhalten der Frau, das ihm in komplementärer Weise entspricht. Es wird daher auch in Anlehnung an das Marienbild vom »Marianismo« gesprochen. Diesen »Marianismo«, also das kulturelle System der Weiblichkeitsbilder, habe ich in meinen ethnopsychoanalytischen Untersuchungen in Mexiko als ebenso künstlich erzeugt und multifunktional erfahren, wie es die von Gilmore dargestellten Männlichkeitsbilder sind. Der Marianismo, der sich scheinbar als Komplement dem Machismo anpaßt, stellt gleichzeitig auf ökonomischer, ethnischer und bevölkerungspolitischer Ebene ein komplexes Verhaltenssyndrom dar, das als gesellschaftspolitisch bedeutungsvoll verstanden werden muß. Gleichzeitig gelingt es den Frauen, dieses teilweise diskriminierende Weiblichkeitsbild in den Dienst ihrer vielfältigen persönlichen Interessen zu stellen und in dessen Schatten eigene Bedürfnisse zu befriedigen.

Die alte Streitfrage, ob das Männlichkeitsbild in der biologischen Ausstattung verankert sei, ob es sich aus der spezifischen Struktur der männlichen Psyche ergibt oder ob die Gesellschaft bestimmter Formen von Männlichkeit bedarf, diskutiert Gilmore sorgfältig und differenziert. Er trägt den gesellschaftlichen Erfordernissen und den biologischen Möglichkeiten Rechnung, nimmt aber auch Bezug auf neuere psychoanalytische Theorien über die Geschlechtsidentität. »Männlichkeit« wird als eine soziale und eine psychische Barriere verstanden, welche die Gesellschaft vor unkontrolliertem Individualismus und menschlichen Schwächen schützt, die das Leben der Gruppe gefährden müßten. Zugleich hebt Gilmore hervor, daß diese Barriere dem Individuum einen Schutz vor regressiven Wünschen bietet, vor dem Drang, zu früheren, oft befriedigenderen Entwicklungsphasen zurückzukehren und der aktuellen Realität auszuweichen. Jede Kultur hält es für nötig, den an sich schwachen und zur Regression neigenden Männern gewaltsam eine »progressive« Verhaltensnorm aufzuzwingen. Diese Tatsache erklärt uns viel von dem Streß, der mit der männlichen Rolle verbunden ist. Er entspringt dem Zwang, als Mann bestimmten »fremden« Standards entsprechen zu müssen. Es gibt offenbar keine Kultur, die davon ausgeht, daß Männer an sich stark, tüchtig und potent seien; überall sollen sie erst durch Prüfungen, Leiden und sozialen Zwang dazu gemacht werden.

Die Narben der physischen Leiden schreiben unauslöschbar in ihre Körper ein, daß sie nur bei Lebensgefahr den Weg der Männlichkeit verlassen können. Später werden unmännliche Verhaltensweisen mit sozialer Ächtung, Ausschluß aus der Gruppe der »wahren Männer« und mit Diskriminierung bestraft. Der damit verbundene Verlust der sozialen Identität kann lebensbedrohend sein.

Die Tragweite und Aktualität solcher Fragen wird deutlich, wenn wir uns vergegenwärtigen, bis zu welchem Ausmaß sie in unserem Alltag eine Rolle spielen. Aus der therapeutischen Praxis eines Kollegen weiß ich von einem 14jährigen Jungen, der wegen depressiver Verstimmung, Apathie und eines Rückzuges aus seinen sozialen Beziehungen zur Beratung kam. Nach mehreren Sitzungen wurde deutlich, daß der Junge in einem Identitätskonflikt steht, der seine Kräfte und Möglichkeiten überfordert. Er ist der Sohn von aufgeklärten, sozialkritischen Eltern. Sie sind gesellschaftlich engagierte Pädagogen und Wissenschaftler; die Frau ist eine bewußte Feministin. Der Knabe hat in der Familie ein freundliches, eher menschen- als rollenbezogenes Milieu erfahren, in dem er und seine Schwestern »gleich« behandelt werden. In der Schule und den Peergroups nun fällt der großgewachsene und kräftige Junge wegen seiner klugen Friedfertigkeit aus dem Rahmen. Nähert er sich seinen Klassenkollegen an und läßt sich auf deren erste Versuche ein, Männlichkeit zu demonstrieren – wie Lautstärke, Protzen, Verächtlichkeit gegenüber den Mädchen und Grobheiten –, so kommt er ihnen zwar nahe, entfremdet sich aber zugleich unverhältnismäßig von der Familie, wo Schwestern und Mutter sich über ihn lustig machen. Zugleich aber kann er die Gespräche und Einstellungen der Familie nicht mit männlichen Kameraden teilen, denn damit erscheint er ihnen fremd und beunruhigend. Er ist blockiert und von einer Identitätsverwirrung bedroht. Seine schweren Symptome sind Ausdruck der existentiellen Konflikte, die eine Distanzierung von den gültigen Männlichkeitsbildern mit sich bringen kann.

Die Angst vor einem Versagen ist allgegenwärtig und bewirkt, daß sich die männlichen Individuen den kulturellen Normen und gesellschaftlichen Erwartungen anpassen. Das Moralsystem der »wahren Männlichkeit« garantiert soziale Kontrolle und stellt sicher, daß sich die Männer »richtig« verhalten. Die gesellschaftspolitische Brauchbarkeit der Männlichkeitsbilder scheint sich in allen untersuchten Kulturen zu bestätigen; damit stellen diese Materialien eine Ausweitung jener Arbeiten dar, die dieser These bezüglich der kapitalistischen Gesellschaft nachgegangen sind. Ich denke dabei an Gerhard Vinnai, der als Sozialpsychologe und Marxist das »Elend der Männlichkeit« im Kapitalismus darstellte, und Klaus Theweleit, der als Schriftsteller und Literaturwissenschaftler die gesellschaftliche Produktion von »Männerphantasien« im Bereich der Symbole und Sprache untersucht hat. Gilmore veranschaulicht nun als Kulturanthropologe in seinem Buch sehr plastisch die innere Schlüssigkeit vieler unterschiedlicher sozio-psychischer Systeme von Männlichkeit, in denen die Komponenten der gesellschaftlichen Erfordernisse sowie der sozialen und der persönlichen Identität ineinandergreifen. Sein Buch bietet – in Ergänzung zu der Vielfalt an Untersuchungen über analoge Zusammenhänge bei der Frau – eine Fülle von Material und Ansätzen, die zum Weiterdenken und zweifellos auch zu neuen Kontroversen anregen.

Maya Nadig

Einführung

Der Vergleich ist das Grundlegende. Selbst um eine »Kultur« zu betrachten, muß man sie isolieren und vergleichen.

James Boon, *Other Tribes, Other Scribes*

In diesem Buch geht es um die Art und Weise, in der Menschen verschiedener Kulturen Männlichkeit empfinden und erfahren, also um den in jeder gegebenen Gesellschaft anerkannten Weg, zu einem erwachsenen Mann zu werden. Im besonderen geht es um die Frage, warum die Männer an so vielen Orten den Zustand, ein »echter« oder ein »wahrer Mann« zu sein, als ungewiß oder gefährdet ansehen, als einen Preis, der gewonnen oder auch durch Kampf errungen werden muß, und warum so viele Gesellschaften mittels kultureller Sanktionen, Ritualen oder Prüfungen von Geschick und Ausdauer ein schwer greifbares oder ausgrenzendes Männlichkeitsbild aufbauen.

Um diese Probleme aus einer kulturübergreifenden Perspektive zu untersuchen, möchte dieses Buch ein Panorama von Männlichkeitsbegriffen in westlichen wie nichtwestlichen Kulturen und Überlieferungen entfalten. Thematisch fügt sich diese Studie über kulturelle Konstruktionen und die Bedeutung von geschlechtsbestimmten Stereotypen, in diesem Fall von männlichen, daher in den breiteren Zusammenhang der generellen Konzentration der Anthropologie auf Geschlechterrollen ein. Sie begrenzt sich jedoch auf die Ideologie der Männlichkeit, ein Thema, das, wie ich glaube, ungerechtfertigterweise in der heutigen wachsenden feministischen Literatur der Kulturanthropologie vernachlässigt wird. Ich meine, daß die Rollen der Frauen in dieser Literatur erfolgreich und notwendigerweise neu untersucht werden, während Männlichkeit noch immer als »selbstverständliches« Syndrom hingenommen wird. Judith Shapiro (1979, 269) sagte über die zunehmende feministische Literatur in der Anthropologie: »Schwerpunkt sind die Frauen; die sozialen und kulturellen Dimensionen des Mannseins werden häufig eher implizit als explizit behandelt. Darüber hinaus ist vieles der neueren kulturübergreifenden Forschung nicht nur über Frauen, sondern von Frauen und in gewissem Sinne für Frauen erarbeitet.« Ich denke, beide Geschlechterrollen und -stereotypen müssen in Betracht gezogen werden, unter anderem auch, weil sie sich gegenseitig erhellen. Das ist der Sinn dieser Arbeit über Männlichkeit, über ihre Verkleidungen, Erfahrungen, Bedeutungen. Es ist daher ein Buch über Männer, aber ganz gewiß nicht für Männer allein.

Im Einklang mit der ehrwürdigen Tradition der Ethnologie, unterschiedliche Kulturen als Beispiele heranzuziehen, habe ich versucht, Aufschlußreiches über männliche Ideologien von jedem Typ der in der zeitgenössischen Kulturtheorie anerkannten sozioökonomischen Kategorien vorzuführen. Es sind Beispiele von Wildbeutergesellschaften, von Gartenbau und Viehzucht treibenden Stämmen, von Bodenbauern und postindustriellen Zivilisationen, alle ohne bestimmte Reihenfolge und ohne evolutionären Bezugsrahmen registriert. Die bewohnten Kontinente sind durch ethnographische Beispiele (wieder ohne besondere Reihenfolge) repräsentiert, und wir begegnen männlichen Idealen aus Krieger- und pazifistischen Gesellschaften, egalitären und hierarchisch gegliederten, aus matrilinearen, patrilinearen und bilateralen Verwandtschaftssystemen. Die Auswahl ist somit einigermaßen breitgefächert, jedoch kann keine ethnographische Sammlung von Beispielen jemals abschließend sein, und das Fehlen von genaueren Untersuchungen über die Ureinwohner Nordamerikas, der Arktis, Australiens sowie über Nordeuropa und andere Orte ist mir bewußt. Wahrscheinlich werden andere Forscher die Lücken über diese Gebiete in der Literatur eines Tages füllen.

Mit Hilfe von Felddaten und Sekundärliteratur versuche ich im Rahmen dieser verhältnismäßig breiten Skala, der Bedeutung der Forderung, »ein Mann zu sein«, nachzugehen – einer Forderung, die so gut wie überall in der Welt von Gesellschaften erhoben wird. Auf der Basis des ethnographischen Materials gehe ich davon aus, daß bei den Kriterien der männlichen Rolle etwas fast Generisches, Geschlechtsspezifisches, Repetitives eine Rolle spielt. Unter den verschiedenen äußerlichen Akzentuierungen oder Formen gibt es gewisse Übereinstimmungen an Konzepten, Symbolisierungen und Ermahnungen zur Männlichkeit, jedoch – und dies ist wichtig – keineswegs in allen Gesellschaften. Ich werde hier die Tendenzen oder Parallelen der Männlichkeitsleitbilder in der Welt darlegen, wobei es sich eher um Allgegenwärtigkeit als um eine Universalität handelt. Des weiteren möchte ich einige vorsichtige Antworten auf die Frage geben, warum diese weitverbreiteten Ähnlichkeiten in männlichen Leitbildern, diese sich wiederholende »Tiefenstruktur von Maskulinität«, wie sie von manchen Forschern genannt wurde (Tolson 1977, 56), in Kulturen anzutreffen sind, die sich ansonsten sehr voneinander unterscheiden. Die Erklärungen werden einige Aspekte psychoanalytischer Theorie und einige kürzlich entwickelte neofreudianische Vorstellungen über die Entwicklung männlicher Geschlechtsidentität einschließen, aber ich werde später ausführen, daß derartige Theorien im Zusammenhang mit materialistischen Perspektiven gesehen werden müssen und daß dem Verhältnis, in dem innerpsychische Vorgänge zur sozialen Organisation der Produktion stehen, Rechnung getragen werden muß. Auf diese Weise wird bald deutlich werden, daß meine Methode grundsätzlich eine funktionelle ist. Ich werde zeigen, daß Männlichkeitsideale einen unverzichtbaren Beitrag sowohl zu der Kontinuität sozialer Systeme wie zur psychologischen Integration der Männer in ihre Gemeinschaft darstellen. Ich sehe diese Phänomene nicht als gegeben an, sondern als Teil des existentiellen »Ordnungsproblems«, das alle Gesellschaften lösen müssen, indem sie die Menschen ermutigen, bestimmte Handlungsweisen zu praktizieren, welche die individuelle Entwicklung und gleichzeitig den Anpassungsprozeß an die Gruppe erleichtern. Geschlechterrollen stellen eine dieser problemlösenden Verhaltensweisen dar.

Ausdrücklich möchte ich betonen, daß diese Studie kein Beitrag zu der philosophischen Debatte um Funktionalismus in den Sozialwissenschaften sein soll. Ein strukturloser Funktionalismus malinowskischer Art, der fast ausschließlich auf die menschliche Biologie gegründet ist und zum Vergleichen von Einzelphänomen neigt, ist eindeutig teleologisch, wie seine Kritiker gezeigt haben, und führt zu Zirkelschlüssen, sobald er unkritisch angewandt wird. Meine Ansicht von funktioneller Interpretation, die zwar durchaus Malinowski und Radcliffe-Browns klassischem Konzept sozialer Struktur einiges schuldet, versucht hingegen, das Zusammentreffen von manifesten und latenten Funktionen dialektisch zu durchdringen. Dies geschieht, indem ich zu zeigen versuche, wie ein bestimmtes Verhalten unter bestimmten Bedingungen als Anpassungsstrategie funktioniert, während gleichzeitig die individuellen Bedürfnisse und sozialen Erfordernisse durch Sanktionen und Belohnungen miteinander in Einklang gebracht werden. Dadurch können abweichende Fälle (siehe Kapitel 9) innerhalb der gleichen Rahmeninterpretation leichter verständlich werden, statt lediglich als Negativbeispiele zu fungieren. Ich bin mir bewußt, daß dieses Buch nur ein behutsamer erster Schritt in Richtung synoptischer Männlichkeitsstudien sein kann, einem Forschungsgebiet, das noch in den Kinderschuhen steckt; entsprechend sollten meine Schlußfolgerungen eher als erste Deutungsversuche denn als endgültig aufgefaßt werden.

Wie wir in den folgenden Kapiteln sehen werden, sind die Vorstellungen und Ängste in bezug auf Männlichkeit als spezieller Leistungskategorie – mit graduellen Unterschieden – in der ganzen Welt verbreitet; sie sind aber dennoch nicht unbedingt universal. Es gibt Ausnahmen: Kulturen, in denen Mannsein für Männer nur von minimalem Interesse ist oder in denen das Problem als symbolische Kategorie von beiden Geschlechtern gänzlich negiert wird. In Kapitel 9 werde ich mich bemühen, diese von der Norm abweichenden Fälle in Übereinstimmung mit meinem Interpretationsmodell zu erklären.

Aufgrund des Verlaufs meiner eigenen anthropologischen Ausbildung begannen meine Untersuchungen zur Bedeutung von Männlichkeit vor langer Zeit in Andalusien, einer der kulturell konservativsten Regionen Spaniens. Dort fand ich bei den Männern eine alles durchdringende Besorgtheit um ihre Männlichkeit und ein kulturelles Ideal des Mannsein vor; ein Leitbild, das von der öffentlichen Meinung – von den meisten Frauen ebenso wie von den Männern – hochgehalten wurde. Ganz besonders interessant an dem andalusischen Männlichkeitsbild – *machismo*, ein Wort, das von vielen anderen Sprachen übernommen wurde – war die Allgemeingültigkeit des Bildes. Es wurde von der Gesellschaft als ganzer für wertvoll und unverzichtbar gehalten und bildete daher für beide Geschlechter eine integrale Komponente der traditionellen spanischen Kultur. Diese kulturelle Konkretisierung des männlichen Leitbildes, die in gewissem Grade auch in vielen anderen Gesellschaften stattfindet, brachte mich zu der Annahme, daß das Männlichkeitsideal ursprünglich nicht rein psychogenetisch sei, sondern auch ein kulturell auferlegtes Leitbild darstellt, dem sich Männer anpassen müssen, ob sie es nun psychologisch kongenial finden oder nicht. Es handelt sich also nicht einfach um eine Spiegelung individueller Psychologie, sondern um einen Teil der öffentlichen Kultur, um eine Darstellung kollektiven Bewußtseins. Wenn das stimmt, dann muß es soziokulturelle wie psychodynamische Gründe dafür geben, und diese müssen sich einer vergleichenden anthropologischen Analyse unterwerfen lassen. So glaube ich, daß die beste Methode, an das Problem heranzugehen, eine methodologische Mischung ist, die kulturellen Materialismus mit analytischer Persönlichkeitspsychologie kombiniert.

Der psychologisch orientierte Anthropologe Robert LeVine (1973) hat diesen Ansatz »Zweisystem«-Methode genannt. Er sieht das Individuum als ein Mitglied der Gesellschaft, das zwei Arten von Anforderungen ausbalancieren muß. Die einen ergeben sich aus seinen eigenen psychischen Konflikten, und die anderen werden von außen an ihn herangetragen als Resultat seines Bedürfnisses nach kultureller Konformität und Akzeptanz. Das Verhalten des Individuums wird also als Kompromißlösung für diese getrennten und zuweilen gegensätzlichen Anforderungen begriffen. Meine Anwendung dieses Schemas ist insoweit funktionell, als sie das individuelle Verhalten als Reaktion auf – oder als Lösungsstrategie für – inhärente Probleme der menschlichen Existenz betrachtet, und ich mit geringstem methodischem Aufwand möglichst viel erklären möchte.

Von Andalusien und der mediterranen Welt begeben wir uns zu anderen sehr fernen Kulturen. Wir werden Gesellschaften kennenlernen, in denen anspornende männliche Leitbilder zwar ebenfalls vorherrschen, jedoch auf ganz andere Weise und in unterschiedlicher Intensität zum Ausdruck gelangen. Wir werden nach Mikronesien, Melanesien, Äquatorialafrika, zu den Indianern Südamerikas, nach

Süd- und Ostasien reisen, mit Abstechern in den Nahen Osten, nach Nordamerika, England und ins Griechenland der Antike. An all diesen Orten ist das Bestreben, einem betonten Männlichkeitsideal zu entsprechen, ein häufiges Thema, das allerdings auch oft, gesellschaftlich gesehen, in gedämpfterer Tonart behandelt wird als beispielsweise in Südspanien, Sizilien oder Mexiko. Angesichts seines sehr weiten Einzugsbereichs ist dieses Buch eine Übung in vergleichender Kulturforschung ohne geographische oder sprachliche Begrenzungen. Zugegebenermaßen habe ich es aus männlicher Perspektive geschrieben und Daten benutzt, die vorwiegend (aber nicht ausschließlich) von männlichen Anthropologen gesammelt sind, jedoch einfach deswegen, weil es die einzigen im Moment verfügbaren sind. Aber das Buch sieht in der männlichen Geschlechtsidentität eine Problematik, ein Dilemma, ein ungelöstes Kryptogramm oder Rätsel, es nimmt nichts als selbstverständlich gegeben hin, und es stützt sich auch auf Felddaten aus Spanien, die von weiblicher Seite zusammengetragen wurden.

Zur Methode

Bevor wir uns die Fakten vornehmen, möchte ich kurz die Frage der vergleichenden Methode als solche erörtern, um spätere methodologische Probleme zu vermeiden. Wie geht man vor, wenn man Geschlechterideale in verschiedenen Kulturen vergleichen will, ohne einzelne Züge aus ihrem natürlichen Zusammenhang zu lösen? Wie mißt man die normativen Variablen, ohne auf Apriorismen zurückzugreifen? Obwohl sich die Kulturanthropologie als die vergleichende Wissenschaft par excellence empfiehlt, hat es niemals wirklich einen allgemeinen Konsens über irgendein Vorgehen gegeben, das man als »vergleichende ethnographische Methode« bezeichnen könnte (vgl. Kuper 1983, 197). In den folgenden Kapiteln werde ich mich von S. F. Nadel (1951) leiten lassen, von einem der Gründerväter der Anthropologie, dessen vergleichendes Vorgehen vor kurzem durch Fredrik Barth bei einer kulturübergreifenden Studie über rituelle Praktiken in Neuguinea (1987) sehr fruchtbar eingesetzt wurde. Barths Zurückgreifen auf Nadel ist ein guter Ansatzpunkt für den Beginn dieser Untersuchung.

Barth weist darauf hin, daß Nadels vergleichende Methode eher synthetisch als typologisch ist. Nadel sieht im komperativen Studium der kulturellen Vielfalt die entscheidende Komponente der anthropologischen Analyse, in gewissem Sinne ihre *raison d'être*. Wenn er auch die Wichtigkeit holistischer oder systematischer Beschreibung verschiedener Kulturen anerkennt, so betont er doch, daß der Kern des anthropologischen Vorgehens im vergleichenden Prüfen von Theorien liegt, indem er die notwendige Verflochtenheit zwischen *einigen Zügen* der verschiedenen Systeme festhält. Darüber hinaus lehnt Nadel eine *ceteris-paribus*-Klausel ab, das heißt: damit der Beobachter zu einer gültigen Schlußfolgerung gelangen kann über die Bedeutung statistischer Kovariation (das Ausmaß der Wechselwirkungen), sollten die verschiedenen Charakterzüge der Gesellschaft im einzelnen gerade *nicht* gleich sein. Sonst könnten die als Wechselwirkungen dargestellten Zusammenhänge einfach irgendeinen anderen, verborgenen Faktor innerhalb dieser Züge spiegeln.

Nadels Verfahrensweisen, die von Barth in seiner Studie über die Mountain-Ok im zentralen Hochland von Neuguinea erfolgreich angewendet wurden, sind wertvoll, denn sie gestatten uns, nach den Kontinuitäten zu fragen, die unter der fließenden temporalen Variabilität liegen, um hinter den äußerlichen Verhaltensmustern die Natur derjenigen verborgenen Charakterzüge zu identifizieren, welche die Struktur, auf der die offensichtlichen Ähnlichkeiten basieren, zu bilden scheinen. Indem wir die Muster der Variationen in ihrem Zusammenhang beobachten, sind wir vielleicht in der Lage, die Aufmerksamkeit auf die Wiederholung von Merkmalen zu lenken, die sonst verdeckt sind, und zu erkennen, wie sie sich systematisch in verschiedenen Zusammenhängen zueinander verhalten (Barth 1987, 10f.). Auf diese Weise können wir hier zunächst die vergleichende Methode folgendermaßen definieren: Sie identifiziert den empirischen Ordnungszusammenhang und die ihm zugrundeliegenden Kräfte durch den Vergleich von Variationen und ihrer Beziehungen zueinander. Statt gleiche »Dinge« nebeneinander zu setzen, vergleichen wir nun die variablen Komponenten oder Kriterien, aus denen sich diese Dinge in Form eines Konglomerats von verschiedenen empirischen Kategorien zusammensetzen – in diesem Fall als Komponenten der männlichen Geschlechtsideologie.

1. KAPITEL

Das Männlichkeitsdilemma

Es gibt Kontinuitäten in den Begriffen von Männlichkeit, die kulturelle Unterschiede transzendieren.

Thomas Gregor, *Anxious Pleasures*

Gibt es tatsächlich Kontinuitäten in den Männlichkeitsvorstellungen über kulturelle Grenzen hinweg, wie der Anthropologe Thomas Gregor sagt (1985, 209)? Sind sich Männer in ihrem Bemühen, »männlich« zu sein, überall gleich? Wenn ja – warum? Warum wird an so vielen Orten die an das männliche Geschlecht gerichtete Forderung erhoben, »ein Mann zu sein« oder zu »handeln wie ein Mann«? Und warum werden Jungen und junge Erwachsene so oft geprüft oder indoktriniert, bevor man ihnen ihre Männlichkeit zuspricht? Das sind Fragen, die in der wachsenden Literatur über Geschlechterrollen nicht häufig gestellt werden. Jedoch sind sie es, die angesichts des neuen Interesses an Geschlechterstereotypen in Betracht gezogen werden müssen, wenn wir beide Geschlechter und ihre Beziehungen zueinander verstehen wollen.

Alle Gesellschaften unterscheiden zwischen männlich und weiblich, unabhängig von anderen normativen Unterschieden, und alle Gesellschaften sehen auch institutionalisierte geschlechtsspezifische Rollen für erwachsene Männer und Frauen vor. In einigen wenigen Gesellschaften wird eine dritte Geschlechtskategorie anerkannt, wie die *berdache* bei den Cheyenne, die *xanith* bei den Omani und die *mahu* bei den Tahitianern (die wir später genauer untersuchen wollen). Aber auch in diesen seltenen Fällen androgyner Geschlechterrollen muß das Individuum seine Wahl der Identität fürs Leben treffen und sich an die vorgeschriebenen geschlechtsbestimmten Regeln halten. Darüber hinaus haben die meisten Gesellschaften Ideale, die auf einem allgemeinen Konsens beruhen, Leitbilder und mahnende Hinweise für Männlichkeit und Weiblichkeit, nach denen beurteilt wird, ob die einzelnen Mitglieder des einen oder anderen Geschlechts ihrer Rolle würdig sind, und die ganz allgemein auch als moralische Normen gelten. Ein derartiger Idealstatus wird für die meisten Individuen oft zusammen mit den dazugehörigen Bildern oder Vorbildern zum psychischen Anker oder verhilft zu psychologischer Identität; er dient als Basis für die Selbstwahrnehmung und Selbstachtung (D'Andrade 1974, 36).

Diese Geschlechterideale oder -leitbilder sind von Kultur zu Kultur verschieden. Jedoch gibt es unter den oberflächlichen Unterschieden, wie Gregor und andere (z. B. Brandes 1980, Lonner 1980, Raphael 1988) gezeigt haben, einige interessante Ähnlichkeiten zwischen Kulturen, die sonst wenig Gemeinsames aufweisen. Nun haben einige Beobachter unter dem Eindruck der statistischen Häufigkeit solcher Regelmäßigkeiten in den Geschlechtermustern neuerdings vertreten, daß die verschiedenen Kulturen sich in dieser Hinsicht eher ähneln als unterscheiden. Gregor beispielsweise studierte einen Stamm im Amazonasgebiet (1985, 200) und verglich dessen Geschlechterideale mit denen des zeitgenössischen Amerika. Nachdem er in vielen Fällen entdeckte, daß dort im Grunde von Männern und Frauen die gleichen Eigenschaften erwartet werden wie in den Vereinigten Staaten, kam er zu dem Schluß, daß unsere verschiedenen Kulturen lediglich eine symbolische Schutzschicht über einem Urgestein von geschlechtlichen Vorstellungen darstellen. Eine Arbeit des Psychologen Lonner (1980, 147) kommt zu derselben Schlußfolgerung: »Kultur ist nur ein dünnes Furnier, das eine wesentliche Allgemeingültigkeit« von Geschlechtsdimorphismus überdeckt. In ihrem umfassenden Überblick über Leitbilder für beide Geschlechter in dreißig verschiedenen Kulturen kommen Williams und Best (1982, 30) zu dem Ergebnis, daß in allen Kulturen eine »substantielle Ähnlichkeit« der Männer und Frauen zugewiesenen Charakteristik vorliege.

Ob Kultur wirklich nur ein dünnes Furnier über einer gleichen Tiefenstruktur ist oder nicht, das ist eine komplizierte Frage; wie die wenigen Gesellschaften mit einem dritten Geschlecht zeigen, müssen wir uns davor hüten, in jeder Kultur »den verborgenen westlichen

Menschen zu suchen« (Munroe und Munroe 1980, 25). Die meisten Sozialwissenschaftler sind sich jedoch darüber einig, daß es in der Tat erstaunliche kulturübergreifende Gesetzmäßigkeiten bei den üblichen männlichen und weiblichen Rollen gibt, unabhängig von den unterschiedlichen sozialen Ordnungen (Archer und Lloyd 1985, 283f.). Eine dieser Gesetzmäßigkeiten, die mich hier interessiert, betrifft die oft dramatische Art und Weise, in der sich Kulturen eine für sie geeignete Männlichkeit konstruieren und die männliche Rolle »bildhaft« darstellen. Insbesondere ist die immer wiederkehrende Auffassung bemerkenswert, daß wahre Männlichkeit nicht gleichzusetzen sei mit simpler anatomischer Männlichkeit. Männlichkeit wird also nicht als natürlicher Zustand begriffen, der spontan durch biologische Reife eintritt, sondern vielmehr als ein unsicherer oder künstlicher Zustand, den sich die Jungen gegen mächtige Widerstände erkämpfen müssen. Diese immer wiederkehrende Auffassung, daß Männlichkeit problematisch ist, eine entscheidende Schwelle, welche die Jugendlichen durch Prüfungen bewältigen müssen, findet sich auf allen Ebenen soziokultureller Entwicklung, ungeachtet möglicher anderer anerkannter alternativer Rollen. Sie findet sich bei den einfachsten Jägern und Fischern, unter Bauern und gebildeten Stadtbewohnern, sie findet sich auf allen Kontinenten, in jeder Umgebung. Und sie findet sich sowohl bei Kriegervölkern wie bei solchen, die niemals im Zorn getötet haben.

Außerdem zeigt sich an dieser Überzeugung ein grundlegender und ebenso durchgängiger Unterschied zu den parallelen Vorstellungen von Weiblichkeit. Auch wenn Frauen in jeder Gesellschaft nach zuweilen strengen Geschlechtsnormen beurteilt werden, so ist es doch selten, daß ihr Status als Frau davon berührt wird. Frauen, die nach solchen Normen als unzulänglich oder regelwidrig befunden werden, können als unmoralisch oder als unweiblich, undamenhaft eingestuft und entsprechenden Sanktionen unterworfen werden, aber ihr Recht auf Geschlechtsidentität wird höchst selten in ähnlich öffentlicher und dramatischer Form angezweifelt, wie das bei Männern geschieht. Allein der Mangel an sprachlichen Begriffen, die den abwertenden Adjektiven auf der männlichen Seite entsprechen könnten – »Schlappschwanz«, »weibisch«, »weichlich« und so weiter –, bezeugt diesen weltweit archetypischen Unterschied in der Beurteilung der Geschlechter. Und für Männer ist diese Art von aggressiver Herausforderung auch wesentlich bedrohlicher (und häufiger) als für Frauen.

Vielleicht sollte der Unterschied zwischen männlich und weiblich nicht über Gebühr strapaziert werden, denn »Weiblichkeit« ist auch etwas, das Frauen anstreben, die nach gesellschaftlicher Zustimmung trachten. Nur scheint Weiblichkeit als soziale Ikone anders beurteilt zu werden. Meistens geht es um Fragen körperlicher oder geschlechtlicher Reife oder um andere, im Grunde kosmetische Verhaltensformen, die eine vorhandene Charaktereigenschaft eher steigern als erzeugen. Echte Weiblichkeit bedarf selten irgendwelcher Prüfungen oder Beweise in Form von Taten oder Auseinandersetzungen mit gefährlichen Feinden, oder eines dramatisch auf offener Bühne ausgetragenen Wettstreits um Sieg oder Niederlage. Vielmehr wird Weiblichkeit häufiger als biologische Gegebenheit vorausgesetzt, die mit kulturellen Mitteln verfeinert oder verstärkt wird, als daß es bei ihr um eine entscheidende Schwelle, um traumatische Prüfungen oder ein Entweder-Oder ginge.

Männlichkeitsprüfungen: Ein Überblick

Betrachten wir nun ein paar Beispiele dieser problematischen Männlichkeit. Unser erstes Ziel ist die Insel Truk, ein kleines Atoll im Südpazifik. Seit Jahrhunderten hat die Bevölkerung von Truk als eifrige Fischer von der See gelebt, in tiefen Wassern gefischt und getaucht. Nach Ansicht der Anthropologen, die unter ihnen gelebt haben, sind die Männer von Truk geradezu besessen von der Beunruhigung um ihre Männlichkeit, die sie als bedroht empfinden. Um ein Bild von Männlichkeit aufzubauen, spornt man die Männer an, Leib und Leben zu riskieren und »starke« oder »männliche Gedanken« zu haben, wie die Einheimischen sagen (M. Marshall 1979). Entsprechend fordern die Männer ständig das Schicksal heraus, indem sie in winzigen Einbaumbooten auf Tiefseefischfang gehen und mit tollkühner Todesverachtung in Gewässern fischen, die von Haien verseucht sind. Schreckt ein Mann vor derartigen Herausforderungen zurück, dann lachen ihn seine männlichen und weiblichen Gefährten aus und nennen ihn weibisch und kindisch. An Land toben sich die Jugendlichen in Wochenendraufereien aus, betrinken sich sinnlos und jagen sexuellen Eroberungen nach, um ein männliches Image zu bekommen. Versagt ein Mann bei einem dieser Abenteuer, wird ihn ein anderer höhnisch fragen: »Bist du ein Mann? Komm her, ich werde dich jetzt töten« (ibid., 92).

Weit entfernt von Truk, auf der griechischen Insel Kalymnos in der Ägäis, sind die Menschen ebenfalls wagemutige Seefahrer und leben vom kommerziellen Schwammtauchen (Bernard, 1967). Die Männer von Kalymnos tauchen in der Tiefsee ohne Taucherausrüstung, die sie verachten. Tauchen ist daher ein Glücksspiel, denn viele Männer werden durch die Druckluft-Krankheit (Caisson-Krankheit) dabei fürs Leben versehrt oder verkrüppelt. Aber das spielt keine Rolle: Sie haben ihre kostbare Männlichkeit durch Todesverachtung bewiesen (ibid. 119). Junge Taucher, die mit Vorsichtsmaßnahmen arbeiten, werden von ihren Gefährten verhöhnt und verspottet.

Wenden wir uns von diesen beiden seefahrenden Völkern ins Innere von Schwarzafrika, wo Viehzucht die Stelle des Fischfangs einnimmt. Bei vielen ostafrikanischen Viehzüchterstämmen – bei den Massai, Rendille, Jie und Samburu – werden die jungen Knaben an der Schwelle zur Adoleszenz ihren Müttern fortgenommen und blutigen Beschneidungsriten unterzogen, durch die sie zu echten Männern werden sollen. Sie müssen sich der Qual des Messers fügen, ohne auch nur mit der Wimper zu zucken. Schreit ein Junge auf, während sein Fleisch beschnitten wird, zuckt er auch nur mit der Wimper oder dreht den Kopf zur Seite, wird ihm fürs ganze Leben die Männlichkeit abgesprochen und seine gesamte Verwandtschaft als eine Brutstätte von Schwächlingen geschmäht. Nach dieser harten Prüfung in aller Öffentlichkeit werden die jungen Initianden in der Wildnis in besonderen Schlafhäusern isoliert. Dort sind sie sich selbst überlassen und lernen die Aufgaben eines verantwortungsvollen Mannseins – Viehraub, Überfälle, Töten, Überleben im Busch. Wenn sie ihre lange Lehrzeit erfolgreich bestanden haben, kehren sie als Männer in die Gesellschaft zurück, und erst dann ist es ihnen gestattet, eine Frau zu nehmen.

Eine weitere dramatische afrikanische Initiation findet in Äthiopien statt. Dort leben die Amhara, ein zur semitischen Sprachgruppe gehörender Stamm von Ackerbauern. Sie glauben leidenschaftlich an die Kraft der Männlichkeit, *wand-nat* genannt. Diese Vorstellung bedingt Aggressivität, Kühnheit und »mutiges Handeln« angesichts von Gefahren; sie bedeutet, niemals bei Bedrohung zurückzuweichen (Levine 1966, 18). Um *wand-nat* zu zeigen, werden die jugendlichen Amhara gezwungen, sich in ein Ritual des Peitschens zu begeben, das *buhe* heißt (Reminick 1982, 32). Während der Zeremonien des Peitschens, an denen alle gesunden männlichen Adoleszenten um ihres guten Rufes willen teilnehmen müssen, ist die Luft erfüllt vom Krachen der Peitschen. Gesichter werden zerfleischt, Ohren aufgerissen, und rote und blutende Striemen zeigen sich überall an den Körpern (ibid., 33). Jegliches Zeichen von Schwäche wird mit Sticheleien und Spott bedacht. Als ob dies noch nicht genug sei, pflegen die Heranwachsenden der Amhara ihre Männlichkeit unter Beweis zu stellen, indem sie sich mit glühenden Kohlen Narben an den Armen zufügen (Levine 1966, 19). Auf diese rauhe Weise setzen die Jungen die strengen »Männlichkeitsrituale« der Amhara in die Tat um (Reminick 1976, 760).

Bezeichnenderweise lassen es diese virilen Äthiopier nicht bei solchen gewalttätigen Prüfungen bewenden. Außer physische Widerstandskraft und Mut zu zeigen, muß ein junger Mann seine sexuelle Potenz in der Hochzeitsnacht unter Beweis stellen, indem er den versammelten Verwandten zum Zeichen des Vollzugs der Ehe ein blutiges Bettuch vorweist (ibid., 760f.). Diese zeremonielle Defloration soll nicht nur die Jungfräulichkeit der Braut bezeugen, sondern ist für den Amhara-Bräutigam ein Talisman seiner Männlichkeit. Männlichkeitsbeweise sind bei den Amhara wie bei den Bewohnern von Truk sowohl sexueller wie gewalttätiger Natur, und die Leistungskraft auf dem Schlachtfeld ebenso wie im Ehebett muß vor der Gruppe sichtbar zur Schau gestellt und von ihr zur Kenntnis genommen werden, sonst ist der Mann kein Mann.

Auch in den hohen Bergen von Melanesien, eine halbe Weltreise entfernt, unterziehen sich die Jungen männlichen Proben, bevor sie in den ausgewählten Klub der Männlichkeit aufgenommen werden. Im Hochland Neuguineas werden die Jungen ihren Müttern entrissen und gezwungen, eine Reihe brutaler Rituale durchzumachen (Herdt 1982). Dazu gehören Auspeitschen, Schläge mit Holzflegeln und andere Formen der Terrorisierung durch ältere Männer; alles muß stoisch und schweigend ertragen werden. Wie in Äthiopien wird Fleisch aufgeschlitzt, und Blut fließt reichlich. Die Hochlandbewohner meinen, ohne diese Schindereien würden Jungen niemals zu Männern reifen, sondern schwach und kindlich bleiben. Echte Männer werden gemacht, nicht geboren, behaupten sie.

Parallelen

Diese letzten Beispiele weisen zweifellos einige Ähnlichkeiten auf, die auch in den jeweiligen Zusammenhängen vergleichbar sind. Amhara, Massai und die Hochlandvölker in Neuguinea haben außer dem Kult des Männlichen eines gemeinsam: Es sind wilde Kriegervölker, oder sie waren es noch vor kurzer Zeit. Man könnte sagen, ihre blutigen Riten bereiten die Jungen für das idealisierte Leben des Kriegers vor, das sie erwartet. Eine Parallele ist vielleicht offensichtlich: Einige westliche Kulturen unterwerfen ebenfalls sanfte Jugendliche rauhen Quälereien und Initiationen, um sie für eine Soldatenkarriere abzuhärten, wie zum Beispiel die U.S. Marines (Raphael 1988). Doch derartige Prüfungen finden sich keineswegs nur in militaristischen Kulturen oder Kasten. Betrachten wir ein weiteres Beispiel aus Afrika.

Auch bei den verhältnismäßig friedlichen !Kung-Buschmännern Südwestafrikas (Thomas 1959, Lee 1979) ist Männlichkeit ein Preis, der durch einen Test errungen wird. Diese nicht gewalttätigen Buschmänner, die sich sehr treffend als »Das harmlose Volk« bezeichnen, haben niemals in ihrem Leben einen Krieg geführt. Sie besitzen keine militärischen Waffen, und sie mißbilligen physische Gewalt (die allerdings zuweilen doch vorkommt). Und dennoch müssen die Jungen selbst hier, in einer Kultur, die Friedfertigkeit und Zusammenarbeit über alles stellt, durch Prüfungen in Geschicklichkeit und Ausdauer das Recht erwerben, Männer genannt zu werden. Sie müssen ganz allein eine ausgewachsene Antilope von ansehnlicher Größe aufspüren, verfolgen und töten, eine Tat, die Mut und Härte verlangt. Erst nachdem sie zum erstenmal ein derartig großes Tier getötet haben, werden sie als Männer im vollen Sinne anerkannt und dürfen heiraten.

Beispiele betonter Männlichkeit bei sanfteren Völkern finden sich auch in der Neuen Welt, bei der Urbevölkerung Nordamerikas. Unter den nichtgewalttätigen Fox-Stämmen in Iowa tritt das »Mannsein« beispielsweise nicht von selbst ein (Gearing 1970, 51). Dort heißt es, daß echte Männlichkeit das »große Unmögliche« sei, ein exklusiver Status, den nach den strengen Normen der Beherrschung von Stammesangelegenheiten und wirtschaftlichen Erfordernissen nur die ganz wenigen Fähigen erreichen können (ibid., 51f.). Ein weiteres Beispiel ist das Volk der Tewa in Neumexiko, auch Pueblo-Indianer genannt. Diese friedlichen Farmer mit ihrer beschaulichen Kultur gaben im letzten Jahrhundert jede Kriegführung auf. Und dennoch unterwerfen sie ihre Jungen brutalen Schindereien, bevor diese als Männer gelten können. Im Alter zwischen zwölf und fünfzehn Jahren werden die Jungen von ihren Familien getrennt, durch rituelle Zeremonien gereinigt und sodann von den Kachinageistern (ihren verkleideten Vätern) mitleidlos gepeitscht. Jeder Junge wird nackt ausgezogen und viermal mit einer harten Yucca-Peitsche, die blutige Striemen verursacht und bleibende Narben hinterläßt, auf den Rücken geschlagen. Von den Jugendlichen wird erwartet, daß sie zum Beweis ihrer Stärke die Schläge unbewegt ertragen. Die Tewa glauben, dieser Ritus mache die Jungen zu Männern, ohne ihn wäre ihre Männlichkeit zweifelhaft. Nach dieser Prüfung sagen ihnen die Kachinageister: »Jetzt seid ihr Männer... Ihr seid zum Mann gemacht« (Hill 1982, 220). Zwar haben auch die Mädchen der Tewa ihre eigenen (gewaltlosen) Initiationen, doch ohne die entsprechende Überzeugung, sie würden zu Frauen *gemacht*: Für Mädchen gibt es kein »großes Unmögliches«. Weiblichkeit entwickelt sich für die Tewa, die Fox und die anderen obengenannten Völker auf natürlichem Wege, Weiblichkeit braucht keine kulturell bedingte Intervention, ihr Eintreten bei der ersten Monatsregel wird mehr gefeiert als durch ein Ritual erwirkt (ibid., 209f.).

Auch sind solche fordernden Gebote, sich als Mann zu erweisen, keineswegs auf primitive Völker begrenzt. In lateinamerikanischen Städten beispielsweise, die Oscar Lewis beschreibt (1989), muß ein Mann seine Männlichkeit tagtäglich unter Beweis stellen, muß sich Herausforderungen und Beleidigungen gegenüber behaupten, auch wenn er dabei »lächelnd« den Tod in Kauf nimmt. Ebenso muß sich der städtische Mexikaner nicht nur als stark und mutig erweisen und in jedem Moment bereit sein, die Ehre seiner Familie zu verteidigen; er muß sich wie der Amhara auch sexuell bewähren und viele Kinder zeugen.

Solche Macholeistungen sind desgleichen bei vielen Bauern- und Hirtenvölkern üblich, die in der Wiege der alten mediterranen Kulturen leben. Auf dem Balkan ist zum Beispiel die Kategorie »echter Mann« klar definiert. Ein echter Mann ist einer, der schwer trinkt, großzügig Geld ausgibt, tapfer kämpft und eine große Familie aufzieht (Simic 1969 u. 1983). Auf diese Weise zeigt er eine »unbezähmbare Virilität«, die ihn von verweichlichten Fälschungen abhebt (Denich 1974, 250). In Ostmarokko unterscheiden sich wahre Männer von den verweichlichten durch Lust am Streit und sexuelle Potenz; ihre männlichen Taten werden bei Festen vor der bewundernden Menge in Versen besungen, ihre Männlichkeit so praktisch von der ganzen Gemeinde gefeiert (Marcus 1987, 50). Desgleichen werden bei den Beduinen in der westlichen Wüste Ägyptens »wahre Männer« von den verachtungswürdigen Schwächlichen abgegrenzt, die »keine Männer« sind. Wahre Beduinenmänner sind kühn und tapfer und kennen keine Furcht. Sie setzen um jeden Preis ihren Willen durch und stellen sich jeder Herausforderung; ihre Hauptattribute sind »Durchsetzungsvermögen und die Qualität der Potenz« (Abu-Lughod 1986, 88f.). Weiter nördlich übers Meer, besingen die Männer im christlichen Kreta in ihren Kaffeehäusern stolz die eigene Männlichkeit mit Siegesliedern, was Michael Herzfeld (1985a, 15) dazu bewegte, ihre Selbstbeweihräucherung als »Poesie der Männlichkeit« zu charakterisieren. Diese Kreter müssen ihr »männliches Selbstgefühl« demonstrieren, indem sie Schafe stehlen, große Familien hervorbringen und andere Männer bei Glücks- und Geschicklichkeitsspielen übertreffen (ibid.).

Beispiele für diese forcierte Männlichkeit mit ihren geradezu magischen Attributen, könnte man in unendlicher Zahl und für alle Arten von Gesellschaften aufzählen. Für die meisten der Völker, die von Anthropologen erforscht wurden, ist Männlichkeit ein wertvoller und schwer zu fassender Status, der mehr bedeutet als physisches Mannsein. Sie ist ein anspornendes Leitbild, dem Männer und Jungen auf Gebot ihrer Kultur nacheifern müssen, wollen sie dazugehören. Diese umkämpfte Qualität wird nicht überall gleich stark betont; in Südspanien, Marokko, Ägypten und einigen anderen Überlieferungen des Mittelmeerraums ist sie besonders wichtig. In anderen Kulturen jedoch läßt diese Männlichkeit häufig eine innere Unsicherheit durchscheinen, die dramatische Beweise nötig hat. Ihre Rechtfertigung ist fragwürdig, sie beruht auf starren Gesetzen entschlossenen Handelns in vielen Lebenssphären: als Ehemann, Vater, Liebhaber, Versorger und Krieger. Es geht um einen exklusiven Status, denn es gibt immer Männer, welche die Prüfung nicht bestehen. Das sind dann die negativen Gegenbeispiele, die Schlappschwänze, die Männer-die-keine-sind, auf die man entrüstet hinweist – als Ansporn, dem ruhmreichen Ideal nachzueifern.

Vielleicht scheinen uns diese theatralischen Wege zur Männlichkeit auf den ersten Blick bizarr. Aber sie sollten gerade die Mehrzahl der westlichen Leser nicht wirklich überraschen, denn auch wir haben in unserer volkstümlichen Kultur wie in der Literatur unsere Männlichkeitsüberlieferungen. Vielleicht bevorzugen wir weniger hochtrabende Ausdrucksweisen als die Amhara oder Truk-Insulaner, aber auch bei uns wurde Männlichkeit als ein künstlicher Zustand, als Herausforderung betrachtet, als Preis, der durch harten Kampf errungen werden muß. Wenn Männlichkeit bei uns auch nicht als »großes Unmögliches« gilt, so doch gewiß als fragwürdig.

Nehmen wir ein Volk und eine soziale Schicht, die von den soeben genannten sehr weit entfernt ist: die Klasse der Wohlhabenden im modernen England. Dort wurden die kleinen Jungen auf dem Weg zu ihrer Volljährigkeit traditionsgemäß ähnlichen Prüfungen unterworfen. Wie in Ostafrika oder Neuguinea wurden sie im zarten Alter von

Mutter und Heim entfernt und einem Prüfstand zugeführt, wo ihre Qualitäten auf schmerzvolle Weise gemessen wurden. Das waren die privaten Internate, in denen eine grausame »Prüfung durch Schinderei«, eine Art Feuerprobe stattfand, die mit physischer Gewaltanwendung und Terrorisierung durch die älteren Jungen verbunden war und einen Übergang zu einem »sozialen Zustand von Männlichkeit bewirkte, den die Eltern auf keine andere Weise für erreichbar hielten (Chandos 1984, 172). Angeblich bereitete dieses harte Training die jungen Oxbridge-Aristokraten auf das Selbstvertrauen und die Stärke vor, die man zur Führung des englischen Weltreichs und zum Aufbau einer »ebenso stilisierten, verwendbaren Elite wie die der Samurai« brauchte (ibid., 346). Sogar hier, im viktorianischen England, in einer Kultur, die nicht zu übertrieben auffälligem Verhalten neigte, war Männlichkeit ein durch hartes Training und strenge Prüfungen künstlich herbeigeführter Zustand.

Ähnliche Vorstellungen bewegten Erzieher auf beiden Seiten des Atlantiks, auch die Gründer der Boy Scouts, der Pfadfinder. Ihr in Flugschriften und Handbüchern niedergelegtes Ziel war, »aus kleinen Jungen große Männer« zu machen, eine »unabhängige Männlichkeit« zu pflegen, als ob das nicht von der Natur selbst erwartet werden konnte (zitiert bei Hantover 1978, 189). Dieser zwanghafte moralische Männlichkeitskult in den englischsprechenden Ländern erstreckte sich nicht nur auf die Sterblichen der Zeit, sondern sogar auf Christus selbst, der in Traktaten um die Jahrhundertwende geschildert wurde als der »überragend männliche Mann«, athletisch und aggressiv, wenn notwendig, kein »Fürst von Frieden-um-jeden-Preis« (Conant 1915, 117). Der englische Publizist Thomas Hughes verbreitete sich hymnisch über die Männlichkeit von Christus (1879), während sich seine Kollegen bemühten, das Christentum als »muskulösen« oder »männlichen« Glauben zu preisen. Fromme und wortgewandte englische Protestanten erklärten lautstark ihre muskelstarke Religion als Gegenmittel zu dem, was Charles Kingsley als die »elitär dahinvegetierende, hinscheidende Verweichlichung« der anglikanischen Hochkirche verspottete (zitiert bei Gay 1982, 532). Jungen mußten wie Religion und Götter männlich gemacht werden, sonst blieb Zweifel. Das gleiche Thema tritt immer wieder in der britischen

Literatur der Zeit auf, am bemerkenswertesten bei Kipling, wie zum Beispiel in den folgenden Zeilen des Gedichts »If« (»Wenn«):

> Wenn jede Stund erfüllst mit ihrem Werte,
> Daß keine je vergeblich dir verrann:
> Dein ist mit allem, was sie trägt, die Erde
> Und – mehr als das – mein Sohn, du bist ein Mann.

Nur mittels großer Taten ist das Mannsein im Sinne Kiplings mehr, als die Erde zu besitzen, was wahrhaft zum Aufbau des Imperiums paßte. Das gleiche Thema dieses Heroismus spukt in vielen Aspekten der heutigen volkstümlichen amerikanischen Mittelklassen-Kultur herum. Denken wir an das beharrliche Weiterleben des männlichen »Bildungsromans« in der amerikanischen Literatur – der Aufstieg zu dem erhabenen Status des Männlichen unter der Führung kenntnisreicher Älterer, gepaart mit der Furcht vor dem Versagen, die stets im Hintergrund lauert. Dieses Thema ist natürlich am stärksten bei Ernest Hemingway präsent, vor allem in den Nick-Adams-Geschichten. Aber es findet sich ebenso im Werk vieler Zeitgenossen, bei William Faulkner und John Dos Passos sowie bei Hemingway-Epigonen wie Studs Terkel, Norman Mailer, James Dickey und – aus der neuen Generation – Robert Stone, Jim Harrison und Tom McGuane. Diese »Männlichkeitsschule« in der amerikanischen Literatur (Schwenger 1984, 13) ist von Papa Hemingway gezeugt (wenn man Jack London nicht mitzählt), wurde von seinen Jüngern genährt und befindet sich in der dritten und vierten Generation jetzt bei bester Gesundheit (eine feministische Sicht dazu: Fetterly 1978).

Auch im literarischen Amerika unserer Zeit ist Männlichkeit häufig ein Mythos, ein heiliger Gral, der durch lange und eifrige Prüfungen erlangt werden kann. Denken wir an den exemplarischen Satz von Norman Mailer (1968, 31): »Niemand wird als Mann geboren. Einer zu werden, dazu muß man gut sein und auch kühn genug.« Mailer spricht aus, was seine geistigen britischen und amerikanischen Ahnen überlieferten, dazu indessen die ungeschriebenen Gefühle der Truk, Amhara, der Buschmänner und zahlloser anderer Völker, die sonst wenig gemeinsam haben, außer eben der gleichen Besessenheit von der »Suche nach gültiger Männlichkeit« (Raphael 1988, 67). Wenn man auch über Mailers theatralische Jugendlichkeit in dieser Hinsicht lächeln mag, so berührt er doch einen empfindlichen Nerv, der in vielen Kulturen, nicht nur der unsrigen, pulsiert. Auch ist seine Herausforderung nicht nur repräsentativ für ein bestimmtes Alter oder eine bestimmte Schicht der amerikanischen Gesellschaft. Wie der Dichter Leonard Kriegel (1979, 14) in seinem nachdenklichen Buch über die amerikanische Männlichkeit sagt: »Zu jeder Zeit, nicht nur in unserer eigenen, war Männlichkeit etwas, das errungen werden mußte.«

Das erinnert an die kulturellen Wertvorstellungen in den amerikanischen Südstaaten vor dem Sezessionskrieg. Südstaatler jeder gesellschaftlichen Klasse legten großen Wert auf eine empfindliche männliche Ehre, die es als Grundzug des südlichen Charakters kämpferisch zu verteidigen galt. Bertram Wyatt-Brown hat in seinem Buch *Southern Honor* (1982) überzeugend dargelegt, daß dieser empfindliche Ehrbegriff ein wesentliches Element der südstaatlichen Sezessionsbestrebungen war und somit ein wichtiger und politisch unterschätzter Faktor in der amerikanischen Geschichte. Eine Verteidigung der südlichen Männlichkeit wurde auch von zeitgenössischen Schriftstellern der Südstaaten selbst, unter anderen von dem Heißsporn Charles C. Jones aus Südkarolina, vorgebracht als einer der Gründe für die regionale Auflehnung, die politischen Sezessionsbestrebungen und letztlich den Krieg (zitiert bei McPherson 1988, 41). Und natürlich sind ähnliche Ideale in der vergangenen wie gegenwärtigen Frontier-Folklore des amerikanischen Westens in Form nie versiegender Cowboy-Legenden zu finden.

Dieses heroische Bild einer vollendeten Männlichkeit wird in Amerika selbst von Feministinnen und sogenannten »emanzipierten« Männern in Frage gestellt (Pleck 1981, Brod 1987). Aber es hat seit Jahrzehnten überall in der amerikanischen Kultur seinen anerkannten Platz: in den italo-amerikanischen Gangstermythen, in Hollywoods Western- und Privatdetektivfilmen, in den heutigen Rambo-Idealen, den He-Man-Puppen und -spielen von Kindern. Es ist also tief eingeprägt in die amerikanische männliche Psyche. Wie der Anthropologe Robert LeVine (1979, 312) schreibt, handelt es sich um ein Geflecht kultureller Grundsätze, die zusammen als »Leitmythos innerhalb der Grenzen unserer Kultur« wirken. Können wir aber angesichts der Ähnlichkeiten zwischen den zeitgenössischen amerikanischen Männlichkeitsbegriffen und denen vieler anderer Kulturen LeVines einschränkende Wendung über die »Grenzen unserer Kultur« einfach streichen? Können wir statt dessen, wie Andrew Tolson (1977, 56), von einem Archetypus oder einer »Tiefenstruktur« der Maskulinität sprechen? Und wenn ja, was ist die Erklärung all dieser Ähnlichkeiten? Wozu diese Prüfungen und Bewährungsproben und die scheinbar grundlosen Qualen des Mannspiels? Warum ist soviel Indoktrinierung und Motivation in so vielen Kulturen notwendig, um wahre Männer hervorzubringen? Was ist dran an jener »offiziellen« Männlichkeit, das derartige Anstrengungen, Herausforderungen und soviel Einsatz erforderlich macht? Und warum sollte Männlichkeit gleichzeitig so wünschenswert sein und in so vielen Gesellschaften so widerstrebend verliehen werden? Dies sind einige der Fragen, die ich hier untersuchen möchte. Nur ein weitgefaßter Kulturvergleich kann erste Antworten erbringen.

Männlichkeit und Geschlechterrollen

Halten wir inne für eine Bestandsaufnahme. Was wissen wir bisher über die Ursprünge solcher Geschlechterbilder? Vor kurzem noch waren Untersuchungen zum Männlichen und Weiblichen an ein immer wiederkehrendes Paradigma gekoppelt, das aus mechanistischen Prämissen des 19. Jahrhunderts stammte. Allgegenwärtig war vor allem die Vorstellung von zwei Geschlechtertypen, von einem universalen Mann im Gegensatz zur universalen Frau – eine sexuelle Symmetrie der Geschlechter, die sich angeblich aus dem offensichtlichen Dualismus in Biologie und Psychologie herleitete (Katchadourian 1979, 20). Freud vertrat beispielsweise, daß Anatomie gleich Schicksal sei, und Jung (1926) ging so weit, universal gültige Gegensätze von Männlichkeit und Weiblichkeit zu entwickeln, die er als »animus« und »anima«, als unveränderbare Archetypen geschlechtsbestimmter Identität sah. Die westliche Literatur und Philosophie enthalten eine Fülle derartiger fundamentaler und scheinbar unwandelbarer Dualismen (Bakan 1966). Sie finden sich ebenso in einigen asiatischen Kosmologien, zum Beispiel im chinesischen Yin und Yang wie in zahllosen Systemen philosophischer und wissenschaftlicher Gegensatzpaare (z. B. Ortner 1974). Und was könnte eine eindeutigere Polarität ergeben als Geschlechter? Unsere Auffassung von Männlichkeit bestand in der Vergangenheit oft nur in der direkten Übernahme solcher polaren Vorstellungen von männlichen und weiblichen »Naturen« oder »Prinzipien«. Diese Einstellung fand einige wissenschaftliche Unterstützung bei Biologen und Psychologen, die vielfach davon überzeugt waren, daß die Aggressivität der Männlichkeit mit all ihren Prüfungen und Beweisen lediglich eine Konsequenz männlicher Anatomie und männlicher Hormone sei: Männer suchten Herausforderungen, weil sie von Natur aus aggressiv seien. So seien sie nun einmal, und Frauen seien das Gegenteil. Punkt.

Unsere Sicht der Geschlechterrollen hat sich jedoch in den letzten zwei Jahrzehnten drastisch verändert. Auch wenn die Vorstellungen von Geschlechterdualismen und -gegensätzen noch recht verbreitet sind, so sind sie doch aus der Mode, ebenso wie sexuelle Universalien und biologische Determinismen. Zum Teil liegt das – abgesehen von der neuen Bewegung in den Sozialwissenschaften allgemein, die die statischen strukturellen Dualismen überwunden hat – an der feministischen Revolution der vergangenen zwanzig Jahre. Der feministische Angriff auf das bipolare geschlechtsbezogene Denken Anfang der sechziger Jahre hat dieses dualistische Gebäude bis in die Grundmauern erschüttert. Diese waren allerdings niemals sehr fest verankert gewesen. So akzeptieren sowohl Freud wie Jung eine jeder menschlichen Psyche inhärente Mischung von Männlichkeit und Weiblichkeit. Jung, der zwischen männlichen und weiblichen Prinzipien unterschied, räumte ein, daß beides, »animus« und »anima«, graduell unterschiedlich in allen Menschen vorhanden sei, und Bisexualität bildete in der Tat auch eine der Grundlagen von Freuds psychologischer Argumentation. Fest steht, schreibt Freud 1905 (Bd. V, 123 f.), daß beim Menschen »weder im psychologischen noch im biologischen Sinne eine reine Männlichkeit oder Weiblichkeit gefunden wird. Jede Einzelperson weist vielmehr eine Vermengung ihres biologischen Geschlechtscharakters mit biologischen Zügen des andern Geschlechts . . . auf.«

Darüber hinaus haben Feministinnen verschiedenster Herkunft und Überzeugungen das konventionelle bipolare Modell, das auf der Biologie basiert, schlüssig widerlegt und *sex* (biologisches Erbe) und *gender* (kulturelle Normen) als verschiedene Kategorien aufgestellt, die miteinander verbunden sein können, aber nicht deckungsgleich, nicht von gleicher Struktur sind (z. B. Baker 1980, Sanday 1981, Otten 1985). Die meisten Forscher sind sich darüber einig, daß Hormone und Anatomie unser Verhalten beeinflussen. Der Bio-Anthropologe Melvin Konner hat dies in seinem Buch *Die unvollkommene Gattung* (1983) eindeutig bewiesen. Nach Auswertung der neuesten wissenschaftlichen und klinischen Literatur kommt Konner in seinem anerkannten Überblick zu dem Schluß, daß Testosteron (das wichtigste männliche Geschlechtshormon) Männer für eine etwas höhere Stufe von Aggressivität als Frauen prädestiniert (vgl. auch Archer und Lloyd 1985, 138f.). Jedoch bestimmt die Biologie nicht unser gesamtes Verhalten, wie Konner freimütig zugibt, nicht einmal einen großen Teil davon, und die Kulturen variieren tatsächlich in einem gewissen Grade in der Zuteilung von Geschlechterrollen nach Pflichten und Aufgaben. In praktisch allen Gesellschaften gibt es getrennte Vorstellungen von Männlichkeit und Weiblichkeit, die von sekundären Geschlechtsmerkmalen abgeleitet werden; sie sind jedoch nicht überall gleich und grenzen sich unterschiedlich ab. Geschlecht ist eine symbolische Kategorie. Als solche hat sie starke moralische Akzente und wird daher kulturell unterschiedlich behandelt – potentiell wechselnd. Andererseits ist die Grundlage von Sex die Anatomie und somit ziemlich konstant (Stoller 1968). Heute wird sogar von den konventionellsten männlichen Forschern allgemein akzeptiert, daß männliche und weibliche Prinzipien keine inhärenten Polaritäten darstellen, sondern ein »sich überlappendes Kontinuum« (Biller und Borstelmann 1967, 255) sind, oder, wie es Spence und Helmreich formulierten (1979, 4), »orthogonale Dimensionen« haben.

Immerhin besteht also eine stetige kulturbestimmte Neigung, zwischen Geschlechterrollen zu unterscheiden und sie zu polarisieren. Statt freie Entfaltung für Geschlechterrollen und -ideale zuzulassen, tendieren die meisten Gesellschaften dazu, die biologischen Möglichkeiten zu übertreiben, indem sie die Rollen deutlich gegeneinander abgrenzen und das adäquate Verhalten von Männern und Frauen als gegensätzlich oder komplementär definieren. Selbst dort, wo sogenannte »dritte Geschlechter« existieren, wie beispielsweise die indianischen *berdache* und die *xanith* der Omani, unterscheidet man trotzdem klar zwischen männlichen und weiblichen Typen. So muß das Problem der Kontinuitäten bei Geschlechtervorstellungen über die genetischen Attribute hinaus kulturelle Normen und moralische Regeln umfassen. Wenn es im männlichen (wie im weiblichen) Bild Archetypen gibt, dann müssen sie als symbolische Systeme weitgehend kulturell bestimmt sein und können nicht einfach als Produkte der Anatomie interpretiert werden, denn die Anatomie besagt sehr wenig über Zusammenhänge, bei denen Moral im Spiel ist. Die Antwort auf das Männlichkeitsdilemma muß demnach im kulturellen Bereich liegen. Wir müssen versuchen zu begreifen, warum die Kultur biologische Potentiale auf spezifische Weisen nutzt oder übertreibt.

Frühere Interpretationen

Manche Feministinnen und Relativisten haben den offenkundigen Widerspruch zwischen der theoretischen Willkür von Geschlechtervorstellungen und empirischen Übereinstimmungen in den Geschlechterrollen erkannt. Es liegen daher viele Erklärungen dafür vor, die nützlich und interessant sind. Ich werde mich mit ihnen nicht unter dem Gesichtspunkt ihrer logischen Schlüssigkeit auseinandersetzen, denn ich meine eher, daß bei diesem Problem die verkehrten Fragen gestellt worden sind. Die meisten Interpretationen verlaufen in einer von zwei Richtungen, die zwar beide – je nach Standpunkt – ideologisch befriedigend sein mögen, uns analytisch aber nicht sehr weit bringen.

Zum einen wurde die Frage von orthodoxen Marxisten und einigen radikalen Feministinnen in einer Sprache reiner Konflikttheorie formuliert. In ihren Augen hat die Geschlechterideologie eine rein ausbeutende Funktion. So fragen sie unweigerlich: *cui bono?* Da in vielen männlichen Ideologien ein Element geschlechtlicher Unterdrückung oder zumindest von Hierarchie enthalten ist (in der Sicht emanzipierter westlicher Intellektueller), sehen einige radikale Kritiker in den männlichen Ideologien vor allem Masken oder Rechtfertigungen für die Unterdrückung der Frau. Für sie dienen männliche Ideologien der Vertuschung von Machtverhältnissen bzw. sind Beispiele für falsches Bewußtsein (z. B. Ortner 1981, Godelier 1987). Für einige Fälle trifft diese Erklärung wahrscheinlich auch zu, jedenfalls als Teilerklärung, besonders für manche extrem patriarchalische Gesellschaften, in denen die männliche Vorherrschaft sehr ausgeprägt ist. Als universale Erklärung greift sie jedoch zu kurz, denn sie kann nicht diejenigen Fälle erklären, in denen Männer Männlichkeitsprüfungen unterworfen werden, ansonsten jedoch relative Gleichheit der Geschlechter herrscht. Ein Beispiel hierfür bilden die afrikanischen Buschmänner (Thomas 1959, Lee 1979, Shostak 1982). Obwohl diese nicht sexistischen Wildbeuter häufig von Feministinnen als Vorbild für sexuellen Egalitarismus hervorgehoben werden (Shostak 1982), müssen auch dort die Jungen ihre Männlichkeit durch eine Jagdleistung unter Beweis stellen. Auch sie müssen Proben der Kühnheit und Geschicklichkeit bestehen, von denen Mädchen ausgeschlossen sind (vgl. Kapitel 5). Ihr Mannsein unterliegt einem Beweis und damit der Möglichkeit von Herabsetzung oder Verlust. Gleiches gilt für die Fox und Tewa in Nordamerika. Wenn nun aber eine Männlichkeitsvorstellung keinerlei unterdrückende Funktion in diesen Gesellschaften hat – was soll sie dort? Es sieht ganz so aus, als sei diesen Konflikttheoretikern einiges entgangen.

Die zweite Erklärungsstrategie reduziert das Problem ebenfalls. Hier wird den biologischen oder psychologischen Vorgängen analytische Priorität eingeräumt. Es gibt zwei Formen biopsychologischer reduktionistischer Argumentation. Die erste ist biologisch/evolutionär im Sinne von Lionel Tiger (*Warum die Männer wirklich herrschen*, 1972). Tiger ist der Ansicht, daß Männer um ihre Männlichkeit besorgt sind, weil evolutionärer Druck sie dazu gebracht hat. Einst waren wir alle Jäger, und unser Erfolg und damit das Überleben und die Expansion der Gruppe hing davon ab, daß wir genetisch bestimmte »maskuline Tendenzen« entwickelten, zu denen vor allem Aggression und männlicher Zusammenhalt gehörten. Dieses soziobiologische Argument ist für bestimmte Fälle nützlich, vor allem wiederum für extreme Patriarchate.

Als allgemeingültige Erklärung ist es indessen nachweislich falsch, denn es gibt viele Gesellschaften, in denen »aggressives« Jagen niemals eine wichtige Rolle gespielt hat, in denen sich Männer nicht aus wirtschaftlichen Gründen zusammenschließen, in denen Gewalt und Krieg nebensächlich oder unbekannt sind und in denen sich dennoch Männer heute mühen, ihre Männlichkeit zu demonstrieren. Außerdem läuft diese Argumentation auf den historischen Irrtum hinaus, eine historische Erklärung für eine kulturelle Charakteristik anzuführen, die auch unter veränderten Umständen weiterbesteht.

Der zweite genetische Reduktionismus ist der klassische analytische zur psychischen Entwicklung des Mannes. Er ist fest gegründet auf eine orthodoxe Interpretation von Freuds Theorie des Ödipuskomplexes und auf die davon abgeleitete Kastrationsangst. Diese orthodoxe Sicht ist neuerdings durch eine neofreudianische Theorie in Frage gestellt worden, die andere Aspekte männlicher Entwicklung unterstreicht; ich finde sie überzeugender und werde später auf sie zurückkommen. Die klassische psychoanalytische Theorie vertritt die Auffassung, daß sich Männer aufgrund von identischen ödipalen Traumata in der psychosexuellen Entwicklung überall in der Welt gegen Kastrationsängste zur Wehr setzen. Männlichkeitskulte und -ideale sind demnach Kompensationen, die universal gegen derartige Ängste aufgebaut werden (Stephens 1967, Kline 1972).

Diese Theorie projiziert die Männlichkeitsnormen von der individuellen Psyche auf die Kultur; öffentliche Kultur ist demnach quasi individuelle Phantasiewelt im großen Stil. Diese Erklärung ist in einigen Fällen nützlich, wird jedoch über Gebühr ausgeweitet. Schlimmer ist, daß sie den gesellschaftlichen Zwängen, welche die männliche Konformität mit Männlichkeitsidealen verstärken, nicht genügend Gewicht beimißt. Wie wir sehen werden, müssen Jungen durch soziale Gebote dazu angeregt – und manchmal gezwungen – werden, im Interesse einer kulturell definierten Männlichkeit bestimmte Anstrengungen auf sich zu nehmen, was sie freiwillig nicht tun würden. Die Erklärung kann also nicht allein auf psychische Projektionen begründet werden. Darüber hinaus läßt sich nachweisen, daß die orthodoxe psychoanalytische Sicht auf universaler Ebene falsch ist, denn es existieren empirische Ausnahmen der Männlichkeitskultur. Es gibt einige Gesellschaften, die nicht den üblichen Nachdruck auf ein Männlichkeitsleitbild legen; in diesen »neutralen« Ausnahmegesellschaften sind die Männer von der Notwendigkeit befreit, sich zu bewähren, und man gestattet ihnen eine im Prinzip androgyne Lebensweise, die sie bezeichnenderweise als ihnen gemäß empfinden. Da diese Ausnahmen tatsächlich existieren (vgl. Kapitel 9), muß die Antwort auf das Männlichkeitsdilemma auch einen sozialen Aspekt umgreifen, denn formale Variation kann nicht auf der Basis einer psychologischen Konstante wie der Kastrationsangst erklärt werden.

Psychosexuelle Themen der Postfreudianer

An dieser Stelle müssen wir einige alternative Modelle männlicher psychosexueller Entwicklung heranziehen, die soziale Faktoren und Beziehungen berücksichtigen. Eine psychologische Männlichkeitstheorie, die ich nützlich finde und auf die ich mich in den folgenden Kapiteln beziehen werde, leitet sich teilweise aus neueren Arbeiten postfreudianischer Ich-Psychologen her. Die Liste der betreffenden Theoretiker und ihrer Arbeiten ist lang, kann aber hier reduziert werden auf Erik Erikson, Ralph Greenson, Edith Jacobson, Margaret Mahler, Gregory Rochlin, Robert Stoller und D. W. Winnicott.

Die Grundidee bezieht sich auf die besonderen Probleme, die mit dem Ursprung von Männlichkeit als einer Kategorie von Ich-Identität verbunden sind, die sich von Weiblichkeit unterscheidet. Die Theorie geht von der Annahme aus, daß alle Kleinkinder, männliche wie weibliche, eine primäre Identität aufbauen ebenso wie eine soziale Bindung zu dem nährenden Elternteil, der Mutter. Diese Theorie entfernt sich also bereits von der klassischen freudianischen Annahme, daß das männliche Kind von Anfang an eine männliche Identität und eine natürliche heterosexuelle Beziehung zur Mutter hat, die im ödipalen Konflikt kulminiert, und daß diese Identität des Jungen eindeutig männlich und konfliktfrei ist. Die neue Theorie hingegen setzt eine frühe und verlängerte Einheit oder eine psychische Verschmelzung mit der Mutter voraus, die Freud (1914) als »primären Narzißmus« behandelte, eine Zeit, in der das Kleinkind nicht zwischen dem Selbst und der Mutter unterscheidet. Die These lautet, daß die physische Trennung von Kind und Mutter bei der Geburt keine psychologische Trennung gleicher Wichtigkeit oder gleicher Endgültigkeit mit sich bringt.

Während das Kind wächst, erreicht es die entscheidende Schwelle, die Mahler (1989) den »Loslösungs- und Individuationsprozeß« genannt hat. An diesem Punkt verbindet sich das wachsende Bewußtsein des psychischen Getrenntseins von der Mutter mit vermehrter physischer Beweglichkeit und einem motorischen Einüben unabhängiger Aktion, wenn das Kind beispielsweise läuft, spricht, mit Spielzeug umgeht. Diese unabhängigen Aktionen werden sozial von den Eltern und von anderen Mitgliedern der Gruppe belohnt, die das Kind erwachsenwerden sehen wollen (Erikson 1987). Beide, Jungen und Mädchen, durchlaufen die gleichen Phasen von Individuation – Ablösung, Selbstmotivierung, Ermutigung, Belohnung und Persönlichkeitsentwicklung. Und Jungen wie Mädchen werden beide empfänglich für soziale Anforderungen in Hinblick auf geschlechtsgemäßes Verhalten. Jedoch trifft nach dieser Theorie das männliche Kind auf besondere Probleme bei der Feuerprobe im Loslösungs- und Individuationsprozeß, die weitere Fortschritte zum unabhängigen Selbst behindern.

Die besondere Belastung für die Jungen ist die Verschiedenheit in der primären psychischen Einheit mit der Mutter. Die Selbstwahrnehmung, ein getrenntes Individuum zu sein, bringt gleichzeitig ein Gefühl für Gechlechtsidentität mit sich – entweder Mann oder Frau, Junge oder Mädchen zu sein. In den meisten Gesellschaften muß jedes Individuum das eine oder andere eindeutig wählen, auch um eine eigenständige und autonome Person zu sein, die als solche von ihresgleichen erkennbar ist und damit anerkannt wird. Das besondere Problem, dem der Junge in diesem Punkt ausgesetzt ist, liegt in der Überwindung des vorherigen Gefühls der Einheit mit der Mutter; er muß eine unabhängige Identität erreichen, die durch seine Kultur als maskulin definiert ist. Es ist eine Anstrengung, die funktionell nicht nur psychischer Trennung gleichkommt, sondern auch die Schaffung einer autonomen, sich öffentlich darstellenden Person bedeutet. Das Mädchen erfährt nach dieser Theorie dieses Problem nicht so akut, da seine Weiblichkeit durch die ursprüngliche symbiotische Einheit mit der Mutter und die Identifizierung mit ihr noch gestärkt wird. Diese Identifizierung geht der Ich-Identität voraus und erreicht später in der eigenen Mutterschaft ihren Höhepunkt (Chodorow 1985). In den meisten Gesellschaften muß das Bewußtsein des kleinen Jungen für sein unabhängiges Selbst das Gefühl einschließen, daß sein Selbst unterschieden ist von seiner Mutter, getrennt von ihr sowohl in der Ich-Identität wie in der sozialen Rolle. Somit bringt der Vollzug von Trennung und Individuation für den Jungen eine zusätzliche Belastung und Gefahr mit sich. Robert Stoller hat dieses Problem prägnant formuliert (1974, 358):

> Obwohl es zutrifft, daß das erste Liebesobjekt des Jungen heterosexuell ist [die Mutter], muß er eine große Tat vollbringen, damit dies so sei: Er muß zuerst seine Identität von der Identität der Mutter trennen. Auf diese Weise ist der ganze Prozeß der Männlichkeitsentwicklung des kleinen Jungen vom Tag der Geburt an in Gefahr; seine erst noch zu schaffende Männlichkeit wird gefährdet durch das primäre, tiefe, ursprüngliche Einssein mit der Mutter, eine glückliche Erfahrung, die verborgen, jedoch aktiv im Kern der eigenen Identität das ganze Leben hindurch als Schwerpunkt dient und zur Regression zurück zu diesem ursprünglichen Einssein verführen kann. Dies ist die latente Bedrohung der Männlichkeit.

Um eine eigenständige Person zu werden, muß der Junge eine große Tat vollbringen. Er muß eine Probe bestehen, er muß die Ketten sprengen, die ihn an seine Mutter fesseln. Er muß auf seine Bindung an sie verzichten und seinen eigenen Weg in der Welt suchen. Seine Männlichkeit steht somit für seine Trennung von der Mutter und seinen Eintritt in einen neuen und unabhängigen sozialen Status, der als unterschieden und gegensätzlich zu ihrem begriffen wird. Nach dieser Theorie ist die größte Bedrohung für das Heranwachsen des Jungen nicht nur, oder nicht einmal primär, die Kastrationsangst. Die Hauptgefahr für den Jungen ist nicht eine eindimensionale Furcht vor dem strafenden Vater, sondern eine mehr ambivalente eingebildete um die Mutter. Die unauslöschliche Wunschvorstellung zielt auf die Rückkehr zur ursprünglichen Symbiose mit der Mutter. Untrennbar ist damit die Angst verknüpft, daß das Wiederherstellen des Einsseins mit der Mutter das eigene unabhängige Selbst zerstöre.

Einige Neofreudianer haben sich kürzlich, ausgerüstet mit diesen neuen Vorstellungen, detaillierter mit dem Komplex der Kulte befaßt, die die Männlichkeitsrolle prägen. Sie haben sich weniger für Fragen der Geschlechtsidentität und Kastrationsangst interessiert als für die damit verbundenen Fragen der Regression und ihrer Beziehung zur sozialen Rolle. Bei einem Symposion über dieses Thema vertrat der Psychoanalytiker Gerald Fogel (1986, 10) die Ansicht, das Dilemma des Jungen gehe »über die Kastrationsangst hinaus«, zu der konfliktgeladenen Anstrengung, die anaklitische Einheit mit der Mutter aufzugeben, die ihn seiner Unabhängigkeit beraubt. Auf demselben Symposion wies ein anderer Psychoanalytiker (Cooper 1986, 128) auf das beruhigende Gefühl von Allmacht hin, das diese symbiotische Einheit mit der Mutter gewährt. Dieses Gefühl von Allmacht, von narzißtischer Vollständigkeit, das in der Phantasie empfunden und als glückliche Erfahrung des Einsseins mit der Mutter gespeichert wird, meint er, sei es, das den Jungen so machtvoll zur Kindheit zurückzieht, fort von den Herausforderungen einer autonomen Männlichkeit. Nach dieser Theorie ist der Kampf um Maskulinität ein Kampf gegen die regressiven Wünsche und Phantasien, ein hart erkämpfter Verzicht auf die Sehnsüchte nach dem Idyll der frühen Kindheit.

Das Männlichkeitsproblem wäre demnach eine »Revolte gegen Jungenhaftigkeit« (Schafer 1986, 1090). Der Kampf ist gezielt »gegen Regression« gerichtet (ibid.). Diese revisionistische Theorie bietet uns einen psychologischen Schlüssel zu dem Komplex der Männlichkeitsnormen und -ideale. Von einem individuellen Gesichtspunkt aus ist die Kastrationsangst ganz offenkundig ebenfalls wichtig. Doch Männlichkeitsideologien sind nicht nur innerpsychische, sie sind auch kollektive Vorstellungen, die in den meisten Gesellschaften als Leitbilder institutionalisiert sind. Um die Bedeutung von Männlichkeit von einem soziologischen Standpunkt aus zu begreifen, um ihre sozialen mehr noch als individuellen Funktionen und Ursachen zu erkennen, dafür ist Regression die wichtigere variable Größe, die in Betracht gezogen werden muß. Der Grund hierfür liegt darin, daß, alles in allem, Regression eine ernstere Bedrohung für die Gesellschaft als ganze darstellt. Wie wir sehen werden, ist Regression nicht nur für das Individuum unannehmbar, sondern auch für seine Gesellschaft als funktionierender Mechanismus, denn die meisten Gesellschaften verlangen den Verzicht auf eskapistische Wünsche zugunsten eines Erwachsenseins, das mitwirkend zu ihrem Wohl beiträgt. Kastrationsangst ist ein Problem, das vielleicht alle Männer ebenfalls lösen müssen, sie bedeutet aber für die soziale Kontinuität keine derartige Gefahr. Insgesamt gesehen, kann man Männlichkeitsbilder von dieser neofreudianischen Warte aus als eine Verteidigung gegen das ewige Kind im Menschen, gegen Puerilismus, gegen das interpretieren, was man manchmal als Peter-Pan-Komplex (Hallman 1969) bezeichnet. Wir werden in diesem Buch noch verschiedentlich auf diesen Gedanken zurückkommen.

Beginnen wir nun unsere Untersuchung mit einigen Beispielen von Männlichkeitsbildern. Unsere erste Station ist die Wiege westlicher Zivilisation, der Mittelmeerraum, genauer, Spanien. Dort ist der Weg zur Männlichkeit ein beschwerlicher, und alle Männer müssen ihn gehen, ob sie wollen oder nicht.

2. KAPITEL

Männliche Selbstdarstellung: Der Mittelmeerraum

Nach einer Redensart aus dem kretischen Dorf Glendi kommt es weniger darauf an, »ein guter Mann« zu sein, als vielmehr darauf, daß man »gut darin ist, ein Mann zu sein« – eine Aussage, welche die Selbstdarstellung durch Leistung betont, die Fähigkeit, Männlichkeit durch Taten, die eindrucksvoll »für sich selbst sprechen«, in den Vordergrund zu rücken.

Michael Herzfeld, *The Poetics of Manhood*

Seit Jahrhunderten sind die Länder des Mittelmeerraums durch Handel, Heirat, geistigen und kulturellen Austausch, durch gegenseitige Kolonisierung und gemeinsame Interessen eng miteinander verbunden (Braudel 1990, Peristiany 1965, Davis 1977). Dennoch können Begriffe wie »mediterran« oder »Mittelmeerraum« kein einheitliches »Kulturgebiet« bezeichnen, wie es die amerikanische ökologische Anthropologie bisweilen suggeriert, denn die mediterranen Gesellschaften sind so vielfältig und unterschiedlich wie Gesellschaften überall sonst auf der Welt. Der Begriff sollte vielmehr als Konzept heuristischer Übereinkunft, als Arbeitshypothese der ethnographischen Analyse und des Kulturvergleichs dienen (Pitt-Rivers 1977, VIII). Obwohl die Mittelmeergesellschaften im Sinne kultureller Homogenität keine Einheit bilden (Herzfeld 1980), haben viele von ihnen »gewisse Einrichtungen« gemeinsam, die zu Vergleichen einladen (Pitt-Rivers 1977, IX). Außer deutlichen Ähnlichkeiten in der Ökologie, in Siedlungs- und Wirtschaftsformen scheint vor allem anderen eine gemeinsame Vorstellung von Männlichkeit zum Vergleich herauszufordern. In seinem grundlegenden Überblick, *People of the Mediterranean*, schreibt John Davis (1977, 22):

Viele Beobachter betonen die Einheit des Mittelmeers aus verschiedenen Gründen, manche plausibler als andere. Auf einer direkten, nichtkausalen Ebene stellen Anthropologen, Touristen, sogar die Mittelmeervölker selbst einige gemeinsame kulturelle Züge fest: Haltungen und Einstellungen, Kulturelemente, die bei einem Großteil der mediterranen Gesellschaften erkennbar ähnlich und anderen mediterranen Völkern unmittelbar zugänglich sind. »Auch ich habe einen Schnurrbart«, lautet der von J. G. Peristiany glücklich überlieferte Satz... In sinnbildlicher Form bezeichnet er nicht nur Männlichkeit, die rund ums Mittelmeer ein so allgemeines Anliegen darstellt, sondern auch eine Form anthropologischer Beweisführung.

Der Hinweis auf den Schnurrbart ist natürlich ein Kürzel, um zu sagen, auch ich bin ein Mann wie jeder andere, also zollt mir den Respekt, der dem Geschlecht der Bartträger gebührt. In der Anspielung auf diesen gemeinsamen Nenner liegt sowohl eine Warnung wie die Beschwörung der stark egalitären (und auf Wettbewerb ausgerichteten) Wertvorstellungen vieler sonst verschiedener Völker der Region.

Im Mittelmeerraum sind die meisten Männer einem bestimmten Männlichkeitsbild tief verpflichtet, denn dieses ist Teil ihrer persönlichen Ehre oder ihres guten Rufes. Dieses Männlichkeitsbild bringt jedoch nicht nur dem einzelnen Ansehen; es bedeutet auch Sicherheit für seine ganze Familie, seinen Stamm oder sein Dorf, die als Teilhaber an der kollektiven Identität den Ruf des Mannes widerspiegeln und von ihm beschützt werden. Wegen der kompetitiven und sexuell aggressiven Aspekte hat man – zumindest in einigen romanischen Ländern – Männlichkeitsbilder als eigennützig, zerstörerisch und isolierend empfunden, als ein Problem »persönlichen Lasters« und als »gesellschaftliches Übel« (Pitt-Rivers 1961, 118). Diese Ansicht gehört zu einem Stereotyp, von dem sich viele nördliche Besucher distanzieren, die aus ihren eigenen Gründen zu der Annahme neigen, der Süden sei »anders« (Herzfeld 1987). Dabei werden jedoch die sehr wichtigen und für die Gruppe oft konstruktiven Folgen des Männlichkeitsbildes übersehen, das in vielen mediterranen Gesellschaften existiert und sich im Grunde, wie wir später sehen werden, von den Männlichkeitsvorstellungen anderer Kulturen nicht so sehr unterscheidet. Diesen Folgen der Männlichkeitsideale möchte ich in diesem

Kapitel nachgehen, ein erster Schritt unserer Suche nach der Bedeutung von Männlichkeit.

Beginnen wir mit einem negativen Beispiel. Es geht um den Mann, der eben *nicht* »gut darin ist, ein Mann zu sein« im Sinne von Michael Herzfelds gelungener Formulierung. Was fehlt ihm? Ich werde mit einem Fall aus meiner Feldforschung in dem andalusischen Dorf Fuenmayor (ein Pseudonym) anfangen, und obwohl das folgende Südspanien und andere Gebiete der nördlichen Küste des Mittelmeeres betrifft, gilt vieles davon auch für Teile des islamischen Nahen Ostens.

Der Fall Lorenzo

Wie viele andere Männer im Mittelmeerraum, mit denen sie die von Davis angeführten Sensibilitäten teilen, drängt es die Andalusier im tiefen Süden Spaniens danach, ihre Männlichkeit öffentlich, vor aller Augen unter Beweis zu stellen. Sie sind in sogar noch höherem Maße als andere Iberer glühende Anhänger dessen, was der spanische Kritiker Tierno Galván (1961, 74–76) als einen quasi-religiösen »Glauben an die Männlichkeit« bezeichnet hat. Wenn man in dieser Hinsicht besteht, dann ist man »sehr ein Mann« *(muy hombre)*, »sehr männlich« *(muy macho)* oder »viel Mann« *(mucho hombre)*. Besteht man nicht, dann ist man ein *flojo*, ein schwacher und bemitleidenswerter Hochstapler. Der mehrdeutige Begriff *flojo* bedeutet wörtlich leer, schwach oder schlaff; er wird zur Beschreibung einer leeren Batterie, eines platten Reifens oder für irgendein anderes nicht funktionierendes Werkzeug benutzt und meint außerdem schlaffe Unfähigkeit, Nutzlosigkeit oder Untüchtigkeit.

Lorenzo, unser Beispiel, war ein kahlköpfiger Bursche Ende Zwanzig, ein ewiger Student und Junggeselle. Er hatte einen sanften Charakter, war von ungewöhnlicher natürlicher Intelligenz und der einzige Mensch in ganz Fuenmayor, der jemals eine Universität besucht hatte, um zu promovieren, in diesem Fall in klassischer spanischer Literatur. Aber aus verschiedenen Gründen war er nicht imstande, seine Dissertation fertigzustellen, also verblieb er in einer

Art professionellem Schwebezustand, unfähig, eine geeignete Arbeit zu finden, unentschlossen und kraftlos. Aufgrund seiner Gelehrsamkeit, die in solchen rückständigen Orten aus dem Rahmen fällt, sah man in ihm eine Art Lokalgenie. Viele Leuten setzten große Hoffnungen in ihn. Aber die traditioneller gesonnenen Bürger der Kleinstadt zählten nicht zu seinen Bewunderern. Sie hatten ihre eigenen, griesgrämigen Gründe, ihn zu tadeln, denn in dem wichtigen Punkt des geschlechtsgemäßen Verhaltens galt Lorenzo als höchst exzentrisch, ja sogar als »Abweichler«. »Ein ernster Fall«, wie ein Bürger des Ortes bemerkte.

Da waren zuerst seine Lebensumstände. Seltsamer-, ja geradezu perverserweise hielt sich Lorenzo, der bei seiner verwitweten Mutter lebte, meist im Hause auf. Er studierte, las Bücher, erging sich in Kontemplationen und verließ nur selten seine vollgepfropfte Studierzelle. Er ging offensichtlich keiner geregelten Arbeit nach, und da er kein Geld verdiente, trug er nichts Konkretes zur Ernährung seiner verarmten Familie bei, weshalb ihn viele als Schmarotzer betrachteten. Er ließ sich von seiner alten Mutter aushalten, die selbst arm war und ohne zu klagen hart arbeitete. Zurückgezogen und verschlossen, machte Lorenzo keine sichtbaren Anstrengungen, diesen Zustand zu ändern; er pflegte auch nicht wie andere Männer ständig in der maskulinen Welt der Bars zu verkehren, um mit Bekannten zu trinken, zu schwätzen, zu debattieren oder an dem normalen gesellschaftlichen Geplänkel teilzunehmen. Wenn er es tat, trank er wenig. Selten ließ er sich auf das kämpferische Sich-Messen beim Kartenspiel oder auf die Prahlereien beim Zechen ein, an denen viele Männer Gefallen finden und das sie auch von ihren Kumpanen erwarten.

Am merkwürdigsten aber war vielleicht, daß Lorenzo junge Frauen mied und behauptete, er habe keine Zeit für romantische Liebesgeschichten. Abgesehen von seinen sonstigen Fehlern war er auch noch ausgesprochen scheu mit jungen Mädchen. Dies stellt in der Tat einen höchst ungewöhnlichen Makel dar, auf den in Spanien Männer wie Frauen stets mit echter Bestürzung reagieren. Schüchternheit in der Liebe ist bei einem andalusischen jungen Mann mehr als nur ein nebensächlicher Fehler, sie stellt eine ernste, sogar tragische Unzulänglichkeit dar. Das ganze Dorf beklagt Schüchternheit als persönliches Unglück und kollektive Schande. Die Leute sagen, Lorenzo habe Angst vor Mädchen, Angst, etwas bei ihnen zu wagen, in dem Glücksspiel der Liebe etwas einzusetzen. Nach ihrer Überzeugung muß ein wahrer Mann die Mauer des weiblichen Widerstands durchbrechen, die die Geschlechter trennt, sonst wird er – Gott behüte – niemals heiraten und keine Nachkommen zeugen. In diesem Fall leidet jeder, denn Kinder sind Gaben Gottes an Familie, Dorf und Nation.

Als empfindsame Seele war sich Lorenzo sehr wohl der Forderungen bewußt, die Verwandte und Bekannte an ihn stellten. Er spürte durchaus, daß man ihn drängte, auszugehen und Frauen nachzusteigen. Er wußte, daß man von ihm erwartete, eine passende Frau zu suchen, einen einträglichen Job zu finden und eine Familie zu gründen. Aber aus Unfähigkeit oder mangelnder Neigung betrachtete er sich eher als »Kulturrebell«, als Mann moderner »europäischer« Empfindungen. Vor allem wollte er sich dem »stupiden Geschwätz« der traditionellen Erwartungen entziehen, wie er es nannte. Was den von Tierno Galván beschworenen Glauben der Spanier an Männlichkeit betrifft, so war er zweifellos ein Agnostiker.

Nachdem wir eines Abends eine angenehme Stunde miteinander verbracht und über Themen wie Cervantes' Rang in der Weltliteratur gesprochen hatten, sah er mit seinen großen traurigen braunen Augen zu mir auf und beichtete mir seine kulturellen Verstöße. Zunächst gestand er mir seine Ängste vor der aggressiven Werbung, die als Pflicht des Mannes gelte. »Ich weiß, man muß sich auf die Frauen geradezu stürzen«, sagte er mißmutig, »aber ich mag das nicht, es paßt einfach nicht zu mir.« Er nahm sein Buch wieder auf, schüttelte den Kopf und blickte achselzuckend und betrübt zu Boden, wobei er sichtlich auf ein tröstendes Wort von einem mitfühlenden und, wie er glaubte, aufgeklärten Ausländer wartete. Unverkennbar hatte er eine pathologische Angst vor Zurückweisung.

Da er indessen ein anständiger und ehrlicher Mensch war, hatte Lorenzo durchaus einen kleinen Kreis von Freunden im Dorf, alles gebildete Leute wie er selbst. Auch sie sorgten sich um ihn und seine grüblerische Verschlossenheit. Sie fürchteten, er würde niemals heiraten, und ein Junggesellendasein galt außer offener Homosexualität, die ihnen wahrhaft widerwärtig erschien, als das beklagenswerteste Schicksal überhaupt. In allerbester Absicht nahmen mich diese Menschen häufig beiseite, um mich zu fragen, ob ich nicht auch fände, daß Lorenzo zu zurückgezogen lebte, und was man denn da tun könne. Nachdem wir, wie so häufig, Lorenzos Fall ausführlich diskutiert hatten, faßte ein scharfsinniger Freund das Problem schließlich in einem unvergeßlichen Satz zusammen, der mir zu denken gab. Er bewunderte Lorenzos geistige Fähigkeiten, sah jedoch auch sein Unglück, seine Schwäche und soziale Entfremdung. In allem Ernst und nach offensichtlich reiflicher Überlegung teilte er mir mit, daß Lorenzos Problem in seinem Versagen »als Mann« läge. Ich fragte ihn, was er denn damit meine, und er erläuterte, daß Lorenzo, obwohl er sich einigermaßen erfolgreich viel Wissen angeeignet hätte, »vergessen« habe, ein Mann zu sein, und eben dieses Vergessen sei die Quelle seines Unglücks. Dieser Freund gab die Schuld für Lorenzos Entfremdung ganz eindeutig einem charakterlichen Defizit im Rollenspiel, einer Art Lampenfieber. Betrübt schüttelte er den Kopf und gab als Diagnose den Aphorismus von sich: *Come hombre no sirve* (wörtlich: als Mann ist er unnütz, funktioniert er nicht). Und er fügte hinzu: *»Probrecito, no sirve pa'na'«* (armer Kerl, er ist völlig nutzlos).

Dieses *no sirve*, geäußert von einem besorgten Freund in mitfühlendem und nicht vorwurfsvollem Ton, hat ein breites Bedeutungsspektrum. Frei übersetzt besagt es, daß Lorenzo als Mann in ganz praktischer Hinsicht versagte, denn das spanische Verb *servir* bedeutet, etwas zuwege zu bringen, eine nützliche und effektive Arbeit zu leisten. Auch ein Aspekt von meßbarer Qualität im Sinne sichtbarer Ergebnisse ist darin enthalten. Aus was aber bestehen diese praktischen Leistungen andalusischer Männlichkeit? Hier ist eine kurze Abschweifung am Platze, um Lorenzo und seinen Abfall vom »Glauben« Tierno Galváns in den größeren Zusammenhang der mediterranen Kultur einzuordnen und einige Vergleiche von der anderen Seite des Mittelmeers heranzuziehen.

Lorenzos Freunde stellten also eine Verbindung her zwischen Männlichkeit und einem Regelkodex für effektives oder nutzbringendes Verhalten. Das entspricht der Beschreibung britischer Eliteschulen von Chandos (1984, 346), der dabei ebenfalls Begriffe wie *serviceable* benutzt, die etymologisch wie inhaltlich dem spanischen *sirve* verwandt sind. Nicht nur nützlich hatte jedoch ein solches Verhalten in Lorenzos Gemeinde zu sein, sondern auch öffentlich, es mußte sich gewissermaßen auf der Bühne der Gemeinde abspielen. Die Leistungsfähigkeit eines Mannes wird danach gemessen, wie andere ihn dort in Aktion sehen, wo sie sein Tun beurteilen können. Diese Verschmelzung von Männlichkeit und Leistungsfähigkeit zu theatralischer Selbstdarstellung hat starke Parallelen in anderen mediterranen Ländern. Nehmen wir beispielsweise Griechenland. Dank der unermüdlichen Arbeit von Michael Herzfeld verfügen wir glücklicherweise über ausgezeichnete Daten für dieses Land. Auch dort ist der männliche Mann jemand, der mitten auf der Bühne agiert. Sein Rollenspiel drückt sich in »vordergründigen Taten« aus, also in Aktionen, die von jedermann gesehen und somit kollektiv beurteilt werden können. Auch bei den Griechen, die Herzfeld beschreibt, ist der bewunderte »vortreffliche« Mann nicht notwendigerweise ein »guter« Mann in irgendeinem abstrakten moralischen Sinn. Vielmehr ist er *gut darin, ein Mann zu sein.* Das bedeutet nicht nur entsprechendes Auftreten innerhalb der vorgeschriebenen Muster (nach männlichem Drehbuch), sondern auch Publizität, es bedeutet im Blickfeld zu stehen und den Mut zu haben, sich Risiken auszusetzen. Außerdem bedeutet es entschlossenes Handeln, das erfolgreich ist oder einem Zweck dient, Handeln, das sich im Kampf bewährt und reale Probleme löst, die nach allgemeiner Ansicht als wichtig gelten.

Herzfeld, ein subtiler und scharfsichtiger Forscher, schildert für das Dorf Glendi auf Kreta – als Insel ein Sammelbecken mediterraner Kultur – den Archetypus gesellschaftlicher Anerkennung, der auch für den Fall Lorenzo sehr relevant ist. Ein Mann in Kreta und Andalusien zu sein, heißt, pragmatisch und nützlich zu handeln, sich in der Arena öffentlicher Aktivitäten mit sichtbaren, konkreten Leistungen zu produzieren. Dieses nach außen gerichtete Verhalten grenzt sich ab von den Annehmlichkeiten und der Geborgenheit des häuslichen Lebens, von Beschaulichkeit und Selbstbesinnung, die mit Unsicherheit, Zögern, Zurückweichen in die Kulissen, das heißt, mit Passivität gleichgesetzt werden. Und in dieser Beziehung hat sich Lorenzo in Spanien als unzulänglich erwiesen. Er ist vor allem ein Mann, der sich zurückzieht, ängstlich zu Hause bleibt und die Herausforderungen und Wechselfälle des Lebens meidet. Männlichkeit erscheint auf beiden Seiten des Mittelmeers eingebettet in ein Netz geselligen Verhaltens, als männliches Agieren und Zusammenspiel auf der Bühne des Gemeindelebens.

Blickt man zurück in die Geschichte, so stößt man auf einige interessante Parallelen. Auch die alten Griechen bewunderten eine nach außen gerichtete, risikofreudige Männlichkeit, die sich in tatkräftigem Handeln äußerte. Auch sie beurteilten einen Mann nicht danach, ob er gut war, sondern ob er in der Rolle, die er in der Gemeinschaft spielte, ein »effektive(s) oder fehlerhafte(s) Element im Verband des Gemeinwesens« war (Dover 1983, 100). Ihre auf Wettbewerb ausgerichtete Sicht des Lebens ist das Ethos, das den rastlosen Heroismus der homerischen Sagen mit ihren dramatischen, ja grandiosen Gesten durchdringt (Gouldner 1965). Aber dieses Bild verbindet sich auch mit einem Ideal männlicher Tugend, das von den alten Griechen hochgehalten wurde und von manchen ihrer modernen Nachfahren in vulgarisierter Form als *filotimo*, als männlicher Stolz oder Selbstachtung, noch immer hochgehalten wird (Herzfeld 1980, 342–45). Spanier und Italiener mögen dieses Recht auf Stolz durch irgendeinen verwandten Begriff von »Ehre«, *honra* oder *onore* oder vielleicht »Ansehen« ausdrücken. Hinter allem steht ein Selbstbild, das intensiv mit der rastlosen Suche nach weltlichem Erfolg und Ruhm befaßt ist, nach Zustimmung und Bewunderung in den urteilenden Augen anderer. Diese Betonung der dramatischen Geste erscheint schon früh in der griechischen Kultur. Sie taucht auf bei Homer, am sichtbarsten in der *Ilias*: in der Bereitwilligkeit des Achilles, ein langes, ereignisloses Leben gegen ein kurzes einzutauschen, das von Ehre und Ruhm erfüllt ist, und in der Bereitwilligkeit des Agamemnon, für einen ehrenhaften Tod auf dem

Schlachtfeld bei Troja einige Monate seines Lebens hinzugeben (Slater 1968, 35).

Die Suche nach Ruhm und der ruhmreichen Tat als Maß männlicher Tugend nahm in der Alten Welt des östlichen Mittelmeers Eigenleben an. In der Blütezeit Athens im 5. Jahrhundert v. Chr. scheint das männliche Leben in der Tat aus einem unaufhörlichen Kampf um persönliche Machterweiterung bestanden zu haben – um »Ruhm und Ehre oder um Ziele, die dazu führen könnten (Wohlstand, Macht und so weiter)« (ibid, 38). Trotz der Betonung von Maß und Mäßigung, die wir heute an den alten Griechen bewundern, wurde diese besessene Suche nach Ruhm mehr und mehr zu einem Teil des griechischen Männlichkeitsideals, so daß der Chronist Thukydides sich veranlaßt sah, seine Landsleute zu tadeln: »Unüberlegte Tollkühnheit galt für aufopfernde Tapferkeit, vorausdenkendes Zaudern für aufgeputzte Feigheit, Besonnenheit für den Deckmantel der Ängstlichkeit« (3. Buch, 82). Eine mythologische Verkörperung des griechischen Ideals eines männlichen, ruhmbedeckten Helden ist der kühne und listige Seefahrer Odysseus.

Die *Odyssee* ist eine Parabel dieser Art dramatisierter Männlichkeit, die praktische Wirkung mit moralischer Vision vereint. Ihr Held zieht aus und wird in zahllose Kämpfe verwickelt, er überlebt durch physische Kraft, kluge Listen und faule Tricks. Nach unzähligen Begegnungen mit den Gefahren und Ungeheuern der Welt kehrt er im letzten Akt triumphierend zurück, um Frau und Familie beizustehen, ein männlicher griechischer Superheld. Odysseus ist kein Heiliger; oft wird er als Gauner und gerissener Drahtzieher dargestellt. Doch seine Tricks »funktionieren«. Sie führen zum gewünschten Ziel: der Rettung der gefährdeten Frau, seiner Gattin Penelope, die er zu Hause gelassen hatte, und der Wiederherstellung der Familienehre, die durch die opportunistischen Freier bedroht gewesen war. Homers Epos hat die Stoßkraft dieser rastlosen, pragmatischen und aufs Nützliche ausgerichteten mediterranen Männlichkeit in die Form einer Heldensage gefaßt.

Vom psychologischen Gesichtspunkt aus ist deutlich, daß diese alte Moral des männlichen Handelns etwas mit dem kulturellen Ausdruck von Triebsublimierung zu tun hat. Als anspornendes Modell richtigen Handelns lenkt sie die Energien von Selbstbezogenheit und Introspektion ab, hin zu einer Strategie praktischen Problemlösens und zu weltlichen Belangen. Das Männlichkeitsbild im alten Griechenland wie im modernen Andalusien dient als Ansporn für grenzenlosen Unternehmungsgeist, der anhand meßbarer Ziele beurteilt wird. In einem wichtigen Sinne ist es auch mehr als nur die Sublimierung von Libido und Aggression in kulturell gebilligte Kanäle praktischer Leistung. Das Bild ermutigt dazu, den entgegengesetzten Neigungen zu widerstehen – Lässigkeit, Selbstzweifel, Zimperlichkeit, Zaudern sowie dem Impuls, sich zurückzuziehen oder sich der »Schläfrigkeit« der Ruhe zu ergeben (in der griechischen Sage durch den Tod des Ertrinkens symbolisiert, eine universelle Metapher für die Rückkehr in den Mutterschoß). Männlichkeit kann in vielen Bereichen der mediterranen Welt als eine Verpflichtung zu entschlossenem Handeln im Wettstreit mit anderen, als aggressive, auf Nahziele ausgerichtete Haltung verstanden werden (Gouldner spricht vom griechischen Wettbewerbssystem), und man kann sie als soziale Agoraphilie bezeichnen, als Vorliebe für öffentliche Plätze im Sonnenlicht, für Menschenmengen, für das Proszenium des Lebens. Öffentlichkeit heißt nicht nur Selbstdarstellung und Geselligkeit, sondern auch Risiko und die Chance, die Gelegenheit beim Schopf zu packen und ruhmreiche Taten zu vollbringen. Wir können also Lorenzos Versagen als Mann zunächst als Weigerung definieren, sich ins Kampfgetümmel zu stürzen.

Tannhäuser: Eine nördliche Parallele

Dieser männliche Sinn für das Abenteuer im vollen Tageslicht findet sich keineswegs nur in den Kulturen des Mittelmeerraums. Auch im Norden Europas gibt es zahlreiche Sagen, die insofern lehrreich sind, als sie gegen jeden Rückzug den Mut zum Risiko ins Feld führen und einen weitverbreiteten europäischen Archetyp erkennen lassen. So gibt es zum Beispiel in der Geschichte des Ritters Tannhäuser, die Wagner dem *Volkslied von Tannhäuser* von Jobst Gutknecht aus dem 16. Jahrhundert entnommen hat, eine aufschlußreiche Parallele. In der alten deutschen Sage ist dem Helden in einem Augenblick moralischer Schwäche sein Herzenswunsch gewährt worden, mit Venus in ihrem sagenhaften Berg, dem Venusberg, zu leben. Jeder seiner Wünsche wird von der wollüstigen Göttin und ihren Dienerinnen, den Najaden und Sirenen, auf der Stelle erfüllt. Aber Tannhäuser ist allein, entfremdet und ist dieses unfruchtbare unterirdische Paradies bald leid. Wagners Version beginnt in einer dunklen Grotte, in der Tannhäuser in heftigem inneren Kampf begriffen ist. Soll er ein glücklicher, aber passiver Gefangener bleiben, dessen Bedürfnisse augenblicklich von der Göttin und ihren Nymphen und Amoretten erfüllt werden, oder soll er auf all das verzichten und zurückkehren in die sonnenbeschienene Welt der Konflikte und Gefahren? Nach langem Zögern verzichtet der Held auf die dekadenten Genüsse der allumschlingenden Venus, die ihm die Möglichkeit nehmen würde, »ein kühner Streiter« in der Welt zu sein. »Mein Sehnen drängt zum Kampfe; / nicht such' ich Wonn und Lust / Oh, Göttin, woll'es fassen, / mich drängt es hin zum Tod«, singt er (I, 2). Tannhäusers Leistung, die Göttin aufzugeben, ist dem Triumph des Odysseus über die Sirenen vergleichbar, sie ist ein Mittel moralischer Regeneration durch das Akzeptieren des Existenzkampfes. Der Ritter hat die ursprünglichste Forderung des Lustprinzips überwunden und der Versuchung widerstanden, in den Armen einer allmächtigen Frau zu versinken, sich in einen kindlichen Kokon des Genusses und der Sicherheit zurückzuziehen. Wie in der Odyssee ist in der Szene der großen Entscheidung die Wassermetaphorik allgegenwärtig: feuchte Höhlen, trübe Teiche, neblige Wasserfälle.

Auch die deutsche Kultur hatte, zumindest vor dem Krieg, ihre Traditionen »wahrer Männlichkeit«, Idealbilder männlichen Mutes, die sich aus dem Prototyp des preußischen Kriegers herleiteten. »Maskulinismus« (nicht nur seine militaristischen oder wagnerianischen Manifestationen) ist in der Tat tief verwurzelt im teutonischen Ideal, wie Klaus Theweleit in seinem Buch über die Kultur der Weimarer Zeit gezeigt hat (*Männlichkeitsphantasien*, 1978, 82 ff.).

Bei dem Konflikt, in den Lorenzo in Spanien verwickelt ist und den er zu verlieren scheint, handelt es sich natürlich um eine alltägliche Version des inneren Kampfes gegen den Rückzug in sich selbst. Doch es geht dabei um mehr als um einen Beweis von Selbstsicherheit und Wettbewerbsfähigkeit. Es geht auch um Sex, oder vielmehr, um die aggressive Rolle beim Werben um die Frau. Lorenzos Freunde beklagten, daß er nicht ausging, um sich eine Frau zu erobern. »Als Mann taugt er nichts« bezieht sich ausdrücklich auf das Erobern einer Frau und auf phallische Raubzüge.

In einigen muslimischen Gebieten, beispielsweise in der ländlichen Türkei (Bates 1974) und im südlichen Balkan (Lockwood 1974), nimmt dieser Aspekt des Raubens häufig die konkrete Form des Brautraubs oder vorehelicher Vergewaltigung an, wobei auch oft Entführung oder Gewalt im Spiel ist. Derartiges kam früher ebenfalls in Teilen Süditaliens vor, wo manche Männer widerspenstige Bräute erst vergewaltigten und dann heirateten. Und in manchen ländlichen Gebieten Griechenlands ist »Brautraub« noch immer üblich (Herzfeld 1985b). Dieses entschiedene Werben, allerdings ohne die Gewalt, ist auch in Spanien eine wichtige, ja eine ganz wesentliche Forderung an die Männlichkeit. Sie stellt einen weitverbreiteten Aspekt des Männlichkeitsbildes in vielen Teilen Südeuropas dar, während sie in den nördlichen Ländern weniger wichtig zu sein scheint.

Das meiste, was wir über mediterrane Männlichkeitsvorstellungen wissen, betrifft im Grunde die ausdruckskräftigeren Komponenten – genauer, den sexuellen Geltungsanspruch (Pitt-Rivers 1977). Beispiele hierfür sind der *machismo* Spaniens und der *maschio* Siziliens (Giovannini 1987). Auch der *rajula-* (Männlichkeits-)Komplex Marokkos gehört dazu (Geertz 1979, 364), der von einer Anthropologin (Mernissi 1975, 4f.) insbesondere mit dem spanischen *machismo* verglichen wurde. In den Balkanländern gibt es Parallelen, welche die Anthropologen Simic (1969, 1983) und Bette Denich (1974) unabhängig voneinander mit dem *machismo* der spanischen Kultur gleichsetzten. In diesen Ländern ist der echte Mann sowohl energisch in der Werbung wie ein furchtloser Mann der Tat. Beides, Sex und wirtschaftliche Unternehmungen, sind kompetitiv und riskant, weil sie Männer im Wettbewerb um das begehrteste Gut – die Frau – miteinander konfrontieren. Niederlage und Demütigung sind immer möglich.

So ist in Sizilien beispielsweise männliche Ehre stets mit Aggressivität und Potenz verbunden. Ein wahrer Mann ist in Sizilien ein »Mann mit großen Hoden« (Blok 1981, 432f.); seine Potenz steht außer Zweifel. Auch bei den Sarakatsani Griechenlands muß ein männlicher Erwachsener »mit Hoden gut ausgestattet sein« (J. K. Campbell 1964, 269), rasch erregt und unersättlich im Akt. Derartige Ansichten gelten auch weitgehend für Spanien, zumal im Süden (Pitt-Rivers 1965, 1977; Brandes 1980, 1981; Mitchell 1988), wo es von einem echten Mann heißt, er habe viel *cojones* oder Eier. Solche Männer mit großen Hoden überragen und dominieren natürlich ihre weniger gut ausgestatteten und phlegmatischeren Artgenossen.

Aber kompetitive Geilheit ist nicht das Entscheidende. Sie wird übrigens in den muslimischen Ländern nicht so hoch geschätzt, denn im Islam gilt ungezügelte Lust als sozial zerstörerisch und für beide Geschlechter unmoralisch (Bates und Rassam 1983, 215). Eine weitere Dimension ist für ein tieferes Verständnis des sozialen Rasters der mediterranen Männlichkeitsvorstellungen wichtig. Selbst in jenen Teilen Südeuropas, in denen das Don-Juan-Vorbild sexuellen Selbstbewußtseins hoch im Kurs steht, erschöpft sich die dem Mann zugewiesene Aufgabe nicht nur darin, unendlich viele Eroberungen zu machen, sondern er muß seinen Samen verbreiten. Jenseits reiner Promiskuität bildet die Fähigkeit zur Fortpflanzung, das heißt, die Frau zu schwängern, den letzten Prüfstein. In Italien kann zum Beispiel »nur die Schwangerschaft der Ehefrau die Männlichkeit des Ehemannes untermauern« (Bell 1979, 105). Deshalb bedeutet die mediterrane Betonung der Männlichkeit in erster Linie: Ergebnisse, Nachwuchs zeugen (vorzugsweise Jungen). Für die Anerkennung durch die Gemeinde zählt legitimer Zeugungserfolg mehr als erotische Akrobatik – eine entscheidende Tatsache, die häufig selbst von Fachleuten des mediterranen Ehrbegriffs übersehen wird, die seine zerstörerischen und kompetitiven Elemente hervorheben (Pitt-Rivers 1977, 11). Kurz gesagt, es geht um die Schaffung einer großen blühenden Familie. Promiskuität und Abenteuer bilden ein früheres (jugendliches) Erprobungsstadium für einen ernsteren (erwachsenen) Zweck. Sexualität und ökonomische Selbstversorgung laufen parallel.

In Südspanien häuft man Verachtung auf einen verheirateten Mann ohne Kinder, ganz gleich, wie aktiv er sexuell vor der Ehe gewesen ist. Was zählt, sind die Ergebnisse und nicht die Präliminarien. Und obwohl der Ruf beider, des Ehemanns wie der Ehefrau leidet, wird die Schuld an der Unfruchtbarkeit eindeutig dem Mann aufgebürdet und nicht der Frau, denn es ist immer der Mann, von dem man erwartet, daß er die Dinge in Angriff nimmt (und vollbringt). »Ist er ein Mann?« fragen die Leute höhnisch. Anzügliches Gerede über seine physiologischen Mängel macht die Runde. Man erklärt ihn für unfähig, als sexuellen Versager, als Clown. Seine Schwiegermutter ist entrüstet. Seine Lenden sind nutzlos, klagt sie, *»no sirven«*, sie leisten nichts. Lösungen werden sowohl in medizinischen wie magischen Mitteln gesucht. Es heißt, er habe in seinen Ehepflichten versagt. Indem er sexuell erfolglos ist, hat er darin versagt, ein Mann zu sein.

Jenseits von Sex: Der Familienversorger

Männer müssen nicht nur potent sein; sie müssen für die Versorgung der von ihnen Abhängigen aufkommen, indem sie kräftig zum Familienerbe beitragen. Auch dies wird nach dem Effizienzquotienten gemessen, an den Ergebnissen (David 1977, 77). Was zählt, ist wiederum die Leistungsfähigkeit in der Arbeitsrolle, die am Opfer oder Dienst für die Familienbedürfnisse gemessen wird. Hier muß der Sinn für soziales Opfer betont werden, den diese Arbeitspflicht des Mannes mit sich bringt. Der Landarbeiter verachtet häufig manuelle Arbeit jeder Art, weil sie ihm selten persönlich etwas einbringt. So erklärt der Andalusier vom Land die Arbeit zum »Fluch« (D. Gilmore 1980, 55), denn sie kann einen Mann niemals reich machen. Für den armen Mann bedeutet Arbeiten eine Pflicht, der er unter demütigenden Bedingungen und für einen geringen Tageslohn nachkommt. Es bedeutet, mit seinen Arbeitskollegen um unsichere Chancen am Arbeitsplatz zu kämpfen, von der Morgen- bis zur Abenddämmerung Baumwolle zu pflücken und Sonnenblumenfelder vom Unkraut zu befreien. Arbeit als Synonym für Leiden ist etwas, das die meisten Männer eingestandenermaßen hassen und dem sie sich entziehen würden, wenn sie könnten.

Dennoch stellt Arbeit für den Arbeiter, den Bauern oder jeden anderen, der sein Brot verdienen muß, auch die – niemals in Frage gestellte – Verpflichtung dar, für die Ernährung Abhängiger zu sorgen. Und hier ist, ebenso wie bei Sex und Vaterpflichten, das Ansehen eines Arbeiters als Bürger und als Mann eng verbunden mit dem ganz klar definierten Dienst an der Familie. Ein Mann, der diesen Verpflichtungen aus dem Wege geht, verzichtet auf seinen Anspruch auf Achtung wie auf Männlichkeit; er ist verachtenswert, »geringer als ein Mann«, Ausschuß, ein *gamberro. Gamberro* bezeichnet einen verantwortungslosen, verworfenen Menschen, der sich wie ein sorgloses Kind benimmt oder als Parasit von Frauen lebt. Auch wenn Frauen in Andalusien ebenfalls Lohnarbeit verrichten, so muß doch der Ehemann, um sich als wahrer Mann zu erweisen, den Löwenanteil des Einkommens beschaffen, muß seiner Frau und Familie eine Stütze sein und die der Frau anvertraute Maschine häuslicher Produktion am Laufen halten. Ein Mann arbeitet hart, manchmal verzweifelt hart, nicht weil er daran Vergnügen findet, sondern weil es sich so gehört, *se obliga*, und man an die Familie gebunden ist. In diesem Sinne gleichen die spanischen Männer, wie Brandes feststellt (1980, 210), den Männern überall in der Welt, die die Rolle des Brotverdieners als Maßstab ihrer Männlichkeit annehmen und erfüllen. Der einzige Unterschied ist, daß sie selten Freude oder persönliche Befriedigung aus der elenden Arbeit ziehen, die ihnen zugänglich ist.

In Süditalien ist die Einstellung in vieler Hinsicht ähnlich, John Davis (1973, 94f.) schreibt über die Stadt Pisticci: »Arbeit legitimiert sich auch von der Familie des arbeitenden Mannes her: ›Wäre es nicht für die Familie, würde ich mich nicht opfern‹ *(non mi sacrifico)*. Die Fähigkeit des Mannes, Frau und Kinder zu unterhalten, ist eine ebenso wichtige Komponente seiner Ehre wie seine Herrschaft über die Sexualität seiner Frau. Unabhängigkeit von anderen ist also in diesem Zusammenhang die Voraussetzung seiner wirtschaftlichen wie sexuellen Ehre... Arbeit wird mithin nicht als Selbstzweck betrachtet. Männer arbeiten, um Nahrung und etwas Geld für die Familie zu beschaffen.«

Um dieses Opfer im Dienste der Familie, diesen Beitrag zum Unterhalt auch der Verwandtschaft, geht es im Grunde in allen mediterranen Varianten des Ehrbegriffs. Ehre bezieht sich darauf, daß man gut darin ist, ein *Mann zu sein*, und das bedeutet, Familie oder Sippe – die Grundeinheiten der Gesellschaft – aufzubauen und zu stützen, ganz gleich unter welchen persönlichen Opfern: »[Mediterrane] Ehre als Ideologie hilft die Identität einer Gruppe (einer Familie oder Sippe) zu stützen und diese der sonst zweifelhaften Loyalität ihrer Mitglieder zu versichern. Ehre definiert die sozialen Grenzen der Gruppe und trägt zu ihrer Verteidigung gegen die Ansprüche äquivalenter konkurrierender Gruppen bei« (Schneider 1971, 17).

Die betonte Auffassung männlicher Ehre als häusliche Pflicht ist im Mittelmeerraum weit verbreitet. In seinem anregenden Literaturüberblick findet John Davis, ähnlich wie Jane Schneider in der oben zitierten Äußerung, die Bestätigung für seine Ansicht, daß sich männliche Ehre ebenso aus Arbeit und wirtschaftlichem Fleiß speist wie aus sexuellem Erfolg: »Man sollte als erstes feststellen, daß Ehre nicht primär mit Geschlechtsverkehr... sondern mit Rollenerfüllung zusammenhängt. Auch wirtschaftliche Ressourcen spielen eine Rolle, denn eine Familie zu ernähren, für Frauen zu sorgen, Nachkommen zu unterhalten, ist leichter möglich, wenn die Familie keine Not leidet (1977, 77).

Manchmal läßt sich diese Art wirtschaftlicher Dienst in Geld oder anderen Wertgegenständen bemessen oder drückt sich in der Anhäufung materieller Güter aus, die – wie beispielsweise die Aussteuer – an Frauen und Kinder weitergegeben werden. So schildert Ernestine Friedl (1962) in ihrer Arbeit über ein griechisches Bauerndorf im heutigen Böotien die Ehrvorstellungen von Vätern, die sich in der Fähigkeit ausdrücken, in Form von Geld und Wertsachen eine große Mitgift für ihre Töchter zu beschaffen. Wenn sie hierin erfolgreich sind, können sie sich die besten Schwiegersöhne sichern, zum guten Ruf der Familie beitragen und folglich ihr Ansehen als Versorger erhöhen. Männlichkeit wird zumindest teilweise in Geld gemessen, stellt es doch die einzig unmittelbare Möglichkeit des Mannes dar, Kinder zu ernähren. Folglich kann Männlichkeit als Ansporn zum Handeln interpretiert werden, als eine Art moralischer Zwang, Familie und Stamm zu versorgen.

Der Mann als Beschützer

An dritter Stelle, nach Zeugung und Versorgung, steht Tapferkeit. In Andalusien ist Männlichkeit auch auf das gegründet, was man dort *hombría* nennt. Eigentlich bedeutet *hombría* einfach Männlichkeit, doch der Begriff meint etwas anderes als die oben geschilderten ausdrücklich virilen oder wirtschaftlichen Qualitäten. Hombría steht eher für physischen und moralischen Mut. Ohne bestimmte Verhaltensregeln zu implizieren, besagt der Begriff, daß der Mann für sich selbst als unabhängiger und stolzer Akteur steht und seinen Platz bei Herausforderungen behauptet. Spanier nennen das auch *dignidad* (Würde). Diese Würde ist nicht darauf gerichtet, Menschen zu bedrohen oder ihnen Gewalt anzutun, denn Andalusier verachten Raufbolde und beklagen physische Rohheit, die in ihren Augen nur Theater ist. Im allgemeinen Zusammenhang bedeutet *hombría* mutiges und stoisches Verhalten im Angesicht jeglicher Bedrohung und, vor allem, die Verteidigung der Ehre, der eigenen wie derjenigen der Familie. Es geht nicht um physische Aggressivität, sondern um unerschütterliche Loyalität einer sozialen Gruppe gegenüber, die als letztes Abschrekkungsmittel gegenüber Herausforderungen fungiert. Gewalt zu verhindern ist immer auf die Fähigkeit gegründet, Gewalt auszuüben, deshalb ist der Ruf der *hombría* des Mannes in diesem Zusammenhang besonders wichtig.

Als eine Form männlicher Selbstbeherrschung und Tapferkeit beweist man *hombría* in vielfacher Weise. So wandert etwa in Fuenmayor eine Gruppe junger Männer spät in der Nacht zum Friedhof hinunter, um nach ein paar Drinks ihre Furchtlosigkeit vor Gespenstern zur Schau zu stellen. Sie nehmen einen Hammer und einen Nagel oder eine Eisenspitze mit, stellen sich, leicht angetrunken, zusammen auf und schlagen den Nagel in die Friedhofsmauer. Unter Anrufung aller möglichen Kobolde und Gespenster tragen sie dann im Chor zum Rhythmus der Hammerschläge folgende Formel vor:

Aquí hinco clavo	Hier schlage ich einen Nagel ein
del tio monero	vor Kobold oder Geist,
venga quién venga	und was immer in Erscheinung tritt,
aquí lo espero!	ich erwarte es ohne Furcht!

Derjenige, der dann als letzter fortläuft, erringt den Lorbeer, der Mutigste, der Männlichste zu sein. Zuweilen fordern sich die Jungen auch als eine Art Mutprobe gegenseitig dazu heraus, eine Nacht auf dem Friedhof zu verbringen, aber sonst hat *hombría* nichts mit Konfrontation zu tun, da die trotzige Herausforderung an einen übernatürlichen Gegner (außerhalb des gesellschaftlich konkreten Bereichs) gerichtet ist. Nichtsdestoweniger ist sie, wie das obengenannte Beispiel zeigt, durchaus kompetitiv, und wie Potenz und wirtschaftliche Leistung muß sie durch sichtbare Symbole und Taten nachgewiesen werden. *Hombría* bezeugt die Fähigkeit eines Mannes, seine Familie zu verteidigen. Pitt-Rivers (1961, 89) hat das am besten zum Ausdruck gebracht: »Die Quintessenz von Männlichkeit ist Furchtlosigkeit, die Bereitschaft, den eigenen Stolz und den seiner Familie zu verteidigen.« Darüber hinaus hat *hombría* auch eine spezifisch politische Dimension, die ihre Rolle in Spanien noch vergrößert.

In der jüngsten Vergangenheit war Spanien, und besonders Andalusien, ein Land innenpolitischer Kämpfe, und außerdem ist das Klassenbewußtsein als Resultat des tiefen Antagonismus zwischen Landbesitzern und Landarbeitern stark ausgeprägt (Martinez-Alier 1971). *Hombría* hat daher bei den von diesem Kampf betroffenen Arbeitern und Bauern eine stark politische Schattierung bekommen: Loyalität zur sozialen Klasse. Unter Bauern und Arbeitern wird Männlichkeit nicht durch Loyalität der Familie, sondern auch der arbeitenden Klasse gegenüber ausgedrückt sowie durch aktive Teilnahme am Kampf um die Rechte der Arbeiter. So gelten zum Beispiel Arbeiter, die diese Rechte vertreten, indem sie sich weigern, bei Arbeitskämpfen zurückzustecken, als sehr männlich. Unter der Franco-Diktatur war dies eine besonders mutige Tat, wird jedoch noch heute von Beteiligten bewundert. Charismatische Arbeiterführer, zumal jene, die von Francos Polizei verhaftet und geschlagen wurden, wie Marcelino Camacho, der Kopf der Arbeiterkommissionen im Untergrund, werden als sehr viril bewundert. In ihrer Gruppe gelten sie als Männer mit »viel Eiern«, werden von den Männern beneidet und sind für Frauen attraktiv. Ihre politischen Feinde mögen sie hassen, aber sie achten und fürchten sie auch.

Ein konkretes Beispiel: In Fuenmayor gab es den berühmten Fall eines militanten Agitators mit dem Spitznamen »Robustiano« (aufgrund seines athletischen Körperbaus und gewaltigen Mutes). Nach dem Bürgerkrieg, als seine linksgerichtete Familie durch die Nationalisten während der Verfolgungen dezimiert wurde, hatte er Francos Polizei offen Trotz geboten, indem er seine revolutionären Aktivitäten fortsetzte. Prügel, Drohungen und Schikanen hatten keinerlei Erfolg. Nach jeder Rückkehr aus dem Gefängnis nahm er den Kampf von neuem auf und erntete von allen Seiten (selbst von seinen Wärtern) Bewunderung. Nicht einmal unter der Folter verriet er seine Kameraden und nahm polizeiliche Mißhandlungen mit stoischer Gelassenheit hin. Robustiano hatte eine riesige loyale Gefolgschaft und lebt noch heute im Gedächtnis seiner Umwelt als einer der Märtyrer, die den Widerstandsgeist der Arbeiter in den dunklen Tagen der Diktatur hochhielten. Darüber hinaus behalten die Menschen Robustiano als einen echten Mann im Gedächtnis, eine Apotheose des andalusischen Männlichkeitsideals.

Außer in der Politik finden sich für diese Forderung nach dramatischer Aktion bei der Verteidigung von Kameraden Parallelen im gesamten Mittelmeerraum, wie bei den patrilinearen Völkern der afrikanischen Küste, wo die soziale Klasse weniger wichtig ist als andere ursprünglichere Bindungen. Bourdieu zufolge (1965, 1979a) ist unter den Kabylen Algeriens das Hauptattribut des wahren Mannes, daß er es mit anderen Männern aufnimmt und seine Verwandtschaft (väterlicherseits) vehement verteidigt. »Alle Informanten geben als wesentliche Charakteristik des Ehrenmannes an, daß er sich anderen *stellt*«, schreibt Bourdieu (1979a, 128). Ein echter Mann läßt keine Mißachtung seiner selbst oder, noch wichtiger, seiner Familie oder Sippe zu. Nebenan, im Osten Marokkos, gelten diejenigen als wahre Männer, die stets bereit sind, ihre Familien gegen Bedrohungen von außen zu verteidigen; sie »schließen sich zusammen in der Verteidigung ihres Lebensunterhalts und ihrer kollektiven Identität« (Marcus 1987, 50).

Ebenso wird der wahre Mann bei den Sarakatsani-Hirten im heutigen Griechenland (J. K. Campbell 1964, 269f.) als *varvatos* bezeichnet, was dem italienischen *barbato* entspricht und bärtig oder haarig meint. Der Begriff signalisiert einerseits Kraft und Virilität, aber auch »ein gewisses rücksichtsloses Durchsetzungsvermögen in allen Unternehmungen«, die der Verteidigung der Familie dienen. Virile Sarakatsani-Hirten sind jene, die den Anforderungen des Hirtenlebens standhalten, in dem »Ansehen an Kraft und Stärke gebunden ist« (ibid., 317). Auf diese Weise erwirbt sich der Sarakatsani die Achtung seiner Konkurrenten, schützt seinen Bezirk vor Bedrohungen und behauptet die stets gefährdete Position seiner Familie in einer rauhen Umwelt. »Der männliche Ruf der Männer der Familie stellt ein Abschreckungsmittel gegen Beleidigungen von außen dar« (ibid., 271). Campbell sieht diese Betonung der Männlichkeit vor allem unter dem funktionellen Aspekt. »Hier trifft man erneut auf das Männlichkeitsideal der ›Effizienz‹«, schreibt er (ibid., 270).

Überall im Mittelmeerraum begegnet man dem Mann-als-Beschützer. Staatlicher Schutz ist hier nur schwach entwickelt, die staatlichen Strukturen sind unstabil, lokale Fehden an der Tagesordnung, und weder auf politische Richtungen wie Protektionen ist Verlaß. Die Launen des Schicksals und die Knappheit der Ressourcen bewirken, daß sich ein Mann nur kümmerlich durchschlagen kann und seine Familie durch Zähigkeit und taktische Manöver erhalten muß. So zeichnet sich in Sizilien *un vero uomo* (ein wahrer Mann) durch »Kraft, Macht und die Schlauheit aus, mit der er seine Frauen beschützt« (Giovannini 1987, 68). In Sizilien und Andalusien erringt der erfolgreiche Beschützer zugleich Bewunderung für seine mutigen Heldentaten und damit persönliches Renommee. Diese enge funktionelle Verknüpfung von persönlichem Nutzen und Gruppenvorteil gehört zu den ältesten moralischen Vorstellungen der mediterranen Zivilisation. Sie findet sich bereits bei den Seefahrern der griechischen Antike, dem reisenden Odysseus. Schon sein Name (von *odyne*, der Fähigkeit, Schmerzen zuzufügen, sowie der Bereitschaft, dies zu tun) signalisiert den Willen, Konflikte und Risiken auf sich zu nehmen und sich gegen überwältigende Schwierigkeiten durchzusetzen, um große Heldentaten zu vollbringen. »Odysseus zu sein, heißt daher, sich die Einstellung eines Jägers von gefährlichem Wild zu eigen zu machen: sich absichtlich zu exponieren, danach jedoch jeden Vorteil wahrzunehmen, den die exponierte Position zuläßt; der unmittelbare Zweck ist, Schaden zuzufügen, aber das letzte Ziel ist Anerkennung und das Gefühl einer großen Tat« (Dimrock 1967, 57).

Doch Odysseus' Endziel ist es nicht allein, eine ruhmreiche Tat nach der anderen zu vollbringen. Sein ganzes Heldentum als Seefahrer ist auf ein höheres Ziel gerichtet: Frau und Kind zu retten und die finsteren Freier zu verjagen, die beide bedrohen. Der echte Mann erwirbt sich Ruhm, indem er zwischen seiner Familie und der Vernichtung steht und Schicksalsschläge mit Gleichmut hinnimmt. Männlichkeit ist im Mittelmeerraum die Belohnung, die dem Mann verliehen wird, der sich als Beschützer des sozialen Netzes ursprünglicher Bindungen, als Hüter der moralischen wie materiellen Werte seiner Gesellschaft bewährt.

Freiheit, Unabhängigkeit

Die Männlichkeitsideale in diesen Gebieten des Mittelmeers scheinen von drei moralischen Imperativen beherrscht: erstens Schwängerung der Ehefrau, zweitens Versorgung von Abhängigen und drittens Schutz der Familie. Diese Kriterien erfordern selbstbewußtes Vorgehen und Entschlossenheit. Alles hat im unermüdlichen loyalen Dienst an den »kollektiven Identitäten« des Selbst zu erfolgen.

Noch ein weiteres Element muß erwähnt werden. Die genannten Imperative hängen von etwas Tieferem, Grundlegendem ab; von Handlungsspielraum und persönlicher Autonomie. Ein Mann kann nichts leisten, wenn ihm die Hände gebunden sind. Will er gefährliches Wild jagen oder wie Odysseus seine Familie retten, muß er über absolute Bewegungsfreiheit verfügen. Gleichermaßen wichtig wie Sex und Wendigkeit in wirtschaftlichen Dingen ist der dahinterstehende Appell an unabhängiges Handeln als die Grundlage männlicher Identität. Will er den Weg zur Männlichkeit betreten, so muß ein

Mann mit leichtem Gepäck reisen und frei sein für Improvisation, auf daß er unbehindert auf Herausforderungen reagieren kann. Er muß eine moralische Führungsrolle übernehmen. Für den andalusischen Bauern ist Abhängigkeit, wie Brandes berichtet (1980, 210), nicht nur eine Schande, sie ist außerdem die Negation seines männlichen Selbstbildes. Persönliche Autonomie ist das Ziel absolut jeden Mannes; ohne sie bricht seine Verteidigungsposition zusammen, geht seine strategische Mobilität verloren, und damit ist seine Familie dem Ruin ausgeliefert. Auch dieses Thema hat in Spanien politische Implikationen.

Ein Beispiel bietet George Colliers Bericht über den spanischen Bürgerkrieg in einem andalusischen Dorf. Collier (1987, 90) weist auf die Rolle des männlichen Stolzes in der Arbeiter- und Bauernbewegung Westandalusiens hin. Er schildert die entscheidenden politischen Implikationen des »kulturellen Zusammenhangs, den die Andalusier zwischen Selbständigkeit und männlicher Ehre herstellen«, und die Tugenden, die zu der Bekräftigung dieser Männlichkeit gehören (ibid., 96). Colliers Interpretation der heftigen Konflikte zwischen Landbesitzern und Landarbeitern während der Zweiten Republik (1931–36) in dem Dorf Los Olivos (Provinz Huelva) zeigt, daß eine der Antriebskräfte dieser Konfrontationen das Problem der persönlichen Autonomie darstellte. Die Bauern und Arbeiter verteidigten nicht nur ihre politischen Rechte, sondern auch ihr männliches Selbstbild gegen den Herrschaftsanspruch der Reichen und Mächtigen. Autonomie gestattete ihnen, die Ehre ihrer Familie zu verteidigen; Abhängigkeit oder eine Einschränkung ihrer Autonomie dagegen hinderte sie daran, ihre männlichen Heldentaten zu vollbringen. Ihr Aufbegehren war, wie Collier glänzend belegt, ebenso ein Produkt ihres Männlichkeitsbildes wie ihrer politischen und wirtschaftlichen Forderungen. Dies galt in besonderem Maße für Südspanien, doch nach Colliers Meinung ist diese Mischung aus politischer Ideologie und maskulinem Selbstbild für den Mittelmeerraum im weiteren Sinne charakteristisch:

> Die Dörfler in Los Olivos hielten an dem Ideal männlicher Autonomie fest, das für Eigentumsverhältnisse und das System der Ehre in den Agrargesell-

> schaften des Mittelmeerraums charakteristisch ist... Der überlegene Mann wehrte Herausforderungen ab, indem er unentwegt seine Männlichkeit und seine Fähigkeit zu physischer Aggression zur Schau stellte, während er andererseits die Tugend seiner Frauen gegen Angriffe bewachte und gegen jeden antrat, der die Ehre seiner Familie gefährdete... Das Ideal männlicher Autonomie lud somit die Beziehungen zwischen Arbeitgebern und Arbeitnehmern mit besonderer Spannung auf. Indem er die Anordnungen eines anderen zu akzeptieren hatte, räumte der Angestellte gleichzeitig seinen Mangel an voller Autonomie und seine Verletzbarkeit gegen potentielle Ehrverletzungen ein (ibid., 96f.).

Von einem anderen Mann abhängig zu sein, ist schlimm genug, aber Abhängigkeit von einer Frau zuzugeben, ist schlimmer. Der Grund dafür liegt natürlich darin, daß dies die normale Ordnung familiärer Bindungen umkehrt, was wiederum die formale Grundlage der Männlichkeit zerstört. In Marokko zum Beispiel umgreift *rajula* (männlicher Stolz), wie Hildred Geertz (1979, 369) berichtet, vor allem Werte wie »persönliche Autonomie und Kraft«, was Herrschen und Versorgen einschließt, im Gegensatz zum Beherrscht- und Versorgtwerden durch Frauen. Die Männer kennen dort in der Tat keine größere Angst, als ihre persönliche Autonomie an eine dominante Frau zu verlieren.

In Marokko finden wir auch die immer wiederkehrende Angst, ein Mann könnte unter den Zauberspruch einer mächtigen Frau, einer dämonischen Verführerin, fallen, die ihn auf ewig gefangenhält, wie Venus den Tannhäuser oder Circe, die den Odysseus versklaven wollte – Helden, die damit ihre männliche Rolle vergaßen (Dwyer 1978). Der Ethnopsychologe Vincent Crapanzano hat ein ganzes Buch über einen marokkanischen Mann geschrieben, der im Schrecken vor solch einem dämonischen weiblichen *jinn* lebte. Er berichtet, daß dieser Alptraum weit verbreitet ist: »Dieses Motiv der Versklavung durch eine Frau – die Umkehrung der für die Geschlechterbeziehung, das Geschlechtsleben, das eheliche Verhältnis geltenden Norm – zieht sich durch die marokkanische Folklore« (1983, 139). In Marokko wie in Spanien muß der Mann vollständige Unabhängigkeit von Frauen als notwendiges Kriterium seiner Männlichkeit erringen. Wie kann er Abhängige versorgen und sie beschützen, wenn er selbst abhängig ist wie ein Kind? Die Umkehrung der Geschlechterrollen zerstört den Mann und die Familie und bringt Verderbnis und Untergang über beide, weil sie aus der Frau die Mutter macht.

Die Trennung der Geschlechter

Viele dieser Themen – Aktivität gegen Passivität, Extroversion gegen Introversion, Autonomie gegen Abhängigkeit – kommen im Mittelmeerraum im ländlichen Gemeinschaftsleben körperlich zum Ausdruck. Die Forderung, daß sich der Mann überzeugend von der Frau abgrenzt, könnte nichts deutlicher vor Augen führen als die Ächtung häuslicher Intimität, die aus der gesamten ethnographischen Literatur hervorgeht. In vielen Gesellschaften des Mittelmeerraums (D. Gilmore 1982, 194–196) sind die Welten von Männern und Frauen streng gegeneinander abgegrenzt. Die männlichen und weiblichen Bereiche sind, wie Duvignaud von Tunesien sagt, »zwei getrennte Welten, die aneinander vorbeigehen, ohne sich zu berühren« (1977, 16). Männer werden durch diese moralische Konvention räumlicher Trennung gezwungen, das Haus während des Tages zu verlassen und sich hinaus ins gefährliche Leben zu wagen. Ein Mann, der sich wie Lorenzo während des Tages im Dunkel des Hauses verbirgt, erregt sofort Verdacht. Er befindet sich am verkehrten Ort, und damit ist seine Männlichkeit zweifelhaft. Ein wahrer Mann muß draußen unter Männern sein, anderen standhalten, auf sie hinunterblicken. Auch in Zypern wird die Männlichkeit eines Mannes, der sich zu Hause bei Frau und Kindern aufhält, angezweifelt: »Was für ein Mann ist er? Er hängt lieber im Haus bei den Frauen herum« (Loizos 1975, 92). Und bei den algerischen Kabylen, die von Bourdieu beschrieben wurden (1979b, 141), lästern die anderen Männer über einen häuslichen Mann aus ziemlich den gleichen Gründen: »Ein Mann, der bei Tage zuviel Zeit zu Hause verbringt, ist verdächtig oder lächerlich: Er ist ein ›Hausmann‹, der ›zu Hause brütet wie eine Henne im Nest‹. Ein Mann, der sich selbst achtet, muß sich sehen lassen, muß sich ständig dem Blick der anderen aussetzen, ihnen die Stirn bieten, ihnen entgegentreten *(gabel)*. Er ist ein Mann unter

Männern.« Wir sehen also, wie das männliche Ideal die Männer aus dem Refugium des Hauses hinausjagt auf den Kampfplatz der Aktion.

Ein weiterer Exzentriker

Zum Schluß noch ein weiterer negativer Fall aus Andalusien, der diese letzten Aspekte beleuchtet. Es gab in Fuenmayor einen Mann, der notorisch häuslich war und dessen Familie die Konsequenzen zu tragen hatte. Alfredo war ein rundlicher kleiner Kaufmann mit dem nichtkastilischen Nachnamen Tissot (seine Vorfahren waren einige Generationen zuvor aus Katalonien eingewandert). Ein gesetzter Mann mittleren Alters, betrieb er einen kleinen Kolonialwarenhandel von seinem Haus aus – keine ungewöhnliche Form des kleinen Einzelhandels. Ungewöhnlich war hingegen, daß er selten das Haus verließ, in dem er mit seiner Frau und zwei hübschen erwachsenen Töchtern lebte.

In Andalusien erwartet man wie in Zypern oder Algerien von einem Mann, daß er seine freie Zeit außer Haus verbringt, anderen Männern auf die Schulter schlägt und sie jovial begrüßt. Seine Welt ist die Straße, die Bar, die Felder – öffentliche Örtlichkeiten, an denen er gesehen wird. Er darf nicht den Eindruck erwecken, im Banne des häuslichen Lebens zu stehen, sich an Frau oder Mutter zu klammern. Wenn er draußen ist, erwartet man auch von ihm, daß er sich auf die normalen männlichen Rivalitäten beim Karten- und Dominospielen einläßt und sich am Wettstreit im Trinken, Geldausgeben, Prahlen und Liedersingen beteiligt. Obwohl sich Alfredo dieser Erwartungen durchaus bewußt war, widerstand er ihnen, weil solche gesellschaftlichen Dinge, wie er mir eines Tages anvertraute, eine Verschwendung von Zeit und Geld seien: Man muß in den Bars Geld ausgeben, man muß Runden von Drinks spendieren, und man muß selbst zechen und sich amüsieren, prahlen und sich vor seinen Kumpanen aufplustern. Diese ganze Geselligkeit war teuer und langweilig, also blieb der pausbäckige Händler zu Hause bei seiner Familie. Er las Bücher und sah abends fern oder ging seine Rechnungen durch.

Wie alle übrigen Dorfbewohner befand sich Alfredo ständig auf dem Prüfstand der öffentlichen Meinung und war ihr Rechenschaft als Mann schuldig. Man ließ zwar widerwillig seinen bescheidenen Geschäftssinn gelten (wie es hieß, war das Geschäft mit dem Kapitel seiner Frau gegründet), aber die Leute akzeptierten seine lahmen Entschuldigungen für sein unangemessenes Verhalten nicht. Als Nachkomme von ohnehin mit Mißtrauen betrachteten ethnischen Außenseitern (Katalanen gelten als arbeitssüchtig und geizig), war man darauf gefaßt, daß er seltsame Gewohnheiten hatte, aber seine Weigerung, in die öffentliche Welt der Männer einzutreten, wurde als Beleidigung empfunden und mit Entrüstung aufgenommen. Vor allem lästerte man über seinen sparsamen Umgang mit Zeit und Geld, der als Kränkung für die anderen Männer des Dorfes, als absichtlicher Rückzug aus der männlichen Rolle aufgefaßt wurde, die nicht nur verlangt, daß man die Familie versorgt, sondern auch, daß man ein gewisses Maß an Großzügigkeit im weiteren gesellschaftlichen Umfeld zeigt. Ein bemittelter Mann muß sein Geld großzügig ausgeben und so seine Gemeinde unterstützen. Die Leute finden, ein solcher Mann schulde dem Dorf etwas. Alfredos Zurückhaltung schadete sowohl seinem eigenen Ruf wie dem seiner Familie, die im Rampenlicht der Öffentlichkeit ebenfalls litt.

Eines heißen Nachmittags, als ich mit einer Gruppe von Freunden an Tissots Haus vorbeiging, machten meine Begleiter Bemerkungen über Alfredos Andersartigkeit. »Was für ein Mann ist er denn«, murrten sie und wiesen auf sein wie abweisend verschlossenes Haus, »daß er seine Zeit zu Hause verbringt?« Finster dreinblickend verglichen sie ihn mit einer Glucke. Sie gaben farbige Erklärungen für seine verachtungswürdige Eigenbrötelei ab und spielten auf gewisse beschämende Charakterzüge wie Kleinlichkeit und Egoismus an. Hinter diesen an sich nichtigen moralischen Mängeln aber fanden meine Informanten etwas wahrhaft Abstoßendes an der Häuslichkeit, Zurückgezogenheit und Seßhaftigkeit des Kaufmanns. Sie vermuteten ein tieferliegendes, grundsätzliches Versagen in Hinsicht auf das Wichtigste von allem, in seinem Verhalten als Mann. Und sie trieben ihren Charaktermord noch weiter, verließen den Bezirk der sichtbaren Tatsachen und wagten sich in Klatschspekulationen vor, wie das in solchen Fällen ernsthafter Abweichung üblich ist. Unzweideutige

Erklärungen scheinen notwendig, wenn tief empfundene sittliche Gefühle verletzt werden.

Meine Begleiter erzählten mir also von ihren Verdächtigungen. In ihren Berichten war nun ein spürbares Nachlassen ihrer gespannten Einstellung zu Alfredos Person erkennbar, denn jetzt hatten sie die Abweichungen auf bestimmte Ursachen zurückgeführt, die sie anprangern und gemeinsam in einer Art ablehnen konnten, die ihrem eigenen Selbstbild zugute kam. Alles lief auf Alfredos Versagen als Mann hinaus. Und das war, wie im Falle von Lorenzo, unwiderlegbar an seiner vagen Introvertiertheit ersichtlich. Durch Alfredos zurückgezogenes Leben als Pantoffelheld war der Haushalt Tissot in den Augen seiner Mitbürger in sexueller Hinsicht jeglichen Ansehens beraubt; man hielt ihn deshalb notwendigerweise für anormal in sexueller Beziehung. Die Existenz der Familie selbst konnte deshalb, nach lokalen Maßstäben, nur auf widernatürliche Praktiken zurückzuführen sein. Da Alfredo nach dem Urteil seiner Gemeinde kein echter Mann war, konnten logischerweise seine Töchter auch nicht das Produkt des eigenen Samens sein. Die alles zusammenfassende Erklärung lautete (da der exzentrische Katalane auch als einigermaßen wohlhabender Mann bekannt war), er sei ein Kuppler und Zuhälter für seine Frau und Töchter und sein Wohlstand sei das Ergebnis dieser geheimen Hurerei. Die Dörfler hatten also in ihrer Vorstellung – wenn auch unzutreffend – die Rollen des Versorgers und der Abhängigen mit dieser häßlichen und lächerlichen Verleumdung umgekehrt. Selbst Zeugungserfolg wurde ihm in dieser feindseligen Unterstellung streitig gemacht. Der arme Alfredo war völlig unfähig, sich gegen diese heimtückischen Angriffe zur Wehr zu setzen, da er sich selbst aus der männlichen Kommunikation ausgeschaltet hatte, und so litten er und seine Familie unter der Geringschätzung und der Verachtung, mit der Abweichler überall bedacht werden.

Da Alfredo nun als angeblich widernatürlich abgestempelt war, fielen all seine unerklärlichen Charakterzüge unter die Klassifizierung des Mannes, »der kein Mann ist«. Da war zum Beispiel die Sache mit dem Kochen. Man wußte, daß er Frau und Töchtern in der Küche half, Fleisch schnitt, Gemüse zurichtete und so weiter, also Aufgaben übernahm, die der männlichen Physiologie ganz eindeutig zuwiderliefen. Andalusier erkennen an, daß es professionelle Köche gibt, aber das sind Männer, die ein Handwerk gelernt haben, um ihren Lebensunterhalt zu verdienen, und daher haben sie weiterhin Anspruch auf Männlichkeit. Aber zu Hause kochen nicht einmal Köche, das tun ihre Frauen. Alfredo half jedoch, wie es hieß, aus eigenem perversen Willen freiwillig und mit Eifer. »Ist das ein Mann«, spotteten die Leute, »einer, der kocht und in der Küche herumhängt?« Andalusier glauben inbrünstig daran, daß die männliche und weibliche Anatomie für ganz verschiedene, komplementäre Fertigkeiten prädestinieren. Es traf zu, daß Alfredo in der Küche half. Da er mich zu sich nach Hause einlud (an sich schon ein Akt unüblicher, ja, abweichender Gastlichkeit), sah ich ihn dabei, und er verbarg dieses unsägliche Stück Information auch nicht vor mir. Ich lernte ihn bei diesen Gelegenheiten ganz gut kennen. Da er auf seine umständliche Weise ein hilfsbereiter Mensch war, der andere gerne belehrte, brachte er meiner Frau und mir die richtige Zubereitung einiger spanischer Spezialitäten bei und lieferte präzise Anweisungen, wie man die Zutaten eines schmackhaften Gazpacho zerstoßen mußte. Ich lernte in der blitzenden Küche der Tissots, wie man eine würzige, wenn auch stark riechende Knoblauchsuppe aufschlägt. Er sah stets darauf, daß alles in der richtigen Reihenfolge vor sich ging. So kam das Brot erst in den Topf, nachdem man den Essig zugefügt hatte: nur keine Improvisation. Mit mütterlichem Strahlen war dieser Hausmann stolz auf seine Kenntnisse der lokalen Rezepte und auf meine laut geäußerte Anerkennung seiner kulinarischen Fertigkeiten.

Doch seine männlichen Geschlechtsgenossen auf der Straße lachten ihn aus, spotteten über seine hastigen Entschuldigungen und machten angeekelte Mienen, wenn ich von ihm sprach; sie hatten für beide, für ihn wie für seine nutzlose Frau, nur Verachtung übrig. Das stille Vergnügen, das Alfredo an seiner eigenen merkwürdigen Häuslichkeit hatte, verstärkte noch seinen Rückzug vor männlichen Versammlungen und Aktivitäten. Der introvertierte Lebensmittelhändler schaffte es nicht, nach lokalen Begriffen ein Mann zu sein. Dieses Versagen nahm seiner Familie die Respektabilität und brachte sie alle in Verruf, so daß seine Töchter beispielsweise in anderen Städten Verlobte finden mußten. Alfredos entscheidender Fehler war, daß er sich der Männlichkeitsprüfung nicht einmal stellte. Er mißachtete das wichtige Gebot der Separierung: Seine Identität in der Öffentlichkeit war durch seine Nähe zu Frauen befleckt. Er hatte sich in einen geschützten Kokon von Häuslichkeit zurückgezogen, selbstgenügsam und zufrieden mit gutem Essen und bequemem Luxus, nicht bereit oder zu ängstlich, die gefahrvolle Arena männlichen Wettbewerbs zu betreten. Dieser Rückzug war den anderen Männern nicht geheuer, also kastrierten sie ihn im Geiste und beraubten ihn der Familienehre, indem sie die ganze Familie jenseits der Grenzpfähle plazierten und damit die Bedrohung, welche die Tissots darstellten, aus dem Wege räumten.

Und doch war Alfredo für die anderen ein Thema endloser Diskussionen und Auseinandersetzungen. War vielleicht trotz all ihrer Proteste etwas an ihm, das auf diese zähen, virilen Männer anziehend wirkte, obwohl es abstoßend war? Oder aber repräsentierte er möglicherweise für sie irgendein ihnen widerstrebendes Prinzip – vielleicht gut leben, ohne sichtbar zu arbeiten –, das ambivalente Gefühle hervorrief, die durch Projektionen und Verleugnung abgewehrt werden mußten? Um diesem Problem nachzugehen, wollen wir unsere Reise fortsetzen und uns einer anderen Kultur zuwenden.

3. KAPITEL

Auf der Suche nach Männlichkeit: Die Insel Truk

Alle Männer sind einmal Jungen gewesen ...
Jungen suchen immer nach Wegen, Männer zu werden.

James Dickey, *Deliverance*

Andalusische Männlichkeit erfordert erotische und wirtschaftliche Kompetenz und die Bereitschaft, sich zu »engagieren«, Risiken einzugehen. Männlichkeit entsteht Schritt für Schritt, summiert sich; chronologische Einschnitte gibt es nicht. Außer vielleicht Heirat, die für beide Geschlechter Erwachsensein bedeutet – oder zumindest eine Gelegenheit dazu bietet, die, wie im Falle Tissot, nicht mehr ergriffen wird.

In Spanien existiert keine formelle Anerkennung der Männlichkeit. Es gibt keine Initiationszeremonien, keine sichtbaren Embleme, keine »öffentliche Verbeugung«. Mehr übertragen als verliehen, bleibt Männlichkeit für immer in Frage gestellt, tägliche Demonstration ist unerläßlich. Ein Beobachter (Murphy 1983) nannte diesen Übergang der Jungen »rituslos«, kraftlos und amorph – doch mit Druck verbunden. Diese Zwiespältigkeit finden wir auch in vielen anderen romanischen Ländern und bei ihren muslimischen Nachbarn. David Hart zufolge wird in Marokko männliche Pubertät zum Beispiel »nur stillschweigend« gesellschaftlich anerkannt, und dies gelte für jede muslimische Gesellschaft« (1976, 124). Für die Mittelmeervölker bedeutet mit wenigen Ausnahmen (siehe Kapitel 6) das Streben nach Männlichkeit ein individuelles Wagnis des Suchens und Geprüftwerdens innerhalb des Netzes sozialer Beziehungen, wobei die Bildwelt eher Anregungen gibt als emblematische Vorstellungen transportiert.

Den Jungen ins kalte Wasser zu werfen, ist die eine Art, seinen Übergang zum Mannsein zu strukturieren. Andere Gesellschaften setzen auf verschiedene Rituale, die den Jungen einen vorgeschriebenen kollektiven Weg entlangführen. In diesem Kapitel werden wir eine Gesellschaft betrachten, die Insel Truk, die wie Spanien nur wenig oder gar keine rituelle Bestätigung vorsieht und es jedem Mann überläßt, seinen eigenen Weg zu finden. In Kapitel 4 werden wir uns einer weiteren derartigen Gesellschaft zuwenden, den Mehinaku, Ureinwohner Brasiliens. Darauf wechseln wir die Gangart und erforschen einige Gesellschaften, die Männlichkeit durch chronologische Einschnitte fixieren. Indessen ist Männlichkeit, unabhängig von der Methode, mit der sie erreicht wird, von Stürmen und Streß, Herausforderungen und Prüfungen begleitet.

Streitsüchtige Wochenendkrieger

Reist man vom Mittelmeer halb um die Welt, dann befindet man sich irgendwo mitten im Südpazifik. Wegen der Myriaden winziger Inseln wird dieser aus Wasser und Land bestehende Teil der Erde Mikronesien genannt, ein Ort von Mikrokosmen. Unter diesen Archipelen, die von dem Anthropologen Mac Marshall (1979) anschaulich beschrieben wurden, liegt die winzige Insel Truk, ein United States Trust Territory, das nach dem Zweiten Weltkrieg kurz von den Vereinigten Nationen verwaltet wurde. Truk ist mit seinen Hügeln, die heute durch amerikanischen Industrieabfall leicht mit Schwären behaftet, aber noch immer wunderschön und fruchtbar sind, das stereotype tropische Paradies, das seine Besucher gefangennimmt (ibid., 6).

Das geologisch komplexe Atoll um die Insel ist einmalig in der Welt; sein Ursprung ist der massive Zusammenbruch eines gigantischen vulkanischen Gebirgszuges, der allmählich über Äonen von Zeit in die umgebende See sank. Zusätzlich zu dieser gebirgigen Wand umgibt ein Korallenriff die Lagune von Truk. Die ungefähr ein Dutzend unbewohnten Inseln, die sich über die stillen Gewässer erheben, sind die einzigen Reste des Randes dieses einst gigantischen Vulkangipfels. Einladend und farbenfroh, ist Truk eine faszinierende

Bühne für die Entfaltung des Männlichkeitsdramas, das mit einer Intensität auf Leben und Tod ausgespielt wird.

Eine dieser Atoll-Inseln innerhalb der Lagune heißt Moen. Sie umfaßt gerade etwas mehr als sieben Quadratmeilen Land, das großenteils aus einem nahezu senkrecht aufragenden Gebirge besteht, dessen höchster Punkt auf 370 m über der Meereshöhe ansteigt. Die Insel Moen ist für Truk das Bezirkszentrum und für dieses winzige, entlegene Gebiet relativ betriebsam. Seine Bevölkerung hat seit der Übernahme durch die Amerikaner 1945 beträchtlich zugenommen. Unmittelbar vor dem Krieg gab es nur 2115 Menschen auf Moen. Diese Anzahl hatte sich 1967 bereits mehr als verdoppelt, und 1973 war die Bevölkerung erneut um mehr als das Doppelte angewachsen, auf 9562 Menschen (Kay 1974). Marshall schätzt sie für die späteren siebziger Jahre auf elftausend Personen (M. Marshall 1979, 7). Es sieht so aus, als sei Moen eine aufstrebende Gemeinde im Vergleich zu den weiter draußen liegenden Inseln.

Die Bevölkerung von Truk, einst ein Stammesvolk, hat sich der westlichen Kultur angenähert, erhält sich jedoch noch Restbestände ihres ursprünglichen Verwandtschaftssystems. Sie praktiziert die traditionelle matrilineare Erbfolge, und Ehepaare leben nach der Heirat am Wohnort der Frau in großen matriarchalen Klans. Das Klanwesen ist noch immer von entscheidender Bedeutung. Wir wir sehen werden, spielt es auch in den Männlichkeitsvorstellungen eine wichtige Rolle.

Als Neuling in Kulturanthropologie – und Landratte – ging Mac Marshall Anfang der siebziger Jahre nach Moen, um die Auswirkungen des Biertrinkens auf die Jugend von Truk zu erforschen. Alkoholismus ist seit Anfang dieses Jahrhunderts eine chronische Form sozialer Pathologie unter den jungen Inselbewohnern; viele erliegen seinen verderblichen Folgen schon mit Anfang Zwanzig. Die meisten jungen Leute gehen durch eine stürmische Adoleszenzperiode schweren Trinkens. Tatsächlich ist dies eine notwendige Phase des männlichen Lebenszyklus und in der Kultur tief verwurzelt. Schlimmer, wenn die jungen Leute – meist an Wochenenden – trinken, veranstalten sie heftige Schlägereien und verletzen sich häufig ernsthaft mit Keulen und Messern sowie mit den Kung-Fu-Tritten, die offenbar ihre Phantasie in Bann geschlagen haben. Daher der Titel von Mac Marshalls Monographie (1979) über Truk: *Weekend Warriors* (Wochenendkrieger). Die Mehrzahl dieser Jugendlichen kommt schließlich über ihren frühen Hang zu Alkohol und Gewalt hinweg und findet zu einem konstruktiven Familienleben – außer den wenigen, die nicht nur sich selbst, sondern auch der Inselverwaltung Kopfschmerzen bereiten. Interessanterweise meiden die meisten älteren Männer und Frauen jeglichen Alters das Trinken; darüber hinaus kämpfen sie niemals physisch, so daß das Problem für die Polizei auf die jungen Männer begrenzt bleibt. Als Marshall nach Moen Island ging, war er ein Fachmann für die Rolle des Trinkens in der Kultur und hatte die Absicht, die Ursachen des Alkoholmißbrauchs im weiteren kulturellen Umfeld herauszuarbeiten, um vielleicht zur Lösung des Problems beitragen zu können. Wie das so oft geschieht, verließ er 1976 die Insel als ein gewandelter, aber klügerer Mann.

Der Schwerpunkt seiner Forschung hatte sich verlagert, weil ihm bewußt geworden war, welche Rolle der Alkohol innerhalb des alles umfassenden Schemas der Dinge bei den Truk-Insulanern spielte. Nach ein paar Monaten auf dem Atoll war er zum Experten für die Männlichkeitsvorstellungen auf Truk geworden. Er entdeckte, daß die Menschen von ihnen besessen waren, und erkannte, daß es ihm nicht möglich war, irgendeinen Aspekt ihrer Kultur zu erforschen, bevor er sich nicht ein ausreichendes Verständnis für das angeeignet hatte, was es auf Truk bedeutete, ein Mann zu sein. Darauf vorbereitet, die Ursachen für das Trinken im Mangel an sozialer Ordnung, in Arbeitslosigkeit oder in irgendeiner der üblichen Erklärungen zu finden, stellte er statt dessen fest, daß die eigentliche Wurzel im *pwara*-Kult lag, dem Begriff der Einheimischen für Männlichkeit. Trinken ist nicht so sehr ein Ziel, sondern eine Stufe, ein Sprungbrett auf dem Weg zum Männlichkeitsbild. Zu diesem *pwara*-Konzept gibt es, wenn auch nicht notwendigerweise verbunden mit der Alkoholkomponente, Parallelen in anderen Teilen der Welt. In vieler Hinsicht, meint Marshall (1979, 56), hat es Ähnlichkeit mit dem *machismo* Spaniens, Lateinamerikas und der Mittelmeerländer. Diese fernen Echos der spanischen Kultur machten es für mich gleichsam zum zweiten Schritt in der Erforschung des Männlichkeitsproblems.

Heute sind die jungen Männer Macho-Trinker und Prahler, aber in der Vergangenheit waren sie stolze Krieger. Sie kämpften untereinander um Ruhm und Beute, und sie waren schnell bei der Hand, jeden hilflosen westlichen Seemann, der das Pech hatte, auf der Insel Schiffbruch zu erleiden, ins Jenseits zu befördern. Ihr Ruf als »furchtbare Hogoleu« (gnadenlose Killer) war weit verbreitet (ibid., 37). Diese chronische Gewalttätigkeit war in der Vergangenheit für die Männer der Insel ein wichtiger Weg, Ansehen zu erlangen, und ein Hauptpfeiler des Anspruchs auf Männlichkeit, der durch weitere Heldentaten auf dem Schlachtfeld gefestigt wurde. Obwohl diese Betonung tapferer Taten die Grundlage alles Folgenden ist, haben sich die Ausdrucksformen in unseren friedlicheren Zeiten doch gewandelt.

Die ersten Kontakte mit dem Westen gehen zurück auf das Jahr 1565. In jenem Jahr kamen die Spanier mit diesen fernen Inseln in Berührung, als die *San Lucas* dort zwecks Geländeerkundung kurz ankerte. Sie beanspruchten die Inseln für die spanische Krone, was auch in den offiziellen Archiven ordnungsgemäß protokolliert wurde. Aber die Spanier haben ihren angeblichen Besitz niemals weiterentwickelt oder sich dort niedergelassen. Nach diesem ersten Versuch wurde Truk zweihundertfünfzig Jahre lang erfreulicherweise ignoriert, bis Manuel Dublon der Insel 1814 mit der Brigg *San Antonio* einen kurzen Besuch abstattete. Dieser Besuch hatte keine merkliche Wirkung auf die lokale Kultur. Der spanische Einfluß war daher unbedeutend, bestand nur auf dem Papier. Bis zur Blütezeit des europäischen Imperialismus im späten 19. Jahrhundert waren die Einheimischen sich selbst überlassen. Zu diesem Zeitpunkt zogen dort die koloniesüchtigen Deutschen ein, nur um später durch die Japaner ersetzt zu werden. Um 1900 hatten die zuvor unschuldigen Inselbewohner bei sporadischen Kontakten mit Seeleuten und Händlern, die kühn genug waren, mit den gefürchteten Einheimischen Tauschhandel zu treiben, Rum und andere Rauschmittel kennengelernt.

Nachdem die Deutschen 1885 Truk formell annektiert hatten, zeigten sie sich weniger lässig als ihre Vorgänger. In dem erfolgreichen Bemühen, ihren neuen Besitz zu kolonisieren, machten sie mit drakonischen Polizeimaßnahmen den lokalen Fehden ein Ende. Außerdem siedelten sie sich zahlreich an und beuteten die reichen Bodenschätze – Phosphor und Kopra – des Atolls aus. Ebenfalls in dieser Periode kamen scharenweise Missionare verschiedenen Glaubens und unterschiedlicher Herkunft auf die Insel und nahmen es auf sich, die Bewohner zu christianisieren und schädliche einheimische Praktiken wie Beutezüge, Unschicklichkeiten und den Konsum geistiger Getränke auszurotten. Der Erfolg war unterschiedlich: Alle Bewohner von Truk sind heutzutage entweder katholisch oder protestantisch und meist zurückhaltend in ihrem sexuellen Verhalten. Aber die jungen Männer trinken weiterhin im Exzeß. Nach dem Ersten Weltkrieg lösten die Japaner in ihrer Eigenschaft als Alliierte die Deutschen im Pazifik ab und behielten die Inseln als strategische Enklaven bis zu ihrer Niederlage im nächsten Krieg. Kurz darauf kamen die Amerikaner mit Fernsehen, Baseball und Bierdosen. Wie all dem zu entnehmen ist, hat Truk eine Geschichte hinter sich, die von Begegnungen mit der Zivilisation bunt durchsetzt ist.

Männliche und weibliche Lebenszyklen

Trotz des Drucks, sich als männlich zu erweisen, bietet das Leben auf Truk mehrdeutige Routen zu diesem Ziel und macht dessen Erreichen fraglich. Man weiß nicht, ob männlich oder weiblich in früheren Zeiten in den Augen der Bevölkerung so wichtige Begriffe waren. Kinder beiderlei Geschlechts werden als mehr oder weniger geschlechtsneutral empfunden. Die Landessprache bezeichnet das Geschlecht für dieses Alter nicht, verfügt nur über eine einzige Gattungsbezeichnung, *monukön*, für Kind (M. Marshall 1979, 84). Eine ernsthafte Unterscheidung zwischen den Geschlechtern erfolgt in der Tat erst relativ spät, im Alter von ungefähr drei oder vier Jahren, und in der Behandlung der Kleinkinder sind keine irgendwie signifikanten Geschlechtsunterschiede zu erkennen. Im Alter von vier Jahren indessen verändert sich alles drastisch, und für beide Geschlechter steigt der Druck, sich geschlechtsangemessen zu verhalten.

In diesem Alter fangen die Kinder an, verschieden sozialisiert zu werden – ein Prozeß, der immer starrere Formen annimmt. Während des Heranwachsens spielen die Kinder eine Zeitlang in gemischten Gruppen, wenn sie sich jedoch ihrer Adoleszenz nähern, treffen sie auf strenge Sanktionen, die auf eine Trennung der Geschlechter hinwirken. Mehr oder weniger zu Beginn der Pubertät setzt bei Jungen und Mädchen der Übergang in die jeweilige Kategorie der jungen Erwachsenen ein; im Dialekt: *anuön* bei jungen Männern und *faapwin* bei jungen Frauen. An diesem Punkt werden auch die öffentlichen Interaktionen mit dem anderen Geschlecht sehr gezwungen und vorsichtig, weil beide Geschlechter unter elterlichem Druck und dem der Gemeinde sehr stark auseinanderdriften. Die Bahn zur Männlichkeit ebenso wie zur Weiblichkeit beginnt sich abzuzeichnen.

Während sich die physische Trennung der Geschlechter fortsetzt, beginnt ein Prozeß grundlegender Rollenscheidung, was Arbeit, Erziehung, moralische Werte und sogar die Art anbelangt, in der Männer und Frauen sprechen und denken sollen. Wenn die Pubertät erreicht ist, erwartet man von den Jungen, sich in anstrengende wirtschaftliche Aktivitäten zu stürzen, die mit »Kraft und möglichen Risiken« verbunden sind (ibid., 84). Dazu gehört Tiefseefischen, die riesigen Brotfruchtbäume hinaufzuklettern, um die Früchte zu pflükken, und anderes mehr. Mädchen und junge Frauen helfen bei der Zubereitung der Speisen, nehmen jedoch niemals an diesen Aktionen zur Nahrungsbeschaffung teil, die als zu gefährlich für weibliche Wesen gelten. Während die Mädchen kochen, nähen und andere häusliche Arbeiten lernen, lernen die Jungen zu kämpfen und streifen frei durch Dorf und Umland, um nach Unterhaltung und Herausforderungen Ausschau zu halten.

Die gleiche Teilung in verschiedene geschlechtliche Domänen, die wir in einigen Gesellschaften des Mittelmeerraums antrafen, gilt auch hier. Die Frauen, von denen es heißt, sie hätten »schwache Gedanken«, sollen unterwürfig sein und Risiken meiden, Gefahren aus dem Weg gehen. Das heißt, sie müssen sich nahe am Haus, im Grunde die meiste Zeit drinnen aufhalten. Während also die Männer, durch ihre »starken Gedanken« getrieben, sich furchtlos aufmachen, um Dämonen zu besiegen, sitzen die Frauen still und bescheiden zu Hause.

»Männlichkeit ist öffentlich und selbstbehauptend, Weiblichkeit ist privat und fügsam« (ibid., 83).

Wenn die männlichen Jugendlichen dreizehn Jahre alt sind, fangen sie an, Alkohol zu trinken, und zwar stets in Gruppen. Von »wirklichen Männern« wird nicht nur erwartet, daß sie trinken, sondern daß sie stark trinken. Sie beginnen auch, Tabak zu rauchen – zwei den Mädchen absolut verweigerte Laster. Wenn sie dann ein paar Jahre weiter sind, beteiligen sie sich an den Wochenendraufereien und stellen sich Gefahren, sowohl seitens anderer Jungen als auch selbstverständlich der Natur. Man ist der Auffassung, die Jungen sollten nun anfangen, nach Gelegenheiten zu suchen, um »starke Gedanken« unter Beweis zu stellen. Dieses starke Denken, auch männliches Denken genannt, von dem wir noch hören werden, bedingt ein aggressives, draufgängerisches Auftrumpfen und wird in verwegenen, öffentlichen Auftritten vorgeführt. Zu dem »starken Denken« scheinen das Suchen nach Herausforderungen und tollkühnen Risiken für Leib und Leben sowie effektvolle Fausthiebe zu gehören. Am wichtigsten ist das Element des Wettbewerbs, der Druck, oben oder möglichst nahe an der Spitze des sozialen Gefüges zu sein. Um als stark zu gelten, darf ein Mann von keinem anderen übertroffen werden. Ein echter Mann darf in keiner Aktivität unterliegen; nichts soll ihm fehlen, was ein anderer besitzt. Starkes Denken ist Ausdruck der egalitären Strömung, welche die Kultur der Truk-Insulaner durchdringt. »Durch starkes Denken und dessen Demonstration in Form von tapferen Taten... beweist man, daß man zumindest so gut ist wie andere (und im Idealfall noch ein bißchen besser)« (ibid., 58). Auf diese Weise vermeidet man, anderen gegenüber das Gesicht zu verlieren. Die Mädchen wirken an diesem Wettstreit männlicher Selbstdarstellung mit, indem sie ihre Gunst denjenigen Jungen zuwenden, die sich bei Kämpfen und im Wetteifern als wahre Männer erweisen.

Starkes Denken bedeutet die bedingungslose Entschlossenheit, es mit anderen Männern aufzunehmen und sie insbesondere in allem auszustechen, bei dem irgendeine Art physisches Risiko oder körperliche Herausforderung im Spiel ist. Dazu gehört auch der Wettstreit im Trinken, der lediglich Teil eines »größeren Komplexes von maskuliner Risikobereitschaft« ist (ibid., 58). Weitere herausfordernde Betätigungen dieser Art sind neben dem Kämpfen das Glücksspiel, sportliche Höchstleistungen und der Wettstreit um materiellen Wohlstand. Materielles Auftrumpfen ist entscheidend, denn den Truk-Insulanern ist es sehr darum zu tun, mit ihren Nachbarn Schritt zu halten. In der Tat gibt es eine durchgehend auf Erwerb gerichtete Tendenz in dieser Kultur. Wenn so viele junge Männer aktiv darauf aus sind, sich öffentliches Ansehen zu verschaffen, dann muß es bei jedem Wettstreit auf physischem wie auf wirtschaftlichem Gebiet Gewinner und Verlierer geben. Bei jedem Kampf oder Streit um den Status wird immer einer von seinem Gegner übertroffen und gedemütigt, und er muß dann versuchen, seine Position zurückzuerobern. Marshall erläutert: »Im Wettstreit um den Besitz materieller Güter, die das männliche Denken unter Beweis stellen, verlieren diejenigen, die sich keinen neuen Wagen, kein Motorboot, keine Polaroid-Kamera oder teure Taucheruhr leisten können, gegenüber denen, die diese Güter erwerben können. Wenn ein Mitglied der eigenen Sippe oder des Bezirks gedemütigt, geschlagen oder sonstwie von Außenseitern mißhandelt worden ist, dann muß die Rechnung wieder ausgeglichen werden« (ibid., 60).

Zum Wettbewerb unter den Männern gehört daher das Mehren des Wohlstands in nie endender Spirale ebenso wie Kämpfen und Trinken. Gleichermaßen wichtig ist, daß diese männliche Kriegslust ein starkes Element von Gruppenloyalität einschließt, das der Solidarität und dem Wohlstand der Sippe dient. All diese Rivalitäten um Verbrauchsgüter nützen nicht nur dem Individuum, das an Prestige gewinnt, sondern auch seiner gesamten Verwandtschaft, da letztere als geschlossene Gruppe teilhat am Wohlstand und Status ihrer Mitglieder. Marshall betont auch die kollektive Ausrichtung der männlichen Wettbewerbsaktivitäten auf Truk und stellt sie in den historischen Zusammenhang der traditionellen Klan-Rivalitäten (ibid., 61). Er vergleicht die lokalen Fehden mit denen der Hatfields und McCoys in der amerikanischen Folklore und stellt fest, daß die meisten Auseinandersetzungen zwischen Familien und verschiedenen Distrikten auf Truk in früheren Zeiten in einem Hin und Her zwischen Klans – und nicht zwischen Individuen – bestanden, die auf eigene Faust handelten. War die andere Seite im Vorteil, konnte nicht geruht werden, bis Rache geübt war. Diese Fehde-Mentalität ist noch heute, zusammen mit einem ständigen Bedürfnis, das Ansehen und den Ruf des einzelnen, seiner Verwandtschaft und seines Distrikts zu verteidigen, sehr stark ausgebildet. »Ein guter Mann kommt seinen Verwandten zu Hilfe, er zeigt Mut und männliches Denken, wie sich das gehört. Früher wie heute kann der einzelne seine Rechte in dem Maß behaupten, wie er Unterstützung und Rückendeckung von seinen Verwandten mobilisieren kann. Wenn man aus einer großen Familie kommt, die im Ruf der Tapferkeit steht, ist es weniger wahrscheinlich, daß andere ihr Spiel mit einem treiben« (ibid., 161). Marshall verdeutlicht diesen Gruppenaspekt der männlichen Rivalitäten anschaulich an zahlreichen Fallstudien von Gewalt, in denen die Gegner sich in Gruppen formieren, deren Solidarität auf Klanbindungen oder Distriktsgemeinschaften beruht. Die Kämpfe folgen so den Regeln, die von »primären Verwandtschaftsloyalitäten« bestimmt sind (ibid., 72), und bekräftigen ursprüngliche Bindungen und Klan-Grenzen. Die kollektive Ausrichtung dieses Fehde-Typus findet sich natürlich nicht nur in Truk. Wie wir aus dem Material des Mittelmeerraums sahen – und wie andere ebenfalls festgestellt haben (Schneider 1971, Black-Michaud 1975, Meeker 1979, Boehm 1984) –, besteht ein deutlicher Zusammenhang zwischen männlicher Selbstbehauptung und der Existenz segmentärer Verwandtschaftssysteme oder fortwährender Fehden zwischen symmetrischen korporierten Gruppen. Weitere Zeugnisse hierfür werden wir in Ostafrika und Neuguinea finden.

Das Besondere an Truk ist, daß der gewalttätige Aspekt in *pwara* (Männlichkeit) nur eine gänzlich auf die Adoleszenz begrenzte Übergangsphase ist. Nach der Heirat mit ungefähr dreißig Jahren wird vom Mann erwartet, daß er über seine früheren Trinkgewohnheiten hinaus ist und eine reife und verantwortungsvolle Rolle als Ehemann und Vater übernimmt. Die in seinen Charakter eingebaute Aggressivität bleibt bestehen, findet aber andere, nüchterne Ventile und Aufgaben: Fortpflanzung, Wissen, Erfolg im Beruf. Es ist klar, daß *pwara* eine Art Grundlagentraining für die Herausforderungen und Pflichten des Erwachsenendaseins des Mannes und kein Selbstzweck ist.

Schließlich faßt Marshall, nachdem er auf die Unterschiede zwischen dem aggressiven Männlichen und dem zurückhaltenden Weiblichen in der Kultur auf Truk hingewiesen hat, diese Kategorien in einem Schema binärer Gegensätze zusammen (ibid., 85):

Männlich	*Weiblich*
öffentlich	privat
selbstbehauptend	fügsam
stellt sich Gefahren	meidet Gefahren
geht Risiken ein	meidet Risiken
rechte Hand/Stärke	linke Hand/Schwäche
starkes Denken	schwaches Denken
soll rauchen	soll nicht rauchen
soll Alkohol trinken	soll keinen Alkohol trinken

Diese Liste mag manche Simplifizierungen enthalten, wie das in solchen streng binarischen Inventaren kultureller Züge üblich ist. Immerhin haben die Jungen und Mädchen im Alter von sechzehn oder siebzehn Jahren dieses binäre Wertschema als Basis ihrer Identität vollkommen verinnerlicht. Die Jungen haben gelernt zu kämpfen, sich im Wettstreit zu messen und Konsumgüter anzuhäufen, die Mädchen können nähen und kochen. Die Jungen haben sich von ihren geschlechtsneutralen Anfängen abgesetzt und befinden sich mitten auf dem dornigen Weg zur Männlichkeit.

Ein Mann sein

Es gibt keine bestimmte Grenzlinie, deren Überschreitung Männlichkeit garantiert. Die Schwelle liegt im Auge des Betrachters, eine verschwommene Demarkation, die stets der Prüfung bedarf. Wie Marshall (ibid., 93) sagt, müssen junge Männer auf Truk »hart daran arbeiten«, nicht weibisch zu erscheinen, indem sie immer wieder öffentlich die Reinheit ihres starken Denkens demonstrieren. Kein Ritual hilft ihnen dabei, es gibt keine Entwicklungsstufen oder Zeremonien und auch keine zeitlichen Einschnitte wie bei den Mädchen, die nach der ersten Monatsregel offiziell als Frauen gelten (ibid., 65).

Man folgt seinem Weg im eigenen Rhythmus und hofft, die Gemeinschaft werde das mit Zustimmung vermerken.

Vor allem ist kulturelle Kompetenz oder Leistungsfähigkeit in praktischen Alltagsdingen gefordert. Es gibt noch manche anderen Gebiete, auf denen Männer ihr allumfassendes Können dokumentieren müssen – außer Kämpfe zu bestehen, Konsumgüter anzuhäufen und Verwandte zu verteidigen. Marshall weist darauf hin, daß die Jungen sich Geschick in Wortgefechten und als Redner aneignen und ihre Gelehrsamkeit unter Beweis stellen müssen, in dem sie das offizielle Schulsystem erfolgreich durchlaufen und/oder sich in der Angestelltenlaufbahn durchsetzen. Und selbstverständlich sollen sie allmählich damit beginnen, Kinder zu zeugen und eine Reihe siegreicher Liebesaffären zu bestehen (ibid., 97).

Außer zäh und mutig zu sein, wird vom wahren Mann auch erwartet, daß er Frauen und Älteren mit Achtung begegnet. Neben Tapferkeit wird in der Tat die Eigenschaft »*mosonoson* (Ehrerbietung) in höchster Wertschätzung gehalten« (ibid., 57). Bildungserfolge sind für einen Mann ebenfalls wichtig. Eines der am meisten erstrebten und bewunderten Attribute bei den Truk-Insulanern ist *tipetchem* (Gelehrtheit oder Klugheit). Am besten läßt sich diese Eigenschaft heute beweisen, wenn man nach Abschluß der offiziellen Schullaufbahn je nach seiner Ausbildung eine der begehrten Regierungsanstellungen erhält. Marshall fügt hinzu (ibid., 60): »Versagt man bezüglich *tipetchem*, ist man *tiperoch*, ›ungeschult oder unwissend‹, ein Status, der Schande über den einzelnen und seine Familie bringt.«

Abgesehen von diesem allgemeinen Gebot der Beherrschung von Fertigkeiten und der Ehrerbietung älteren Menschen gegenüber gehören zur Männlichkeit in Truk noch demonstrativere Verhaltensformen. Sie sind von Marshall und seinen Vorgängern auf der Insel, John Caughey (1970) und Ward Goodenough (1949), ausführlich beschrieben worden. Als erstes erwähnen sie, daß Frauen und Abhängige gegen alle Gefahren beschützt und verteidigt werden sollen. Die Männer von Truk haben einen starken, fast obsessiven Drang, ihre Frauen zu beschützen, eine Tatsache, die von Besuchern der Inseln seit den ersten Kontakten geschildert worden ist. Der erste Fremde, der über seine Eindrücke schrieb, war der russische Reisende Frederic

Lutke, der sich 1828 in dieser Gegend aufhielt. Während seines Besuchs hatten die Inselbewohner ihn und seine Seeleute in den heftigsten Tönen gewarnt, sich von den Frauen fernzuhalten. Nur einmal während ihres Aufenthalts, der einen Monat dauerte, gestattete man ihnen eine kurze Unterhaltung mit zwei Mädchen. Lutke wußte nicht, wie er diese »außergewöhnliche Verteidigung« der Frauen durch die Männer erklären sollte (ibid., 82).

Zehn Jahre später, 1938, als der französische Forscher Dumont d'Urville in der Truk-Lagune landete, waren seine Leute verblüfft, daß im Dorf nur Männer auf sie warteten. Die meisten Frauen mußten, wie einer der Offiziere schrieb, schon lange vor der Ankunft der Fremden versteckt oder auf eine andere Insel geschafft worden sein. Diese extreme Besorgtheit um ihre Frauen muß nicht unbedingt, wie man argumentiert hat, auf frühere unglückliche Erfahrungen mit Vergewaltigungsgelüsten fremder Seeleute zurückzuführen sein, denn sogar heute noch, wo solche Gefahren nicht mehr drohen, zeigen die Inselbewohner diesen Hang, ihre Frauen zu schützen (Hezel 1973, 59).

Nach dieser Sorge um die Frauen kommt die Vorliebe der Truk-Insulaner für Faustkämpfe und physische Stärke. Junge Männer finden, sie müßten gegeneinander kämpfen, um Mut zu zeigen, um ihre »Männlichkeit in physischem Kampf zu behaupten« (M. Marshall 1979, 97). Ein Mann, der Beleidigungen hinnimmt, ist überhaupt kein Mann. Verbreitet als Anstiftung zum Kampf ist denn auch die Herausforderung: »Komm schon, bist du ein Mann? Ich werde dich jetzt töten« (ibid., 92f.). Ein Mann, der auf eine derartige Aufforderung nicht eingeht, wird weiter gereizt: »Geh und hole dir Weiberkleider« (Caughey 1970, 45). Das, worauf es am meisten anzukommen scheint, ist nicht unbedingt, den Kampf zu gewinnen, obwohl auch dies zählt, sondern eher die Bereitschaft, den Kampf anzunehmen oder auf die Herausforderung zu antworten sowie das Demonstrieren von Gleichgültigkeit Schmerzen gegenüber. Einem wirklichen Mann machen eigene Verletzungen nichts aus, er lacht beim Anblick seines Blutes. Wenn er sich tapfer in der Hitze des Kampfes bewährt – ob er gewinnt oder verliert –, festigt er seinen Anspruch auf Männlichkeit und erhöht gleichzeitig das kämpferische Ansehen seiner Gruppe.

Eine ehrenhafte Niederlage bedeutet als solche keineswegs einen Gesichtsverlust, am wichtigsten ist, daß man die Bereitschaft zeigt, Schläge einzustecken oder Blut zu vergießen. Verletzungen, Schrammen oder Narben steigern nur den guten Ruf eines Mannes und den seiner Verwandtschaft.

Die exzessive Trinkerei ist gewöhnlich ein Vorspiel für die obligatorischen Kämpfe, denn sie verleiht Mut und stumpft die Sinne ab. Hemmungsloses Trinken wird unter jungen Männern als Demonstration von Robustheit hoch geschätzt. Nicht zu trinken zeigt eine Abneigung, Risiken einzugehen, mit dem Tod zu spielen und »*macho* zu sein« (ibid., 91). Trinken ist also gewissermaßen das Schmieröl für die männliche Pose, ein Katalysator; auf einer symbolischen Ebene signalisiert es außerdem die Absicht, männliches Ansehen zu behaupten, und kommt somit einer Warnung gleich.

Faustkämpfe: Ein Beispiel

Prüfen wir nun eines der vielen Fallbeispiele von Wochenendschlägereien auf den Inseln. Es geht um einen jungen Kämpfer von der Insel Moen, den Marshall aus Gründen, die bald klar sein werden, »Napoleon« nennt (1979, 72 f.). Obwohl viele Männer auf Truk groß und fast alle kräftig und muskulös sind, war der angriffslustige zwanzigjährige Napoleon leicht gebaut und klein. Vielleicht mußte er sich deshalb mehr als andere darum mühen, seine Männlichkeit unter Beweis zu stellen. Der Anthropologe begegnete ihm eines Tages, als Napoleon in mürrischer Stimmung war. Es war ein Sonntagnachmittag, und der bereits beschwipste Napoleon hatte sich am Rande des Dorfes mit verschiedenen anderen jungen Leuten Gin aus der Flasche genehmigt.

Schon einem Zornesausbruch nahe, weinte Napoleon ganz offen, während ihn seine Tante väterlicherseits in Gegenwart einiger Frauen und Kinder wegen des Trinkens beschimpfte. Inmitten dieser demütigenden Lektion erhob sich der sichtlich erschütterte junge Mann plötzlich und ging ungefähr zwanzig Meter weiter zu einer Gruppe von nüchternen Männern, die unter Kokospalmen saßen. Während er sich dieser nicht offensiven Gruppe näherte, suchte er sich den einzigen älteren unter ihnen aus, einen Mann Ende Vierzig und von korpulenter Statur, der aus einem entfernten Distrikt in das Dorf eingeheiratet hatte und Mitglied eines rivalisierenden Klans war.

> Ohne provoziert worden zu sein, ging Napoleon auf diesen Mann zu und schlug ihn vor die Brust. Überrascht, aber nicht niedergeschlagen, gab der Mann den Hieb nicht zurück, und einer der jungen Männer der Gruppe, der mit Napoleon verwandt war, versuchte, diesen zum Fortgehen zu bewegen, ... verärgert über diesen dreisten Angriff begann ein anderer junger Mann in der Gruppe – ein Klan-Bruder des gerade Geschlagenen – eine ganz kurze Rauferei mit Napoleon, hob ihn in die Höhe und warf ihn hart auf den Boden, wo er dann stöhnend lag, während seine Wut verflogen, aus ihm herausgeschlagen war (M. Marshall 1979, 73).

Einen Augenblick später kamen Napoleons Zechkumpane herbeigeeilt, um sich einzuschalten; sie halfen ihrem Freund auf die Beine und führten ihn fort, während er laut schreiend Rache schwor an denen, die er angegriffen hatte. Er schüttelte seine Kameraden wild ab und erfüllte die Luft mit Flüchen und Drohungen. Er zerrte sich das Hemd vom Leib, riß es in zwei Teile und warf es auf den Boden, wobei er schrie, er würde ein Messer holen, um den Mann, der ihn gerade geschlagen hatte, aufzuschlitzen. Schließlich, als der wütende junge Mann zu seinem Haus stürzte, um die angekündigte Waffe zu holen, schlugen die Frauen, die zugesehen hatten, der angegriffenen Gruppe Männer vor, fortzugehen, was diese auch taten. Womit das Minidrama beendet war.

Marshalls Bericht über die Episode legt nahe, daß Napoleon zu diesem drastischen Schauspiel von Gewalttätigkeit dadurch angestachelt wurde, daß ihn eine ältere Frau, seine Tante, getadelt hatte. Die öffentliche Schelte einer Frau ließ ihn kindisch und impotent erscheinen. Gedemütigt, fühlte er sich verpflichtet, seiner männlichen Selbstachtung wieder aufzuhelfen, indem er einen größeren Mann aus einem anderen Distrikt anfiel. Er begann einen Kampf, von dem er wußte, daß er ihn nicht gewinnen konnte. Sein Gegner, der sehr gereizt war, wurde von seinem eigenen Klan verteidigt, und der Kampf eskalierte sofort in eine Klan-Konfrontation. Die instinktive Motivation für Napoleon wie für alle übrigen Beteiligten war nicht, einen Sieg über die anderen davonzutragen, sondern dem Schaden (oder eingebildeten Schaden) am Selbstbild entgegenzuwirken und einem gemischten Publikum Tapferkeit vorzuführen. Einfach jemanden zu prügeln, genügte.

Marshall bietet zahllose andere Beispiele für derartige Kampf-»Botschaften«. In einem Fall (ibid., 77) erhält ein Mann bei einem Messerkampf eine tiefe Wunde, und obwohl er heftig aus den Venen blutet, erringt er von seinen Gefährten großen Beifall, indem er medizinische Behandlung ablehnt und die Schmerzen verleugnet. Seine Selbstbeherrschung wird durch allgemeines Lob belohnt: »Andere betrachteten diesen Stoizismus mit Bewunderung als einen Akt von Mut und Tapferkeit.« Narben wie diese werden von den Wochenendkriegern stolz getragen, sie werden nicht nur in Kämpfen erworben, sondern manchmal zum Vorzeigen selbst verursacht. In den alten Zeiten pflegten die Krieger beispielsweise ihre Gegner dadurch einzuschüchtern, daß sie sich langsam und prahlerisch in die eigenen Arme schnitten, um ihre unerschütterliche Tapferkeit zu zeigen. Offensichtlich ging es ihnen mehr darum, Eindruck auf ihre Feinde zu machen, als zu siegen, denn sich selbst zu verletzen, konnte ja ihre Kampffähigkeit keinesfalls steigern. Ein kampflustiger Bursche, einer von Marshalls Informanten, »hat eine gewaltige Narbe an seinem Arm, auf die er äußerst stolz ist« (ibid., 77). Wenn man all das liest, kann man nicht umhin, an die Duell-Schmisse der preußischen und österreichischen Studenten im 19. und frühen 20. Jahrhundert zu denken. Diese Schmisse wurden als Beweise für – wenn nicht Siege, so doch – Tapferkeit und Selbstdisziplin zur Schau getragen. Auch in vielen anderen Kulturen ist eine Kampfverwundung oder -narbe das Tapferkeitsabzeichen des Mannes, ein Männlichkeitsemblem. Sie zeigt die Verachtung eigener Wunden, auf der alle tollkühnen Taten beruhen. Sieg ist natürlich förderlich, aber nicht entscheidend. John Caughey zufolge »ist die klassische Probe für *pwara* eine Herausforderung zum Kampf. Wer *pwara* ist, zeigt in solch einer Situation keine Angst. Er läßt sich, wie es heißt, von der unerschütterlichen Verachtung für Selbsterhaltung leiten ... ›Er zeigt keine Furcht vor Menschen, Messern, Schmerzen oder Tod. Er zeigt überhaupt keine Furcht‹« (1970, 17).

Wie schon gesagt, brechen diese Kämpfe häufig zwischen Männern verschiedener Dörfer, Familien oder Distrikte aus. Andererseits gibt es selten Aggressionen gegenüber engen Stammesangehörigen, sie sind »verboten« (M. Marshall 1979, 74). Jedenfalls bekräftigen solche Kämpfe nicht nur die Männlichkeit des einzelnen, sondern steigern auch anderen gegenüber »das kämpferische Ansehen seiner Familie oder seines Distrikts« (ibid., 61). In diesem Sinne stärkt Kämpfen die Position der gesamten Gruppe. In gleicher Weise war der preußische Kult des Duells nicht nur reine Tollkühnheit, sondern bereitete junge Männer auf eine militärische Rolle im späteren Leben vor, die viel von ihnen verlangte.

Interpretationen

Beim Nachdenken über diese Wildheit der Inselbewohner kommt Marshall zu einer nicht sehr überraschenden soziohistorischen Interpretation: Kämpfen dient auf Truk als Ersatz für die inzwischen verbotene Kriegführung und für die Raubzüge, die in der Vergangenheit den jungen Leuten die Möglichkeit boten, sich Männlichkeit zu erwerben, in dem sie Risiken auf sich nahmen und mit dem Tod spielten (1979, 91). Das scheint, für sich betrachtet, plausibel genug. Man könnte hinzufügen, daß dieses Kämpfen außerdem ein Mittel darstellt, den Mädchen zu imponieren, die heute ebenso tief beeindruckt sind von den wilden Schlägereien der jungen Leute bei Raufhändeln wie früher von kriegerischen Heldentaten. So hörte Marshall nach einer besonders brutalen Schlägerei beispielsweise drei Frauen den Kampf »erregt und voll Bewunderung« kommentieren (ibid., 91). Selbstverständlich entgeht dieses weibliche Interesse den Jungen keineswegs, für die öffentliche Kämpfe ein Mittel zu Eroberungen darstellen.

Neben dem erzwungenen Verzicht auf kriegerische Aktivitäten bildet die strukturell bedingte Abhängigkeit von Frauen ein weiteres Problem, dem sich die Jungen auf Truk in ihrem Streben nach Selbstbestätigung stellen müssen. Durch das matrilineare Verwandtschaftssystem haben die Männer in Truk einige Schwierigkeiten, physisch der weiblichen Kontrolle zu entgehen und sich emotional von ihren Müttern zu lösen. In ferner Vergangenheit lebten sie in Männergruppen und konnten stolz die Rolle des unabhängigen Kriegers spielen, ohne daß sich die Frauen einmischten. Heutzutage fehlt der Krieg, doch das traditionelle matrilokale Wohnsystem ist geblieben; dadurch haben sie ihre Unabhängigkeit verloren und finden sich, wie Napoleon, älteren Frauen untergeordnet. Im allgemeinen leben die Jungen heute mit ihren älteren Schwestern, Tanten und Müttern zusammen, bevor sie heiraten, und sie fühlen sich von Frauen abhängig und umgeben. Wie Napoleons Fall zeigt, bietet ihnen das Kämpfen untereinander ganz offensichtlich eine willkommene Möglichkeit, ihren bedrohten männlichen Stolz zu bekräftigen. Hieraus folgt, was Caughey (1970, 5) den »paradoxen Status« des Mannes in Truk genannt hat. Die Anstrengung, Unabhängigkeit zu erlangen, führt zu einem Kult großspurigen Gehabes und deutlich kompensatorischer Risikofreudigkeit.

Pwara: Ökonomische Elemente

Die alkoholischen Wochenendraufereien sind natürlich das auffälligste Symbol für Männlichkeit auf der Insel, jedoch darf man darüber nicht die wichtigen anderen, eher geselligen Aspekte vergessen. Wie wir schon sahen, erlangt man Männlichkeit auch durch Tüchtigkeit in weltlichen Aktivitäten, und der Erwerb von Prestigeobjekten ist ebenfalls wichtig. Aufgrund der wenigen Erwerbsquellen auf der Insel und des Wettbewerbsethos setzt diese praktische Leistung ein gewisses Maß an moralischem Mut voraus. Für einen Mann auf Truk ist es, wie Marshall formuliert, »im weiteren Rahmen der Gesellschaft« bereits eine riskante Angelegenheit an sich, als tüchtiger Mann Ansehen zu gewinnen (1979, 59). Der Grund hierfür liegt darin, daß die Wege zu wirtschaftlichem Erfolg sehr beschränkt sind und die Männer um das, was ihnen überhaupt erreichbar ist, kämpfen müssen. Wie in anderen Regionen mit geringen Erwerbsmöglichkeiten ist der Erfolg nie sicher, sondern muß ständig neu errungen werden (ibid., 59). Die Gleichsetzung von wirtschaftlichem Erfolg mit Risikofreudigkeit hängt also mit den materiellen Zwängen des Lebens auf der Insel zusammen, die verlangen, daß sich die Männer in weitem Umkreis nach einem Lebensunterhalt umsehen und dabei andere im Wettstreit übertreffen müssen.

Vor der Kolonisation kämpften und starben die Männer, um Beute zu gewinnen. Sie mußten sich auch auf gefahrvolle Expeditionen der Tiefseefischerei begeben, um ihre Familien zu ernähren. Vor allem für die Bewohner der Inseln weiter draußen im Meer, wo Streifzüge in die Ferne und die Seefahrt größere Bedeutung hatten als in der Lagune von Truk, stellte die Beteiligung an Fahrten im offenen Meer mit dem Kanu ein häufiges Mittel dar, die eigenen Fähigkeiten durch einen Männlichkeitstest unter Beweis zu stellen. Die Männer setzen diese heroische Tradition heutzutage fort, indem sie mit kleinen Außenbordmotoren direkt von Truk nach so fernen Inseln wie Nama oder Losap aufbrechen. »Diese Boote sind viel weniger seetüchtig als die Segelkanus, die jungen Leute unternehmen solche Fahrten oft mit begrenztem Brennstoff, einem einzigen Motor, ohne Ruder oder Segel und mit nichts an Bord außer flüssigen Erfrischungen ... sie wagen sich in einem winzigen Boot in die offene See hinaus ..., um Tapferkeit zu zeigen. Verschiedene andere risikoreiche oder gefährliche Unternehmungen beschäftigen die jungen Männer auf Truk ... Eine Art, Tapferkeit öffentlich zu entfalten, ist auf Piis-Losap das Speerfischen in den Tiefwassergebieten außerhalb des Riffs, wo sich gewöhnlich große Haie aufhalten« (ibid., 59).

Es ist klar, daß derartige Traditionen, dem Tod die Stirn zu bieten, in dieser Gesellschaft einen Nützlichkeitswert hatten und haben, auch wenn sie wie die Raufereien einigermaßen theatralisch wirken. Wenn auch die Korrelation zwischen Tat und Konsequenz beides nicht vollständig oder ausreichend erklären kann, ist der adaptive Wert mit Sicherheit wesentlich für die Erklärung dieses Verwegenheitskultes. Die Männer werden von ihrer Kultur mit hoch angesetzten Erwartungen wirtschaftlicher Produktivität konfrontiert. Diese enthalten notwendigerweise Gefahren, und die Männlichkeitsideologie fördert das vorbehaltlose Annehmen derartiger Herausforderungen. Wenn ein Mann seine Rolle als Ernährer ablehnt, gilt er als nutzlos und abhängig wie eine Frau oder ein Kind (Caughey 1970,

69). In dem es Risikofreudigkeit und Stoizismus fördert, ist *pwara* ganz eindeutig eine Vorbereitung für den Ernst des Lebens.

Sex und Ehe

Kämpfen, Trinken und der See zu trotzen sind nicht die einzigen Maßstäbe für Männlichkeit. Auf Truk muß sich der Mann in einer weiteren Arena als kompetent erweisen: Sex. Dieses sexuelle Element erinnert Marshall an das Konzept männlicher Ehre in manchen Mittelmeerländern: »Aus dem Bedürfnis heraus, Stärke und männliche Durchsetzungsfähigkeit zu beweisen, streben die Männer auf Truk nach sexuellen Eroberungen... Das individuelle Ansehen als Mann auf Truk ist dem Konzept von *Ehre* oder *Ansehen* in den Ländern nicht unähnlich, in denen *machismo* einen beherrschenden maskulinen Wert darstellt« (ibid., 90f.).

Um beim Geschlechtsakt das Gesicht zu wahren, muß der Mann der Initiator sein, muß vollkommen die Oberhand behalten. Der Erfolg des sexuellen Akts hängt gänzlich von seiner Leistungsfähigkeit ab; jede Liebesaffäre ist ein unerbittlicher Test. Wie die Andalusier und Italiener muß ein Mann auf Truk potent sein, viele Geliebte haben und seine Partnerinnen immer wieder zum Orgasmus bringen. Interessanterweise wird diese erotische Fähigkeit wieder in eine feste Redensart gefaßt, die nichts mit Liebe oder Charme zu tun hat, sondern allein mit physischen Fähigkeiten. Wenn er die Frau nicht befriedigen kann, lacht sie ihn aus; er wird verhöhnt, weil er untauglich war. Ward Goodenough (1949, 619), ein Vorgänger Marshalls auf Truk, schrieb darüber: »Geschlechtsverkehr wird oft verglichen mit einem Wettstreit, in dem derjenige, der zuerst den Orgasmus erreicht, als der Verlierer gegenüber dem Partner gilt. Die Männer sagen, eine Frau darf einen Mann auslachen, wenn es ihm nicht gelingt, sie zu befriedigen.« Und sein Versagen wird bezeichnenderweise mit Sticheleien und Beleidigungen vergolten, in denen er mit einem Baby verglichen wird, weil er nichts leistet. Die übliche Kränkung eines Versagers ist der Ratschlag, »die Brust zu nehmen ... wie ein Baby« (Caughey 1970, 95).

Wie Kampf und Broterwerb ist also auch Geschlechtsverkehr eine riskante Angelegenheit für die männlichen Inselbewohner, eine Frage von Sieg oder Niederlage, denn entweder schafft es der Mann oder nicht, je nachdem, wie sein Organ »funktioniert«. Darüber hinaus ist Geschlechtsverkehr, in Thomas Gladwins Worten, ein Wettbewerb, in dem »nur der Mann verlieren kann, nicht die Frau« (1953, 308). Die Männer müssen also so gut sein, wie sie irgend können, nur ist, wie wir gesehen haben, schlichte Bravour nicht alles, wenn es um die geschlechtliche Seite der Leistungsfähigkeit des Mannes geht. Sexuelle Kompetenz muß zu Ehe, Nachkommenschaft und letztlich zur Vergrößerung und Stärkung der Primärgruppe führen. Der Erzeuger von zahlreichen Kindern zu sein, ob innerhalb oder außerhalb der Ehe, das ist auf Truk das entscheidende Kriterium für männliche Kraft (M. Marshall 1979, 91). Entsprechend konnte ein Mann früher seine persönliche Leistungsfähigkeit demonstrieren, indem er mehr als eine Ehefrau besaß und schwängerte, jedoch haben nun christliche Lehren der Polygamie in Truk ein Ende bereitet. Mehr als eine Frau zu haben, »zeigte, daß ein Mann so ungewöhnlich stark war, daß er die Belastungen mehrerer gesellschaftlicher Bindungen gleichzeitig auf sich nehmen konnte, oder, noch besser, daß er fähig war, das, was der Sitte gemäß ein untergeordnetes Verwandtschaftsverhältnis zu einer anderen Sippe darstellte, in eine gleichberechtigte oder beherrschende Beziehung verwandeln zu können« (Caughey 1970, 226).

Analogien

Die Wochenendkrieger, die dermaßen damit beschäftigt sind, ihre eigene Kraft zu beweisen, wann immer sich ein Risiko oder eine Gelegenheit bietet, ähneln den Andalusiern mit ihrem *machismo* wie den Griechen mit ihrem betonten männlichen Selbstbewußtsein. Es gibt ähnliche Leistungsanforderungen im wirtschaftlichen und sexuellen Bereich, im Schutz Abhängiger und in der Verteidigung sozialer Grenzen. Persönliche Anpassung und Tauglichkeit für die Gemeinschaft verbinden sich auf ähnliche Weise zu einem Musterbild nützlicher Männlichkeit.

Das Bild des männlichen Mannes wird dem negativen Beispiel des Kindes an der Mutterbrust entgegengestellt, das nichts richtig tun kann.

Marshall zieht den mexikanischen *machismo* als einzigen Vergleich heran. Die Ähnlichkeit zwischen *pwara* und den hispanischen Idealen der Männlichkeit, ist gewiß auffallend, zumindest von außen betrachtet und in der Betonung des Sexuellen, aber diese Art von Hypermaskulinität herrscht auch in vielen anderen Gesellschaften, nicht nur in Mexiko und Spanien, die sich in ihrem Männlichkeitsbild leicht unterscheiden. So fühlten sich zum Beispiel einige Ethnologen durch die Männer in Truk an die Amerikaner erinnert, wie sie in Hollywoodfilmen, besonders Western, dargestellt werden. Einer dieser Forscher (Mahoney 1974, 32) hat seine Eindrücke der Atmosphäre in den Bars der Insel festgehalten. Einmal oder zweimal am Abend gebe es einen Augenblick, in dem man soziale »Elektrizität« zu spüren vermeint – nämlich während des plötzlichen Schweigens, das auf den Eintritt von Männern eines bestimmten Dorfes oder einer rivalisierenden Inselpartei folgt. Gleiches geschieht, wenn laut streitende Stimmen in der Nähe hörbar werden oder ein Stein auf das Blechdach des Restaurants knallt und jedermann aufspringt, »bereit, mit irgend jemandem zu kämpfen, obwohl man nicht recht weiß, mit wem«.

Ähnlichkeiten mit dem Wilden Westen gelten auch für andere Teile Nordamerikas, die weniger mit Cowboyfolklore verbunden werden, beispielsweise für Teile der Appalachen oder die Ghettos der Städte im Nordosten, die ebenfalls ihre Männlichkeitsgesetze haben, wie offenbar auch einige ländliche Gebiete Kanadas. Noel Dyck, ein kanadischer Soziologe, hat die Beziehung zwischen Männlichkeit und Trinkereien in den Bars einer Stadt im Westen Kanadas erforscht, die er Parklund nennt (1980). Dort praktizieren die Männer in ritualisierter Form das sogenannte *scrapping* (Anrempeln), mit dem sie, ebenso wie die Männer in Truk, demonstrieren, daß sie echte Männer sind. Sie gehen davon aus, daß der Maßstab für die Virilität und für den Wert eines Mannes in seiner Bereitschaft und Fähigkeit liegt, in einem Kampf »für sich selbst zu sorgen« (ibid., 194). Ein Mann muß männlich handeln, sagen sie mit offensichtlicher Logik, und das bedeutet, sich selbst zu verteidigen, wenn man bedroht oder herausgefordert wird. Ein angriffslustiger Mann wird bewundert als jemand, »der für sich selbst sorgen kann«, während ein Versager als »Hühnerdreck-Bastard« verhöhnt wird, als »Trottel« und »kleiner Junge« (ibid., 194). Hat ein Mann einmal seinen Ruf als zäher Bursche bestätigt, indem er ein paar Kämpfe eingeht und gewinnt, dann achten ihn die anderen und suchen ihn sich als Freund und Arbeitspartner – meist für Holzarbeit und andere Arbeiten im Freien, die Kraft und Mut erfordern. Die Schlägereien sind also keine Vergeudung von Energie und Kraft, sondern vielmehr ein Prüfstand, der dem Mann sowohl Prestige wie Chancen bietet: Er zeigt allen und jedem, daß er »es verkraften« und für sich alleine kämpfen kann.

Wie in Truk sind Prügeleien auch in Kanada ein jugendliches Stadium des Ausprobierens, dem eine konstruktivere Reife folgt. Dyck berichtet, daß die meisten Kämpfe zwischen jungen Männern im Alter von achtzehn bis zwanzig Jahren stattfinden. Nach dieser Phase ruhen sich die meisten auf ihrem Status »harter« Männer aus, während sie die Bars weiter aufsuchen, um Geselligkeit und Alkohol zu genießen. Heirat signalisiert dann eine weitere Wandlung im Verhalten der Männer. Nach der Eheschließung begnügen sich die meisten Männer mit der Rolle des passiven Zuschauers, während sie in den Bars trinken, oder sie geben die Barszene überhaupt auf, um ihren häuslichen Pflichten nachzugehen (ibid., 195). Dyck weist darauf hin, daß der gute Ruf eines Mannes nicht nur von seinen physischen Heldentaten getragen wird, sondern auch von seinem Mut, seiner Fairneß im Kampf und seiner Selbstsicherheit im Verkehr mit anderen Männern – Charakterzüge, die für Überleben und Erfolg in der rauhen Umwelt eines Grenzlandes mit Sicherheit förderlich sind.

Diese Art, sich das Ansehen durch Raufereien in den Bars aufzubauen, ist in den Arbeitersubkulturen des industrialisierten Westens wohl allgemein verbreitet, sowohl in städtischer wie in ländlicher Umgebung (vgl. Leary 1976). Die Truk-Insulaner im fernen Pazifik verhalten sich also keineswegs ungewöhnlich, sondern ähneln jenen anderen rauhbeinigen und aggressiven Männern, die ebenfalls in einer harten, herausfordernden Umgebung leben. Offenbar gibt es eine weitverbreitete Pose des zähen Burschen, der durch Großtuerei und Bluff Angriffe fernhält. Die Strategie ist kriegerisch, aber das

Kämpfen selbst ist nur ein vorübergehendes Stadium, das paradoxerweise späterer Gewalt vorbeugen kann, indem es vor Bedrohungen schützt. Die Großtuerei, der Bluff ist natürlich eine der Stützen des *machismo* überall. Jedoch ist meiner Ansicht nach *machismo* im Sinne der Bereitschaft, auf eine Herausforderung zu antworten, wie er sich in Truk, Mexiko oder im amerikanischen Westen darstellt, lediglich eine übertriebene Version einer noch wesentlich weiter verbreiteten männlichen Verteidigungshaltung in gefährlichen Situationen. Obwohl die auffälligen Aspekte dieses *machismo* in der Literatur hochgespielt worden sind, handelt es sich bei ihnen nur um Oberflächenphänomene einer darunterliegenden Infrastruktur ernsthafter sozialer Verpflichtungen. Hinter Pose und Selbstdarstellung verbergen sich praktische Erwartungen, deren Erfüllung die Männer überall zu einem gewissen Grad auf sich nehmen. Die effekthascherische Inszenierung sollte uns nicht blind machen für die tiefere Struktur einer angespannten Männlichkeit, die ähnliche Ziele gemeinsam hat: die Notwendigkeit, Grenzen zu setzen und zu verteidigen.

Doch jetzt ist es Zeit, Abschied von Truk zu nehmen. Das Beispiel Truk weist auf interessante Parallelen in weit voneinander entfernten Teilen der Welt. Die in Truk und in den mittelmeerischen Kulturen gemachten Beobachtungen geben uns ebenso wie die Analogien in den Westernfilmen Hollywoods und in Kanada einen Schlüssel zur weiteren Erforschung von Männlichkeit, denn sie fordern uns zu Vergleichen heraus und provozieren Fragen nach der Beziehung des einzelnen Mannes zu seinem sozialen und natürlichen Umfeld. Man kann sich des Eindrucks nicht erwehren, daß sich die Männer von Truk in ihrem Bemühen um ein kraftstrotzendes Männlichkeitsbild, das ständige Kampfbereitschaft signalisiert, im amerikanischen Westen, in der kanadischen Prärie oder in irgendeiner städtischen Umgebung im Nordosten der USA sehr wohl zu Hause fühlen würden, und ebenso, wie wir sehen werden, bei einem steinzeitlichen Indianerstamm mitten im Regenwald des Amazonas. Das Hervorstechendste daran ist die Auffassung von Maskulinität als einer Pose, die voller Konflikte und erzwungen ist, einer Maske der Omnipotenz und einer beinahe obsessiven Unabhängigkeit. In Truk wird *pwara* von den Jungen gewissermaßen äußerlich getragen, locker, wie ein schlecht sitzendes Jackett. Diese Jugendlichen leben in ständiger Angst – nicht, daß sie versagen könnten, denn das gehört ja zur Prüfung, sondern daß die äußere Maske plötzlich herunterfallen und das zitternde Baby dahinter offenbaren könnte.

4. KAPITEL

Die Angst zu versagen: Mehinaku

Deiner Mutter Sohn!
Wahrscheinlich genug, und deines Vaters Schatten.
So ist der Sohn des Weibes der Schatten des Mannes.

Shakespeare, Heinrich IV. Teil 2

Wenn wir uns jetzt in die Neue Welt zu den Mehinaku-Indianern in Zentralbrasilien begeben, kommen wir allmählich den tieferen psychologischen Wurzeln dieser selbstbewußten Männlichkeitsvorstellungen und ihren Konsequenzen etwas näher.

Die ethnographischen Beschreibungen der Mehinaku stammen von Thomas Gregor, einem begabten und klugen Forscher sowohl der Psychoanalyse wie der Kulturanthropologie. Bevor wir seiner Schilderung männlicher Identität bei den Mehinaku folgen, möchte ich kurz auf seine psychologischen Theorien eingehen. Diese grundlegenden Erwägungen werden uns hilfreich sein, wenn wir die Beziehung zwischen psychodynamischen und kulturellen Faktoren im Entstehungsprozeß eines umfassenden Männlichkeitsbildes eingehender erörtern.

Gregors Sicht von Männlichkeit ist zunächst unmittelbar auf die reine Lehre Freuds gegründet, von der in Kapitel 1 die Rede war. Aus den klassischen psychoanalytischen Theorien entwickelt er die umfassende Theorie eines »universalen Mannes« (1985, Kap. 11). Daß ich diesen globalen Archetypus nicht akzeptiere, wird später deutlich werden. Skeptisch stehe ich vor allem der Vorstellung gegenüber, es gebe eine universale Lösung für identische psychische Konflikte, unabhängig von der Umwelt. Gregor argumentiert, daß Männer überall »unter dem Lack kultureller Unterschiede« ähnliche Konflikte erfahren, die in ihrer Psyche selbst angelegt sind. Diese inneren

Widersprüche bringen dann ähnliche Ausdrucksformen von Männlichkeit hervor, die über »kulturelle Grenzen hinausgehen« (ibid., 209). Diese Hypothese eines männlichen Archetypus gründet sich aber, wie die von Marshall, auf dürftiges Quellenmaterial, beschränkt sich Gregor doch auf einen ethnographischen Vergleich zwischen den Mehinaku und der modernen amerikanischen Kultur als einzigem Bezugspunkt.

Obwohl Gregor also das Problem anschneidet und, anders als die Studie über Truk, in stärkerem Maße psychodynamische Gesichtspunkte miteinbezieht, liefert er meines Erachtens nicht genügend vergleichende Belege, um den Anspruch auf Universalität zu rechtfertigen. Indessen gehört Gregors Arbeit, die den Beginn einer vergleichenden Erforschung von Männlichkeit markiert, nach wie vor zu den eindrucksvollen anthropologischen Beiträgen zu diesem Thema.

Die Szenerie

Die Mehinaku-Indianer leben als Ureinwohner im entlegensten Teil des größten noch existierenden Regenwaldes der Welt in Zentralbrasilien. Sie fischen, jagen, bebauen wechselnde Maniokgärten mit einer Technologie der Steinzeit und sind auch heute noch kaum berührt von der Kultur der Weißen. In diesem Sinne unterscheiden sie sich sehr von den mehrfach kolonisierten Truk-Insulanern, die schon zuviel westliche Kultur und Möchtegern-Kolonisatoren erlebt haben. Verborgen hinter den trüben toten Gewässern des Xingu-Flusses, einem der größeren Zuflüsse des Amazonas, sind die Mehinaku von unpassierbaren Strömen und Wasserfällen umgeben, die jede Schiffahrt unmöglich und ihr Territorium – außer für entschlossenste Eindringlinge – fast unzugänglich machen. Noch heute befindet sich die nächste weiße brasilianische Siedlung, Xavantina, selbst ein Grenzdorf, fast hundertfünfundsiebzig Meilen entfernt südöstlich und ist nur durch dichtestes Urwaldgebiet zu erreichen. Aufgrund dieser ungewöhnlichen geographischen Isolierung ist es einigen dieser Indianerstämme gelungen, sich ihre ursprüngliche Kultur fast vollständig zu bewahren (Gregor 1977, 13).

Die Mehinaku-Kultur ist also durch undurchdringliche topographische Barrieren lokal begrenzt. Ganz in der Nähe fließen drei kleinere Flüsse zusammen, um den tückischen Xingu-Fluß zu bilden. Mit ihren zahllosen Nebenflüssen erzeugen diese Ströme eine riesige alluviale Tiefebene von ungefähr fünfundzwanzigtausend Quadratmeilen und damit einen der wildesten und am dünnsten besiedelten Urwälder der Welt.

In einer kleinen begrenzten Zone dieser Wildnis beuten die verschiedenen Xingu-Stämme, von denen die Mehinaku nur einen Zweig bilden, mehrere ökologische Mikrosysteme aus. Das erste ist ein schmaler Streifen von Fruchtbäumen am Fluß, weiter im Inland gibt es überschwemmte Flächen, in der Größenordnung von ein paar Fuß bis zu mehreren Meilen. Dahinter liegen Meilen und Meilen dichten Waldes, an dessen Rändern, die nie sehr weit vom Wasser entfernt sind, die Xingu-Völker Land für ihre Maniokgärten gerodet haben. Noch weiter entfernt sind weitere Überschwemmungsebenen, Sümpfe und andere schlammige Flüsse, die sich alle in den mächtigen Amazonas ergießen (ibid., 13f.).

Die feuchte Umgebung ist von Natur aus relativ üppig, aber das technologische Niveau der Mehinaku setzt einer wirtschaftlichen Ausbeutung enge Grenzen. Zunächst einmal eignet sich ein Großteil des Gebietes um ihre Siedlungen nicht für ihre Art von Brandrodungsfeldbau. Dazu kommt, daß während der langen feuchten Jahreszeit viel Land von den Flußwassern überschwemmt wird. Ein Teil des Landes ist ständig unter Wasser oder zu sumpfig, um zum Gartenbau genutzt zu werden. Gregor (ibid., 17) schätzt, daß fast die Hälfte des Bodens um das Mehinaku-Dorf, das er erforschte, aus diesen Gründen nicht bebaut werden kann. Außerdem können die Indianer fast ein Drittel des restlichen Trockenlandes nahe dem Dorf nicht nutzen wegen riesiger Kolonien von gefräßigen Ameisen (Blattschneiderameisen, *sauva, A. Cephalotes*). Verschiedene Versuche, Gärten in der näheren Umgebung des Dorfes anzulegen, endeten mit einer Katastrophe, als diese gefräßigen Insekten die Ernten schon in der Knospe verschlangen. Das sind zwar keine täglichen Probleme, aber zusammen mit der geographischen Begrenztheit, die sich aus dem primitiven Brandrodungs-Gartenbau und einer Steinzeittechnologie ergibt, bewirken sie, daß den Mehinaku nur gerade genug für das Überleben bleibt.

Nachdem die Mehinaku jahrhundertelang durch ihre ungastliche Umgebung geschützt waren, kamen sie 1887 zum erstenmal mit der Außenwelt in Berührung. Der deutsche Forscher Karl von den Steinen war mit einem Zug von Ochsen und Maultieren aufgebrochen, um den Oberlauf des Xingu-Flusses zu erforschen. Nach Gregors Schilderung haben sich beide Seiten bei diesem ersten Eindringen eines Weißen in die Gesellschaft der Mehinaku ziemlich kläglich aus der Affäre gezogen. Vielleicht war der deutsche Forscher erschreckt über seine unerwartete Entdeckung, jedenfalls bellte er unverständliche Befehle und schoß sinnlos in ein indianisches Haus, um schließlich Werkzeuge aus Metall an die verblüfften Indianer zu verteilen. Unterdessen verschwanden die »Wilden«, wie von den Steinen sie nannte, entsetzt in den Dschungel, und die Frauen beschmierten ihre Körper mit Asche, um häßlich auszusehen und nicht von den unheimlichen weißen Eindringlingen verschleppt zu werden. Obwohl die Mehinaku selbst ein gewaltloses Volk sind, waren ihnen die Kriegs- und Plünderungspraktiken ihrer kriegerischen Nachbarvölker doch vertraut. Wie wir noch sehen werden, könnte ihr Stammesmotto *»make love, not war«* lauten.

Nach diesem ungünstigen Anfang verbesserten sich im folgenden Jahrhundert die Beziehungen etwas. Heute leben die Mehinaku in einem von der Regierung geschützten Reservat, dem Xingu-Nationalpark, und sind für Außenseiter leichter erreichbar; auch der Ethnograph Gregor lebte relativ problemlos einige Jahre unter ihnen. Die Regierung hat den Mehinaku Funkgeräte zur Verfügung gestellt, die sie mit der brasilianischen indianischen Agentur in Sao Paulo verbinden. Heute benutzen sie einige moderne Werkzeuge aus Stahl, und Missionare bringen ihnen auch Medikamente. Dennoch, trotz solcher technologischer »Verbesserungen«, haben sich Gesellschaft und Lebensstil der Mehinaku ebenso wie die anderer Stämme der Region seit der Zeit, als von den Steinen sie 1887 besuchte, bemerkenswert wenig verändert. Wer durch ihre Dörfer kommt, fühlt sich noch immer in eine Gesellschaft der Steinzeit, »in eine ferne Zeit und an einen fernen Ort«, versetzt (ibid., 11). Wie andere tiefverwurzelte Überzeugungen, sind ihre Vorstellungen über Geschlecht und Männlichkeit im wesentlichen zeitlos und in kaum veränderter Form von den frühesten Vorfahren ererbt. Während sich bei der partiell angepaßten Bevölkerung von Truk ein Miteinander von überlieferten und importierten Bräuchen etabliert hat, zeigen die Mehinaku im Gegenteil eine verhältnismäßig einfache, ursprüngliche Lebensweise.

Wie andere Xingu-Indianer Zentralbrasiliens haben die Mehinaku ein bilaterales Verwandtschaftssystem, sie praktizieren Kreuzkusinenheirat – die Verwandten, welche die Partner verbinden, sind verschiedenen Geschlechts im Gegensatz zu Parallelkusinen, den Kindern von zwei Brüdern oder zwei Schwestern – und respektieren Verwandtschaftstabus. In ihrem Verwandtschaftssystem und in ihrer materiellen Kultur und Ökonomie ähneln sie den benachbarten Stämmen, die ebenfalls die Ressourcen des oberen Flußlaufs ausbeuten, den Auiti, Kamaiurá, Trumaí, Kuikuru und Kalapalo u.a.m. (Gregor 1977, 18). Alle diese Völker haben eine strenge Arbeitsteilung nach Geschlechtern. Die Männer verlassen das Dorf zum Fischen und gelegentlich zum Jagen im weiteren Umkreis, während Frauen »zu Hause« in eng bewohnten Hütten bleiben, sich um die Kinder kümmern und anderen häuslichen Arbeiten nachgehen. Da die Mehinaku für ihren Bedarf an tierischem Eiweiß zum größten Teil auf Fluß- und Seefische angewiesen sind, wird von den Männern erwartet, daß sie sich auf lange Expeditionen zum Fischen in fernen Gewässern begeben, wobei sie unwegsames und gefährliches Gelände durchqueren und manchmal tage- und wochenlang fortbleiben. Auf diesen Expeditionen setzen sich die Männer Angriffen der kriegerischeren Nachbarstämme aus, von denen die Mehinaku verächtlich als von »wilden Indianern« sprechen.

Wie die Bewohner von Truk sind auch die Mehinaku sehr auf ihre Männlichkeit bedacht. Für sie ist Männlichkeit ein Status der höchsten sozialen Tugend. Wie bei den von Herzfeld beschriebenen Griechen hat das Prestige eines Mannes nicht notwendigerweise etwas damit zu tun, ein »guter« Mann in irgendeinem abstrakten Sinn zu sein, sondern es geht darum, daß »man gut darin ist, ein Mann zu sein«, und um die Intensität, mit der man seine Rolle spielt. Die Mehinaku würden Herzfelds Formulierung über »vordergründige«

männliche Taten ohne weiteres verstehen. Es gibt indessen einige interessante Eigenheiten bei ihnen. Bevor wir uns mit diesen befassen, möchte ich wiederholen, daß die Mehinaku im Unterschied zu der Bevölkerung von Truk keine Kriege führen und niemals Krieger waren. Sie verstehen sich als ein gewaltloses Volk, das nicht nur Kriege verabscheut, sondern auch Zornesausbrüche als moralisch abstoßend empfindet (Gregor 1977, 189). Selbst bei ihren berühmten und beliebten Ringkämpfen, die wir im folgenden untersuchen werden, gelten strenge Anstandsregeln. Ihr Ringen ist temperamentvoll und aggressiv, jedoch gibt es dabei außer geringfügigen Kratzern und Quetschungen kaum Verletzungen.

Trotz dieses zurückhaltenden und gelassenen Verhaltens sind die Mehinaku auf anderen Ebenen durchaus wettbewerbswütig. Zum einen sind sie »überraschend erwerbssüchtig« und »sehr materialistisch« (ibid., 118). Jeder Mann versucht nach Kräften, die anderen zu übertreffen in Kühnheit beim Fischen sowie im Anhäufen von Eigentum wie Werkzeugen und importierten Konsumgütern. Darüber hinaus berichtet Gregor, daß Diebstahl überraschenderweise gang und gäbe ist in dem Dorf, das er erforschte. Man bestiehlt ohne weiteres ständig seine Nachbarn und handelt mit der Beute in den anderen Dörfern, oder man stiehlt Nahrungsmittel und ißt sie heimlich. Diese Diebereien in und zwischen den Dörfern sind derart selbstverständlich, daß jeder Angst hat, irgend etwas von Wert länger als ein paar Minuten unbewacht vor der Tür zu lassen, sonst ist es verschwunden, wenn er zurückkommt. Wahrscheinlich ist es angesichts dieser etwas paranoiden und diebischen Einstellung nicht verwunderlich, daß die Mehinaku fest und glühend an Hexerei glauben und überall böse Mächte wittern. Gregor stellt fest, daß alle Männer irgendwann einmal der Zauberei angeklagt waren und daß jemand, der verdächtigt wird, ein Zauberer zu sein, von seinen entrüsteten Gefährten brutal ermordet wird. Er führt den grausigen Fall eines Mordes an, der sich kurz vor seiner Ankunft ereignet hatte (ibid., 206f.). Ein Informant, Keje, schilderte ihm den Vorfall folgendermaßen: »Er (der Zauberer) versuchte fortzulaufen, aber ich packte ihn von hinten. Die anderen hielten sich zurück. Ich schrie: ›Seid ihr Weiber? Tötet ihn!‹ Sie schlugen ihn mit Stöcken und Macheten auf den Kopf, bis er stöhnend zusammenbrach. Wir haben ihn hier in der Nähe begraben.« Schauerliche Vorfälle dieser Art sind selten, aber sie spiegeln einiges der unterschwelligen Spannungen und Zwänge in der Kultur und Gesellschaft der Mehinaku wider.

Make love, not war

Außer heftigen Szenen wie dem oben zitierten Vorfall (der bezeichnenderweise durch die Unterstellung »weibischer« Schwäche angeheizt wurde) ist wahrscheinlich sexuelle Aktivität der wichtigste Gradmesser der Männlichkeit für die Mehinaku. Wie Gregor sie beschreibt, beschäftigen sich die Mehinaku in ungewöhnlichem Maße mit Sex, wobei die Männer unentwegt klagen, daß sie nie genug davon bekommen können, und pausenlos darüber reden. Sexuelle Heldentaten und Witze sind ständige Themen männlicher Neckereien. Aufgrund dieser öffentlichen Betonung der Sexualität ist der Mehinaku-Mann bestrebt, sich als adäquater Liebhaber zu erweisen, um als normal zu gelten. Sexuelles »Funktionieren« ist (in Gregors Worten: 1985, 137) der Weg und die Garantie dafür, allgemein als Mann akzeptiert zu werden, und stellt in der Tat einen entscheidenden Faktor des Maskulinitätssyndroms der Mehinaku dar, das den Status des männlichen Erwachsenen definiert. Wie bei den Bewohnern von Truk wird ein Mann, der seine Frau oder Geliebte nicht zum Orgasmus bringen, seine Partnerin nicht befriedigen und keine Kinder zeugen kann, öffentlich verspottet und beschämt, wodurch er nicht nur zu einer lächerlichen Figur, sondern zu einem Ausgestoßenen im umfassenderen Sinne wird. Jedermann erfährt sehr schnell von seiner Schande. »Das sexuelle Versagen eines Mannes ist allgemein bekannt, und sein Ruf als Liebhaber bewegt sich gefährlich auf den undurchdringlichen Wellen des Gemeindeklatsches« (ibid., 137).

In Anbetracht all dieses Drucks, sich zu bewähren, geht es den Mehinaku, vielleicht mehr noch als den Männern in Truk, vor allem um sexuelle Potenz. Impotenz verbannt sie ins gesellschaftliche Abseits und ist daher ein mächtiger Brennpunkt der Sorge für die Männer und die Quelle von viel Magie und Furcht. Mehinaku-

Männer sind unentwegt von dem befallen, was Gregor »Die Angst zu versagen« nennt (ibid., 138); sie leben unter der ständigen Forderung, strengen Maßstäben zu entsprechen, denn sie wissen, daß Angelegenheiten sexueller Kompetenz sofort öffentlich bekanntwerden in einer Gesellschaft, in der »küssen und darüber reden« die Regel und nicht die Ausnahme ist. Und da sexuelles Nichtfunktionieren ein entscheidender Schlag für den Ruf eines Mannes ist, haben die Männer ein ausgeklügeltes System magischer Therapie entwickelt. Gregor berichtet von zahlreichen magischen und medizinischen Kuren gegen Impotenz, und er weist an vielen Einzelheiten nach, wie das Gespenst der Impotenz alle erwachsenen Männer Tag und Nacht verfolgt (ibid., 140). Einige dieser Impotenzkuren beinhalten das Reiben von tierischen oder pflanzlichen Stoffen unmittelbar auf den Penis, andere schmerzhaftes Skarifizieren des Penis und weitere Formen ritueller Behandlung. Derartige Behandlungen machen den Penis durch homöopathische Magie »ärgerlich«; und nachdem er solchermaßen aufgeweckt ist, funktioniert er dann auch.

Sexuelle Potenz ist entscheidend, aber nicht ausreichend, um Männlichkeit zu beweisen. Wichtig für das Bild des Mannes ist ebenso seine Leistung in der Welt, das heißt, er muß Güter in Form von Gerätschaften und Nahrung anhäufen. Der hart arbeitende, erfolgreiche Mann erringt auch sexuelle Lorbeeren. Der Grund dafür ist einfach. Seit jeher versorgen Männer die Frauen gegen geschlechtliche Gefälligkeiten mit Nahrung, in diesem Fall hauptsächlich mit Fisch und anderen selteneren Konsumgütern wie Seife (1977, 133). Es besteht somit eine direkte Wechselbeziehung zwischen materieller und erotischer Leistung, die beide wiederum zu dem begehrten männlichen Ruf führen. Diese Art »Tauschhandel« ist bei den Mehinaku überall üblich, denn die Männer glauben, daß Frauen von Natur aus weniger an Sex interessiert sind als sie selbst und erst dazu verführt und geködert werden müssen. In Wirklichkeit trifft das vielleicht gar nicht zu (Gregor neigt allerdings ebenfalls zu der Überzeugung seiner Informanten, Männer seien ganz allgemein intensiver an Sex interessiert als Frauen); die scheinbare Sprödigkeit der Frauen ist auch einer Doppelmoral zuzuschreiben, die sie in geschlechtlichen Dingen stärker einengt als die Männer. »Alle Männer«, sagt Ketepe, ein typischer Mehinaku, »mögen Sex. Aber Frauen sind anders.« Frauen sind »geizig« mit ihren Vaginas, schließt er unter allgemeiner männlicher Zustimmung (1985, 33). Nichtsdestoweniger lassen sich Frauen leicht verführen durch Angebote von Fleisch, Früchten und westlichen Konsumgütern, die in dieser Selbstversorgungswirtschaft sämtlich nur beschränkt verfügbar sind. Kurz, ein armer Mann oder ein schlechter Arbeiter, der nichts bringt, hat angesichts weiblicher Gleichgültigkeit oder Ablehnung nur wenig Chancen zu sexuellen Eroberungen; damit ist sein makellos männliches Bild verwirkt, und er wird auf einen niedrigeren Rang in der Prestige-Hierarchie verwiesen. Der reiche Mann hingegen hat viele Frauen und Geliebte und daher viel Prestige. Bezeichnenderweise erinnert das Gregor in erster Linie an die moderne amerikanische Gesellschaft: »Wie in unserer Gesellschaft sind Männer, die gesellschaftlich erfolgreich sind, als Geschlechtspartner für Frauen attraktiver« (ibid., 36). Auch dies mag objektiv wahr sein oder auch nicht, aber es entspricht mit Sicherheit einer weitverbreiteten Ansicht sowohl in der allgemeinen Öffentlichkeit wie bei Soziologen, die sich mit dem Problem befaßt haben (David und Brannon 1976).

Arbeit und Fleiß

Um als He-man anerkannt zu werden, muß der Indianer auch andere Arten von Hyperaktivität demonstrieren. Ein guter Mehinaku muß »kräftig, energisch und ein harter Arbeiter« sein (Gregor 1985, 193). Ein Ruf von Fleiß mit deutlichen ökonomischen Obertönen ist sehr wichtig. Äußerer Schein ist entscheidend, deshalb sollte ein Mann jederzeit zumindest tatkräftig wirken. Im Männerhaus will man ihn lebhaft und ungestüm. Er sollte der erste sein, der morgens auf ist und sein Feuer anbläst, seine schlaftrunkenen Kinder aus ihren Hängematten holt und sie für ihr tägliches kaltes Bad zum Strom hinunterbringt. Während andere Dörfler noch schlafen, ist der tatkräftige He-man bereits fortgegangen, um einen fernen Garten zu roden, kilometerweit entfernt vom Dorf Wild zu jagen oder auf einem schwer erreichbaren See zu fischen (ibid., 192).

Die Art, nach der man den Fleiß eines Mannes mißt, gründet sich auf eine ganze Reihe solcher Kriterien. In der Hauptsache wird er nach seiner Bereitschaft beurteilt, sich auf lange und mühevolle Fischexpeditionen zu fernen Seen und Strömen zu begeben, die häufig über gefährliches Terrain führen, wo die bösen »wilden« Indianer im Hinterhalt lauern können. Diese gefährlichen Expeditionen werden aufgrund der hohen Bedeutung von Fisch in der proteinarmen Ernährung der Mehinaku (1977, 192) als Beweis »guten Gemeinschaftssinnes« gewertet. Die Verbindung zwischen wirtschaftlicher Effizienz, Pflichten gegenüber der Gemeinschaft und Männlichkeit wird den kleinen Jungen von früh an unentwegt eingeimpft. Wenn beispielsweise ein Junge lange schläft, herumlungert oder, was ungeheuerlich ist, sich weigert, seinen Vater auf eine dieser Fischexpeditionen zu begleiten, wird er nicht nur als Tunichtgut gezüchtigt, sondern als »kleines Mädchen« oder als »Liebhaber von Kinderspielen« verachtet. Dazu kommt die Warnung an den faulen Knaben, daß er als Erwachsener nicht begehrenswert für Frauen sein werde (ibid., 276). Und das ist, wie wir sahen, eine ernste Drohung, die nicht nur sexuelle Ablehnung, sondern auch eine Zukunft in Schande und sozialer Isolation einschließt. Auf diese Weise prägt sich Männlichkeit bei den Mehinaku als Teil einer umfassenderen Ethik der sozialen Verantwortlichkeit ein.

Physische Erscheinung

Auch die physische Erscheinung des Mannes zählt. Wie bei der Bevölkerung von Truk sollte ein Mehinaku muskulös und athletisch gebaut sein – beides anatomische Beweise für Leistungsfähigkeit. Der ideale Mehinaku ist, wie Gregor feststellt (1985, 36), physisch eindrucksvoll, breit und groß, er bewegt sich mit Anmut und gebieterischem Selbstvertrauen. Er strahlt also Selbstsicherheit aus. Große Männer sind in der Tat, wie aus Gregors Aufzeichnungen hervorgeht, erfolgreicher, was materielle Unternehmungen betrifft, als kleine. Ob eigene Kräfte oder äußere Zustimmung etwas damit zu tun haben, bleibt in seinem Bericht unklar: »Im Durchschnitt werden eher große als kleine Männer die Rituale ausrichten, reich sein, viele Freundinnen haben und Dorfälteste werden« (ibid., 36). Nachdem er der Frage statistisch im Dorf nachgegangen ist, weist Gregor darauf hin, daß in seinem Dorf die drei größten Männer beinahe doppelt so viele Geliebte hatten wie die drei kleinsten, obwohl ihr Durchschnittsalter höher war (1977, 198). Im Gegensatz hierzu gilt der kleine Mann, der nicht der Norm entspricht, als wertlos, sexuell unerwünscht und hat viel weniger Möglichkeiten, seine Männlichkeit zu verwirklichen (1985, 144). Der kleine Mann wird *peritsi* genannt, ein Schimpfwort, das Häßlichkeit bedeutet und selten ohne Hohnlächeln vorgebracht wird. Von den Frauen verachtet und von möglichen Schwiegereltern abgelehnt, ist der kleine *peritsi* ein schwacher Ringer, ein unzuverlässiger Fischer, ein erfolgloser Anführer. Gregor gibt ein typisches Beispiel für eine solche minderwertige Figur mit Namen Ahiri:

> Ahiri wird ... als ein *peritsi* betrachtet. Der kleinste Mann im Dorf, weniger als fünf Fuß groß und kleiner als viele der Frauen, ... wird er hinter seinem Rücken geschmäht. Viele der Männer haben Liebeshändel mit seiner Frau und zeigen geringschätzig wenig Mühe, ihre Indiskretionen zu verbergen. Sie tätscheln nicht nur an ihr herum, wenn ihr Ehemann in der Nähe ist, sondern flirten auch mit ihr in seiner Gegenwart. Für sie verdient ein sehr kleiner Mann keine Achtung. Seine geringe Körpergröße dient als Rechtfertigung dafür, ihn zu übervorteilen; nicht nur darf man ihn ungestraft beleidigen und mit seiner Frau Beziehungen unterhalten, er verdient es auch nicht anders (1977, 198).

Die häufigen Demütigungen, die der *peritsi* durchmacht, erinnern Gregor erneut an seine eigene nordamerikanische Zivilisation, die kleine oder physisch unansehnliche Männer in ähnlicher Weise ausgrenzt und schlecht behandelt. Daß Größe der Maßstab für einen Mann sei, sollte in unserer Gesellschaft, zumal in Amerika, nicht überraschen. Gregor hat zweifellos recht, wenn er sagt: »Unser eigenes Vorurteil gegen kleine Männer ist einbezogen in unser Werben um eine Frau, in die Möglichkeiten, einen guten Job zu finden, und sogar in die Sprache, die ein reiches Vokabular an geringschätzigen Ausdrücken für den kleinwüchsigen Mann bereithält« (1985, 36). Andere haben sich aufgrund statistischer Untersuchungen mit dieser Frage auseinandergesetzt. Der Soziologe Saul Feldman (1975), der das Problem speziell in den Vereinigten Staaten studierte, hat festgestellt, daß *»heightism«* die Vorliebe für physische Größe, unsere gesellschaftlichen Beziehungen, sexuellen Muster, Chancen auf dem Arbeitsmarkt, unseren politischen Erfolg und sogar unser Verdienstpotential beeinflußt. Der politische Aspekt wurde in den USA bei den Präsidentschaftswahlen 1988 gewiß deutlich genug demonstriert, als die verschiedene Größe der Kandidaten bei den Bush-Dukakis-Debatten zu einem wichtigen Thema wurde! In Nordamerika wie bei den Indianern vom Amazonas und anderswo führt die Gleichung »Größe = Männlichkeit« zu Vergleichen des Geschlechtsorgans selbst: Der Penis muß groß und eindrucksvoll sein – ein weiterer gemeinsamer Angstkomplex der Männer in vielen Teilen der Welt.

Freigebigkeit

Reine Körpergröße gibt dem He-man-Kandidaten der Mehinaku also Auftrieb, ist aber wiederum nur ein zwar notwendiges, aber nicht ausreichendes Kriterium zur Beurteilung von Männlichkeit. Der stattliche Körperbau muß sich praktisch bei alltäglichen Aufgaben bewähren. Außer phallischen Erfolgen müssen die Mehinaku Muskelkraft und Geschick zeigen, um Lorbeeren zu erringen, indem sie unaufhörlich und reichlich Nahrungsmittel beschaffen und diese bei selbstausgerichteten Festen verteilen. Ganz gleich, wie groß und beeindruckend der Mann physisch ist, er lebt in ständiger Angst, nicht ausreichend Konsumgüter herbeizuschaffen. Die Angst vor wirtschaftlichem Ungenügen verfolgt ihn unentwegt und treibt ihn zu immer größeren Anstrengungen an. Die Männer haben in der Tat eine entsetzliche Angst, träge und lethargisch zu erscheinen, denn Faulheit ist ebenso schlimm wie Impotenz – sie ist gleichermaßen unfruchtbar. Einer der Wege, diese ständig präsente Furcht zu bekämpfen, ist das häufige Ausrichten von Stammesritualen, die als zeremonielle Mahlzeiten großen Arbeitseinsatz und angehäuften Wohlstand voraussetzen. Vor allem aber muß ein Mann nicht nur tatkräftig und ernsthaft bei der Nahrungsbeschaffung wirken, er muß sich auch als großzügig und selbstlos mit der Beute erweisen. Wenn er von einer langen und erschöpfenden Expedition zum Fischen zurückkehrt, erwartet man von ihm, daß er sofort auf dem Dorfplatz erscheint, auf dem sich die Leute erwartungsvoll versammelt haben. Auf dieser »Bühne« stellt er seinen Fang prahlerisch zur Schau, bevor er ihn freigebig verteilt. Kennzeichen des wahren Mannes ist eben auch, daß er selbstlos ist: Er ißt zusammen mit seinen um ihn versammelten Familienangehörigen und läßt immer andere an der Mahlzeit teilnehmen (1977, 190). Im Gegensatz dazu ißt der Mann, der mit seiner Nahrung geizig ist, allein. »Er schleicht sich vom Fischzug heim und betritt ungesehen das Dorf, um seinen Fang nicht teilen zu müssen.« Die schlimmste Art Mann ist in den Augen der Mehinaku einer, der faul, geizig und gierig ist, der sich zurückzieht und mehr ißt als seinen Anteil (ibid., 202), solche Parasiten werden als weibisch verachtet und als Schmarotzer geächtet; man hält sie für verlogen, unreif und außerdem hinterhältig. So vereint der untüchtige Mann sämtliche Mängel. Vielleicht ziehen die Mehinaku (unbewußt?) eine Parallele zwischen dem Mann, der geizig mit Nahrung, und der Frau, die geizig mit ihrer Vagina ist, und betonen deshalb, wirtschaftlicher Egoismus sei unmännlich. In jedem Fall geht aus Gregors Schilderung klar hervor, daß der wahre Mann bei den Mehinaku eine freigebige Seele ist, ehrgeizig, aber großzügig, sich voll für die Gemeinschaft einsetzt und seinen Anteil beiträgt.

Ringkämpfe

Wie viele Gesellschaften, die Sport treiben (Messner 1987), haben die Mehinaku in Form von Wettspielen und Gladiatorenkämpfen symbolische Bezugsrahmen entwickelt, durch die ein Mann seinen Gefährten seinen Wert beweisen kann. Bei den Mehinaku ist der wichtigste Sport der Ringkampf. Von allen Männern wird erwartet, daß sie ringen, dabei hart herangehen und, wenn möglich, gewinnen. Es gibt täglich Kämpfe und Vorführungen, und unentwegt werden Duelle und Herausforderungen ausgetragen. Jeder Mann »will ein Champion sein« (Gregor 1985, 95). Da Ringen das Symbol für alle übrigen Fertigkeiten ist, liefert es den Maßstab und eine symbolische Arena für die männliche Selbstdarstellung (ibid., 96). Ein starker erfolgreicher Ringer, sagen die Dörfler, ist beeindruckend oder zu fürchten *(kowkapapai)*. In der Schnelligkeit des Zupackens und der blitzartigen Fesselung seiner Gegner wird er mit der mächtigen Anakonda verglichen und gebietet Furcht und Respekt. Die Frauen sagen, der siegreiche Ringer sei schön *(awitsiri)*, und er ist natürlich als Liebhaber und Ehemann gefragt. Der im öffentlichen Leben wie in der Liebe Siegreiche verkörpert die »höchsten männlichen Eigenschaften« (ibid., 145).

Weniger geschätzt wird der Verlierer. Ein schlechter Ringer gilt unabhängig von seinen sonstigen Tugenden als Narr. Wenn er sich während des Kampfes unbeholfen windet, rufen ihm die Männer von der Bank vor dem Männerhaus sarkastische Ratschläge zu, er solle aufhören, Schmutz zu essen, und solle seinen Rücken lieber vom Boden heben, bevor er zerbrochen sei. Die Frauen äußern sich weniger laut, wenn sie den Kämpfen von den Hauseingängen her zusehen, und machen nur leise Witze, kritisieren ihn aber unter sich ebenfalls. Keine von ihnen möchte einen Verlierer oder einen Feigling zum Ehemann und Geliebten (ibid., 96).

Wie auf Truk, wo die Frauen den Raufbolden ebenfalls von der Seite her zusehen, betreiben die Männer der Mehinaku diese täglichen Kämpfe auch weitgehend um des Beifalls der Frauen willen. Erfolg im Kampf mit anderen bedeutet Erfolg beim anderen Geschlecht. Die Frauen rufen den Kämpfern Ermutigungen zu und halten sich scheu bereit für die Gewinner. Interessant ist auch hier, daß die Verlierer mit schwächlichen kleinen Jungen verglichen werden, während die erfolgreichen Ringer die höchsten männlichen Eigenschaften verkörpern. Von dem Mann, der einen Ringkampf verliert, heißt es, er solle »Lehrer für Spiele kleiner Jungen« werden und er ähnle einem hilflosen Kind (ibid.). Niederlage und Sieg im Sport sind daher bei den Mehinaku mehr als Lose in einem Glücksspiel ohne Konsequenzen, noch ist Ringen lediglich eine Freizeitangelegenheit. Die Wettkämpfe zeigen den Wert des erwachsenen Mannes und sind öffentliche Gradmesser seiner Leistungsfähigkeit. Ringkämpfen aus dem Weg zu gehen oder sie schmählich zu verlieren, sind keine oberflächlichen Schwächen, sondern ernsthafte Charakterfehler, ein Versagen gegenüber den Erwartungen der Gemeinschaft. Und die Umwelt ist keineswegs zurückhaltend in ihrem Urteil über den Nichtkämpfenden; man überschüttet ihn mit Beleidigungen und verweist ihn auf den Abfallhaufen der Gesellschaft.

Feigheit oder Inkompetenz auf der Matte ziehen eine zweite Strafe nach sich: von den verfügbaren Frauen verschmäht zu werden. Nur wenn er den Kampf mit Mut betreibt, kann ein Mehinaku eine Frau gewinnen und halten, denn sie wird ihn verachten und betrügen, wenn er sich nicht bewährt. Innerhalb des sexuellen Normensystems wird es stillschweigend gebilligt, wenn die Ehefrau eines kläglichen Ringers diesem Hörner aufsetzt; und in diesem Bewußtsein haben die betroffenen Frauen meist ehebrecherische Affären, während ihre Männer hilflos schmollen. Klar ist, daß zu den auf öffentlicher Bühne getesteten Eigenschaften die Bejahung kollektiver Ideale gehört, die durch die Bereitschaft dokumentiert wird, sich mit aller Kraft um die höchsten Preise dieser Kultur zu bemühen. Ein Mann, der im Sport versagt, leidet, so glaubt man, an einem angeborenen Charakterfehler und wird auch als Bauer und Fischer versagen; als Ehemann oder Liebhaber ist er somit eine schlechte Wahl. Dieser Mann wird nur wenige Kinder haben, die ihn später unterstützen, wenige Söhne, die ihn ehren und seinen Namen weitergeben, und so wird sein Status stetig sinken, er wird immer weiter an den Rand der Gesellschaft gedrängt, ebenso zwangsläufig, wie seine Kräfte im Alter abnehmen.

Innenräume, Außenräume

Wichtig bei den Mehinaku ist auch der geographische Ort, an dem sich die Männer innerhalb des Dorfes aufhalten. Es gibt die übliche Teilung zwischen öffentlichem und privatem Raum und die üblichen Geschlechtergrenzen und -barrieren. Die Männer müssen hinaus in den offenen Raum, wo sie gesehen werden können, denn das Männlichkeitsideal verbietet es, daß sie sich zuviel im Haus aufhalten oder sich dorthin zurückziehen. Männer werden auf die exponierten Plätze verwiesen, wo sie sich den anderen stellen müssen oder aber das Gesicht verlieren und vielleicht die Demütigung erfahren, von ihren Frauen betrogen zu werden. Dramatisches Auftreten auf öffentlicher

Bühne wird von ihnen erwartet, sie müssen sich mehr oder weniger freiwillig vor dem gesamten Stamm ständig effektvoll produzieren. Mitten im Dorf stolzieren sie also gespreizt und geputzt umher, tragen Ringkämpfe aus, ergehen sich in blumenreichen Reden und versammeln sich, um politische Entscheidungen zu treffen – »alles im vollen Licht der Öffentlichkeit« (1977, 165). Die Frauen andererseits sind mit häuslichen Dingen, in den nichtöffentlichen Bereichen beschäftigt, hinter den Häusern; sie meiden bewußt den Hauptplatz des Dorfes, der den Männern vorbehalten ist.

Symbolkräftig liegt die Arena für die Ringkämpfe in der genauen Mitte der Dorflichtung, ein offener Platz, »der mit Männlichkeit assoziiert« wird (ibid., 24). Die Teilnahme an diesen und anderen Formen offener und ausgesprochen männlicher Aktivitäten bedingt somit einen kulturell erzwungenen Verzicht auf die Tröstungen des Privatlebens. Wie in Andalusien, Algerien und auf Truk wird auch bei diesen brasilianischen Indianern erwartet, daß der Mann aus dem Schatten der Frauen und Kinder heraustritt und eine aktive Rolle in dem ritualisierten Drama des Gemeinschaftslebens spielt.

Weil das Männlichkeitsbild die Männer unter Androhung ewiger Schande in öffentliche Pflichten drängt, hat es eine Art Zentripetalkraft, welche die Gesellschaft in einer Weise zusammenfügt, die von beiden Geschlechtern kontrollierbar ist. Wiederum sind die Strafen für einen Rückzug aus dieser Arena schwer und summarisch. Gregor stellt fest, daß Männer, die sich in den Regionen der Frauen aufhalten und die exponierten männlichen Plätze meiden, als »Abfallplatz-Männer« beschimpft werden (ibid., 59, eine Parallele hierzu werden wir bei den im nächsten Kapitel behandelten »Abfall-Männern« Melanesiens begegnen). Der Pantoffelheld, der häusliche oder introvertierte Mann, verliert wie sein melanesischer Leidensgenosse »einen Teil seines Anspruchs auf Männlichkeit« (1985, 93). Einer von Gregors Informanten sagte über einen derart unzuverlässigen Charakter mit dem Spitznamen »Verdorbener Fisch«: »Sieh dir den alten ›Verdorbenen Fisch‹ an ... Er ist ein *wirklicher* Abfallplatz-Mann. Er steht nie wie wir anderen in der Morgendämmerung zum Baden auf, und er schläft den ganzen Tag in seiner Hängematte ... Wenn er nicht schläft, schlurft er im Abfallhof oder an der Hintertür seines Hauses herum. Er kann noch nicht einmal die heiligen Flöten spielen. Er hat keine Freunde und geht allein fischen« (1977, 201).

Männlichkeit bei den Mehinaku ist streng nach außen gerichtet und gesellig orientiert – eine Interaktionstugend –, und sie ist todernster öffentlicher Beurteilung ausgesetzt. Die Mehinaku nennen diese männliche Geselligkeit ein »Sich-Stellen«. Wie Bourdieus Kabylen muß sich der Mann seinen Gefährten »stellen«, sonst ist er verachtenswert, ein Abfall-Mann, nicht mehr wert als ein Kind. Den Mehinaku steht ein reicher Wortschatz an Beleidigungen zur Verfügung für einen Dorfbewohner, der sich »seinen Kameraden nicht stellen will« (ibid., 200). Der öffentliche Auftritt bedeutet wie bei den Kabylen die Bereitschaft, sich mit den Rivalen zu messen, er symbolisiert nicht nur das Akzeptieren der täglichen Herausforderungen im Leben der Mehinaku, sondern auch auf einer noch allgemeineren Ebene den Ort des Mannes im kosmologischen System der Dinge. Erfolg ist wichtig, aber aktive Teilnahme am Treiben des Dorflebens hat offenbar ein noch größeres Gewicht.

Psychische Dimensionen

Gregor geht psychoanalytisch an dieses ganze männliche »Sich-Stellen«, an die erotische Besessenheit, das Posieren und Herausputzen heran. In seiner scharfsinnigen Interpretation der Mehinaku-Kultur schreibt er die ständige Besorgnis um die männliche Selbstdarstellung einer Reaktionsbildung gegen den immer präsenten Ödipuskomplex zu. Er sieht diese Männlichkeitsideologie als kulturell bedingte Verteidigungsstrategie gegen die Kastrationsangst. Diese Interpretation folgt der orthodoxen freudianischen Ansicht und liegt Gregors »universalem Mann« zugrunde. Seiner Theorie zufolge fürchten diese ödipal gequälten Indianer, ihren Penis zu verlieren, und das veranlaßt sie dazu, das männliche Organ und seine Funktion überzubewerten (1985, 131). So stellen sie als Kompensation und um sich selbst zu beruhigen, daß sie intakt sind, ein gewisses phallisches Gehabe zur Schau. Gregor bietet eine Fülle von kulturellem Material

– Geschichten und Mythen wie auch Stammestabus über Menstruation –, das seine These untermauert.

Sein Argument zum »Kastrationskomplex« der Mehinaku (ibid., 131) ist nützlich für das Verständnis der individuellen Psychodynamik des männlichen Indianers. Mit Sicherheit spielt Kastrationsangst, wie in den meisten Männlichkeitsphantasien, auch hier eine Rolle. Eindeutig ist jedoch niemals, in welcher Form sich derartige individuelle Phantasien in kollektive kulturelle Institutionen umsetzen, in eine gemeinsame Mythologie, in ein Ethos des »Sich-Stellens« oder in eine moralische Verpflichtung zur Freigebigkeit, beides Elemente des Männlichkeitsbildes. Gregor hat diese Transformation der individuellen Angst in soziale Normen in seiner Studie in keiner Weise erhellt. Interessanter für mich ist, daß er die Rolle der regressiven Instinkte in diesem Prozeß beiläufig anerkennt. Mir erscheint es ergiebiger, diesen letzteren Prozeß hervorzuheben, weil er nicht nur endopsychischen Prozessen Rechnung trägt, sondern auch den praktischen Bedürfnissen der Gesellschaft, denen durch kulturelle Institutionen wie Geschlechterstereotypen und -ideologie begegnet wird. Wenn wir die Rolle der Regression berücksichtigen, können wir außerdem die kulturelle Betonung von Extroversion, wirtschaftlicher Leistungsfähigkeit und Großzügigkeit als anerkannte Normen besser erfassen.

Gregor sieht in der Rolle psychischer Regression eine starke motivierende Antriebskraft in der Männlichkeitskultur der Mehinaku. Er erkennt, daß der Leistung in der Welt bei den Mehinaku primär der regressive Hang des Mannes zu Abhängigkeit und Rückzug aus der Gesellschaft entgegensteht. Er spricht von dem allgemeinen Wunsch des Mannes, »den Weg zurück zur Fusion mit der Mutter und den Freuden der Kindheit« zu nehmen (ibid., 178), und er identifiziert die erbarmungslose Forderung der Mehinaku nach einem rein maskulinen Bild mit ihrem Akzent auf sexueller Aggressivität, Produktivität und Einsatz für die Gesellschaft als Abwehrstrategie, die zum Teil gegen eben diesen Wunsch errichtet wird. Indessen betont er meiner Ansicht nach nicht ausreichend, welche grundlegende Rolle diesem kindlichen Wunsch als Faktor bei der Bildung der männlichen Ideologie zukommt. Der Grund dafür ist, daß er der Regression nicht den gleichen autonomen ontologischen Status zubilligt wie der Kastrationsangst, die wie gewöhnlich alles andere von der analytischen Bühne verdrängt. An dieser Stelle muß ich kurz abschweifen, um Gregors Argumentation eingehender zu erörtern, da sie für meine späteren Schlußfolgerungen von Bedeutung ist.

Als erstes muß man erkennen, daß dem rezessiven Abwenden von der Verantwortlichkeit des Erwachsenenlebens hin zur Wiedervereinigung mit der Mutter psychisch eine andere Bedeutung zukommt als der Kastrationsangst. Diese Unterscheidung ist sowohl in bezug auf die psychosexuelle Entwicklung des Individuums wie für ihre kulturellen Konsequenzen wichtig. Nach der Definition der Psychoanalytiker (A. Freud 1965, Arlow und Brenner 1976) ist Regression ein präödipaler Instinkt, bei dem es um Wünsche nach Gehalten- und Genährtwerden geht. Kastrationsangst entwickelt sich Anna Freud zufolge im ödipalen Stadium und basiert auf einem Gemisch von erotischen und aggressiven Trieben. Die interpretatorische Schwäche von Gregors Studie und der Arbeiten vieler anderer Forscher, die ebenfalls Männlichkeitsvorstellungen auf das Ödipustrauma einengen, liegt darin, daß sie Kastrationsangst und Regression als Triebe miteinander verschmelzen. Das heißt, es wird nicht differenziert zwischen ödipalen und präödipalen Phantasien und ihren Ableitungen. Diese beiden Phänomene unterscheiden sich nicht nur ontologisch; da sie auf verschiedenen triebhaften Wünschen basieren, stellen sie Anpassungsprobleme unterschiedlicher Stärke für die Ich-Entwicklung dar. Wenn der unbewußte Wunsch, der abgewehrt werden muß, die Regression der Symbiose mit der Mutter ist (wie Gregor anerkennt), dann versteht der Autor im Einklang mit der klassischen Freudschen Sicht diesen Wunsch als das Erwecken einer präödipalen weiblichen Identifizierung, wodurch – und an diesem Punkt entwikkelt sich die Reaktion – ödipal eingeleitete Kastrationsängste ausgelöst werden. »Eins zu sein« mit der Mutter bedeutet also »dasselbe« zu sein wie die Mutter, was weiterhin heißt, weiblich zu sein, keinen Penis zu haben. In der Gesellschaft der Mehinaku hat auf diese Weise die Regression keinen unabhängigen Status als Wunsch oder Angst, sondern wird ausschließlich als Stimulans zu der wichtigeren Kastrationsangst empfunden.

Diese Argumentation mag in bestimmten Fällen erhellend sein, als generelle Erklärung verfehlt sie jedoch das Wesentliche. Eine bescheidenere Erklärung wäre, das Primärphänomen, die Regression sowie ihre negative Beziehung zum männlichen Rollenspiel als einen Aspekt ökonomischer Anpassung zu behandeln. Damit erhielte die Regression selbst als getrennter Faktor in der männlichen Entwicklung (wie in jeder menschlichen, also auch der weiblichen) psychische Priorität. In der Form einer Regression zu einem Zustand des primären Narzißmus wäre sie als Gefährdung der Leistungsfähigkeit des Erwachsenenlebens inakzeptabel. Regressive Wünsche wären somit kausal unabhängig von den in der Entwicklung auf sie folgenden Kastrationsängsten und insgesamt von größerem sozialen Gewicht als diese. Das bedeutet auch, daß die Leistungsethik der Mehinaku nicht lediglich die psychische Projektion einer gemeinsamen Neurose ist, die sich aus der Überwindung der ödipalen Situation mit ihren endopsychischen Ursprüngen ergibt, sondern eine Reaktion auf sehr reale Umweltbedürfnisse, die von einer Gesellschaft zur anderen variieren können. Dies möchte ich am Beispiel eines sehr aufschlußreichen Mythos erläutern, den Gregor anführt, um seine These zum Kastrationskomplex der Mehinaku zu belegen (ibid., S. 178f.).

Die Tapirfrau: Ein Mythos

Gregor präsentiert uns eine ganze Reihe von eindrucksvollen Legenden und Mythen. Einige darunter zeigen deutlich, wie sehr ein Mehinaku-Junge den eigenen Wunsch fürchtet, vor den harten Herausforderungen der männlichen Rolle zu fliehen und zu einer utopischen Kindheit der Phantasie, zu einem spannungsfreien Idyll zurückzukehren, in dem alle Bedürfnisse erfüllt und wenig Anforderungen gestellt werden. Sie fürchten diesen unbewußten eskapistischen Wunsch, denn er zeigt eine passive und abhängige Haltung, die der notwendigen Risikobereitschaft und Selbstbehauptung im Erwachsenendasein entgegensteht, die wiederum zu gesellschaftlichem Ansehen und zu Erfolg bei der Fortpflanzung führen. Der Trieb, sich der konfliktreichen Reife zu entziehen, verweist in Gregors treffender

Terminologie auf »die symbiotische Vereinigung mit der Mutter und das Trauma der Trennung von ihr«. Gregor fügt jedoch hinzu: »Unsere Untersuchung dringt in ein Gebiet vor, das Männer verteidigen müssen. Der Weg zurück zur Fusion mit der Mutter und zu den Freuden der Kindheit ist symbolisch für *Regression* und *Entmännlichung*. Jegliche latente Versuchung, in diese Zeit zurückzukehren, wird verzerrt und abgelenkt durch die Kastrationsängste, die durch sie geweckt werden« (ibid., 178, Hervorhebungen vom Autor). Seiner Sicht zufolge treten also regressive Wünsche spontan auf, sind jedoch unbewußt die Vorläufer für die noch entsetzlicheren Emaskulationsängste, und diese Ängste lösen, einmal erweckt, wiederum die Kompromißlösung einer Reaktionsbildung aus, die Männlichkeitsbilder inspiriert.

Gregor erzählt den Mythos der »Tapirfrau« zur Bekräftigung seiner These (ibid., 178f.). Ein Kind ist allein zu Hause gelassen worden. In seiner Einsamkeit und Angst, verlassen worden zu sein, weint es; eine weibliche Fabelgestalt nähert sich ihm, die Tapirfrau, und tröstet es mit den Worten: »Kennst du mich nicht? Ich bin genau wie deine Mutter. Weine nicht.« Sie besteht dann darauf, daß der Junge seinen Arm in ihr Rektum einführt, und als er das widerstrebend tut, absorbiert sie ihn bis zur Schulter und läuft mit ihm in den Wald. Dort, in der Abgeschiedenheit, wird er wohlig überfüttert mit Früchten, die aus ihrem Mastdarm kommen. Als sein Arm schließlich frei ist, ist er geschrumpft, zu winzig und runzlig für jeden Gebrauch. Der Junge, vorzeitig verloren für die Rolle des reifen Mannes, ist daher als Mann vernichtet, denn er wird niemals jagen, fischen, Land bebauen – oder, was ebenso wichtig ist, ringen. Das Entscheidende hier ist, daß sich der Junge durch Zauber, wenn auch freiwillig, von den Härten des wirklichen Lebens abgewandt hat, um passiv oral in dem zu schwelgen, was ihm die mystische mutterhafte Figur bietet, eine Göttin der Fülle, die Nahrung aus dem Darm ausscheidet. Es könnte (in übertragener Form) kein deutlicheres Bild der ewig fließenden Mutterbrust geben.

Gregor hebt anerkennend die reiche orale Bildersprache des Mythos hervor. Was die Anziehungskraft der Tapirfrau für den kleinen Jungen so unwiderstehlich macht, ist seiner Ansicht nach »die Verschmelzung mit der Mutter und eine Rückkehr zu der Passivität und Wärme, die bis vor kurzem noch das alltägliche Privileg des Kindes waren« (ibid., 179). In gewissem Sinne spiegelt somit der Mythos der Mehinaku den universalen Wunsch, vor der harten Realität zu fliehen und zu einer glücklichen Einheit mit der Mutter zurückzukehren, den Heinz Kohut als Zug »kindlicher Amnesie« bezeichnet hat (1981, 158). Außerdem symbolisiert die Legende den heimlichen Traum, durch die Frau »entführt zu werden« vor den Schrecken des Lebens, hin zu einer heiteren ursprünglichen Einheit, in der man ohne eigene Anstrengung genährt wird. Hinsichtlich der unbewußten Symbole des Mythos teile ich Gregors Auffassung völlig. Aber was die sekundären Folgerungen betrifft, sind wir verschiedener Ansicht. Für Gregor steht natürlich der verkümmerte Arm des Jungen für Kastration und sein geschrumpfter Zustand für den verstümmelten Penis. Obwohl diese Interpretation das Verständnis des psychosomatischen Vorgangs bereichert, ist sie nicht unbedingt wesentlich für das Verständnis der institutionalisierten Gegenmythologie einer kraftvollen Männlichkeit. Die Geschichte ist ein Mythos, eine öffentliche Manifestation, nicht einfach die Projektion individueller Phantasien, und als solche enthält sie auch die moralische Botschaft der Anpassung an die stammesmäßigen Arbeitsnormen. Denn Mythen sind, was immer sie sonst sein mögen, auch Leitlinien, verbriefte Regeln für rechtes Tun. Der Mythos der Tapirfrau warnt vor dem Wunsch, alltäglichen praktischen Verantwortlichkeiten einer sozialen Gemeinschaft zu entfliehen, nämlich der männlichen Rolle in der sozialen Organisation der Arbeit, indem man sich zurückzieht und Trost sucht in der Umarmung, in einem kindischen Anklammern an die Mutter. Von diesem Gesichtspunkt aus kann der geschrumpfte Arm ebenso das Aufgeben der wirtschaftlichen Funktion des Mannes bedeuten, das Schrumpfen der Arbeitskraft, wie den beschädigten Penis. Das, was verlorengeht, ist nicht nur der Penis, sondern vor allem auch die Arbeitskraft des Mannes für die Gesellschaft, die sich den Verlust schlecht leisten kann. Der Arm entspricht in seiner Funktion dem weiblichen Organ, das Nahrung produziert.

Diesem kulturell inakzeptablen Ersetzen der produktiven Funktion durch eine konsumierende Haltung, symbolisiert in dem unbrauchbaren Arm, muß durch moralische Sanktionen entgegengewirkt werden. Kulturelle Formen entsprechen spezifischen kulturellen, nicht nur innerpsychischen Bedürfnissen, und der Mythos stellt eine kollektive und keine individuelle Phantasiewelt dar. In diesem Fall entspricht die Forderung der Gesellschaft der vertrauten des maskulinen Bildes nach Risikobereitschaft und wirtschaftlicher Produktivität. Es sind kindliche Züge und Abhängigkeiten, oder besser, Trägheit – was Freud (1930, III) den »natürlichen Hang zu Nachlässigkeit, Unregelmäßigkeit und Unzuverlässigkeit in seiner Arbeit« genannt hat –, welche die Mehinaku mit ihrer Männlichkeitsmythologie bekämpfen, nicht allein die Kastrationsangst.

Diese Besessenheit von männlicher Kraftentfaltung macht die Mehinaku-Indianer zu einem interessanten Fall für das Studium von Männlichkeitsbildern. Ihre Bedeutung liegt nicht nur darin, daß Gregor uns mit einem so überragenden ethnographischen Faktenmaterial über sie versorgt hat, sondern vor allem, daß diese Fakten höchst eindrucksvoll demonstrieren, welche ambivalente Angelegenheit Männlichkeit ist. Im wesentlichen handelt es sich um ein kulturelles Konstrukt, das auf Gruppenbedürfnissen basiert und einer zögernden und widerstrebenden männlichen Natur aufgezwungen wird und ihr entgegenarbeitet. Die Mehinaku zeigen, daß die Männlichkeitspose die soziale Negation des unsozialen Wunsches ist, den Zwängen der Arbeitskultur zu entfliehen. So sind, wie Gregor es im Titel seiner Arbeit ausdrückt, die Freuden der Mehinaku-Männer »ängstliche Freuden«, da sie mit Zweifeln belastet und von widersprüchlichen Wünschen durchsetzt sind. Aufgrund dieser gespannten und dynamischen Ambivalenz, diesem Auseinanderklaffen von sozialer Notwendigkeit und Genußsucht, repräsentieren die Mehinaku in vieler Hinsicht und in klassischer Weise eine konfliktbeladene Männlichkeit. Um durch Vergleiche noch mehr über sie zu erfahren, wenden wir uns nun einigen ähnlich gelagerten Männlichkeitsbildern in anderen Teilen der Welt zu.

5. KAPITEL

Zwischenspiel: Andere Männer, andere Idealbilder

Oh! wie die alten Sagen mich erfüllen!

Herman Melville, *Mardi*

Gibt es eine gemeinsame »Tiefenstruktur der Männlichkeit« (Tolson 1977, 56), welche die Mehinaku, die Bevölkerung von Truk und die Spanier verbindet? Hat Gregor recht (1985, 9), wenn er sagt, daß es »Universalitäten in der männlichen Erfahrung« gibt? Vielleicht. Wir haben im fernen Truk Parallelen zu den Männlichkeitskulten einiger mediterraner Völker beobachtet, die in den sexuellen Zwangsvorstellungen eines Stammes in Brasilien wieder auftauchen. Aber der gemeinsame Nenner ist nicht einfach prahlerische männliche Eitelkeit, die wir *machismo* nennen, denn nicht alle diese Kulturen können als *macho* bezeichnet werden. So sind die Mehinaku ganz gewiß nicht wie die Männer auf Truk in dem Sinne *macho*, daß sie kriegerisch oder physisch aggressiv wären. Das läßt vermuten, daß die *machismo*-Version der Männlichkeit die intensivere Variante eines grundlegenden und allgemeiner verbreiteten Phänomens ist. Nachdem wir drei spezifische Kulturen genauer untersucht haben, möchte ich jetzt innerhalb eines weiter gefaßten Rahmens ergründen, wie verbreitet die Aspekte sind, mit denen wir uns bisher beschäftigt haben.

Reist man von Brasilien aus um die halbe Welt herum nach Westen, dann gelangt man zu einem weiteren Schauplatz, auf dem Männlichkeit dramatisch auf die Probe gestellt wird: die Insel Neuguinea. Schon seit Jahrzehnten ist Ethnologen aufgefallen, wie sehr es den Männern auf Neuguinea um eine kulturell definierte Reinheit des

Männlichkeitsbildes geht. Die entsprechenden Ansichten und Praktiken sind näherer Betrachtung wert. Einige von ihnen scheinen aus westlicher Sicht ausgesprochen bizarr, zumal jene der entlegenen Kulturen des Hochlands, die mit großem anthropologischem Interesse erforscht worden sind und viel zum Verständnis von Männlichkeit als universalem Phänomen beisteuern können.

Neuguinea: »Big Men« und »Abfall-Männer«

In den Hochtälern von Zentral-Neuguinea hat sich ein Gebiet, das von Stämmen mit einer steinzeitlichen Kultur dicht besiedelt ist und erst in den vierziger Jahren unseres Jahrhunderts mit westlicher Zivilisation in Berührung kam, viele Praktiken der Urbevölkerung bewahrt. Eine berühmte feste Größe in der Gesellschaft dieses den Traditionen verhafteten Hochlands ist die Figur des »Big Man« (Großer Mann, in Pidgin-English, der Verkehrssprache der Region). »Groß« ist der Big Man durch seine übermenschlichen Eigenschaften und seine Verkörperung des männlichen Ideals der Bevölkerung. Bei ihm wird persönliches Charisma gekrönt von politischen Führungsqualitäten und der philanthropischen Rolle des Schutzpatrons seines Dorfes oder Distrikts. Der Big Man ist Neuguineas Äquivalent des siegreichen Ringkämpfers bei den Mehinaku und des Wochenendkriegers auf Truk. In dieser Hinsicht ähnelt er allen übrigen Selfmade-Helden, vom »Paten« der Mafia im Amerika der Städte, dem *uomo di rispetto*, bis hin zum feudalen Kriegsherrn, der durch persönliche Macht und politischen Instinkt herrschte – sie alle mußten sich den Weg zum höchsten Status ihrer jeweiligen Kultur erst freikämpfen. Die Einzelheiten ihres Aufstiegs zum Gipfel allgemeiner Hochachtung sind naturgemäß unterschiedlich, aber das verehrte Bild des großzügigen Großen Mannes ist dem anderer Prachtexemplare maskuliner Macht sehr ähnlich. Die Rolle, die er spielt, bildet, obwohl sie scheinbar dem eigenen Nutzen dient, den stützenden Balken des Sozialgefüges dieser steinzeitlichen Gesellschaft.

Über diese Big Men Neuguineas gibt es eine umfangreiche Literatur. Das Ausmaß ihrer Leistungen ist eindrucksvoll und variiert, aber ein paar Gemeinsamkeiten fallen auf. Der Big Man des Hochlands ist in erster Linie ein charismatischer lokaler Führer, der seine Führungsrolle durch dramatische Taten persönlicher Kühnheit, die das Ansehen seines Dorfes oder seines Stammes steigern, erreicht – und nicht ererbt – hat. Er verdient sich seine herausragende Position durch die Bewältigung einer Reihe von praktischen Aufgaben, die sich nach den Erfordernissen von Zeit und Ort richten. Zum einen wirkt er als Führer im Krieg, wenn Kriegswesen lokal besonders wichtig ist. Ist der Stamm bedroht, wird der Big Man zum militärischen Strategen und schützt seine Gruppe, indem er schlagkräftig Gegenangriffe leitet, um den Feind in Schach zu halten. Wie jeder fähige kommandierende Offizier führt er seine Truppen in die Schlacht und ist ihnen ein Vorbild, wenn er mutig und verächtlich Schwärme von Pfeilen und Speeren ignoriert. Aber seine Position ist inoffiziell, ohne Abzeichen oder Uniform; jedoch wäre das Dorf ohne jede planvolle Ordnung und damit verletzlich für vernichtende Angriffe aus dem Hinterhalt, wenn nicht er die Verantwortung übernähme.

In dieser tatkräftigen Führungsrolle leistet der Big Man noch einiges mehr als zu kämpfen, Feinde abzuwehren und für die ihm nachstrebende Jugend das Kriegerideal zu verkörpern: Er sorgt für den äußeren sozialen Zusammenhalt der Bewohner seines Dorfes oder der jeweiligen territorialen Einheit. Diese einheitsstiftende Funktion ist notwendig, denn die Leute, die ihm folgen, sind oft verschiedener Herkunft und entstammen weit verstreuten Sippenverbänden (wie es bei den Völkern des Hochlands häufig der Fall ist). Nur schwach durch Blutsbande miteinander verbunden, werden sie durch sein schützendes Sicherheitsnetz zu einer lebensfähigen, mehr politisch als durch Verwandtschaft bestimmten Gemeinschaft zusammengefaßt, die sich sonst niemals festigen würde. Mit seinem Beispiel und der beherrschenden Autorität seiner Taten schließt er diese sonst unverbundenen Familien um seine Person zusammen und wirkt der organischen Schwäche der Hochlandgenealogie entgegen. Bei den Gururumba (Newman 1965, 44) zum Beispiel beruht die Macht der Big Men auf ihrer »Fähigkeit, Anhänger außerhalb des Kreises ihrer eigenen direkten Verwandten an sich zu ziehen«. Es besteht in der Tat unter den Vasallen des Big Man ein klares Bewußtsein für diese

Sammelfunktion seiner magnetischen Anziehungskraft. Viele Einheimische erkennen das und sagen ganz offen, daß der lokale Big Man die Gruppe fast ganz allein zusammenhält und ihr die Kraft und Einheit verleiht, die sie braucht und die ihr ohne ihn fehlen würde (A. Strathern 1971, 190f.).

Über diese entscheidenden militärischen und soziopolitischen Funktionen hinaus ist der Big Man auch eine unentbehrliche wirtschaftliche Kraft, eine Produktionsmaschine, die seine Anhänger motiviert und bereichert. Für Landwirtschaft und Viehzucht ist er der inoffizielle Manager des Dorfes, er spornt seine Leute zur Produktion, zu harter Arbeit und zum Sparen an. Als Gegenleistung für ihre Loyalität hortet er große Mengen von Gebrauchsgütern und Nahrungsmitteln und verteilt sie später; er handelt also wie ein (primitiver) Banker oder Kapitalist, der die Produktion rationalisiert und zentralisiert und Kredite vergibt. Im Unterschied zu seinem westlichen Pendant erwartet man jedoch von ihm, daß er die Güter mit Zinsen zurückgibt – mehr zum Profit seiner Handelspartner als seiner eigenen Person. Kennzeichen des echten Big Man ist, daß er Produzent in großem Umfang ist, der immer »mehr fortgibt, als er erhält« (ibid., 217). Vielleicht hat er, um den Status des Big Man zu erlangen, zunächst Nahrungsmittel und andere Güter angesammelt, aber nur, um sie dann bei Zeremonien und Festen zu verteilen (Godelier 1987). Paula Brown, Expertin für das Hochland Neuguineas (1979, 195), resümiert: »Der Reichtum [eines Big Man] wird bei Festen durch Verteilung verschwendet, der darf nicht angehäuft werden.« Der Big Man muß vor allem »ein guter Manager« sein (A. Strathern 1971, 221), er muß sein Dorf bereichern, indem er Kapital ansammelt, Tauschverbindungen aufbaut und festigt, die Kräfte der Gruppe vom Konsum umlenkt zu neuen Investitionen. Er sorgt also eindeutig für den Zusammenhang und die Führung, welche die Gesellschaft braucht (ibid., 224f.). All dies macht ihn in den Augen seines Volkes zu einer charismatischen und virilen Figur (P. Brown 1979, 195).

Weil die Unterstützungsaktionen des Big Man Reaktionen auf die Bedürfnisse der verschiedenen Gruppen seiner Anhänger sind, ändern sich diese Aktionen je nach den Umständen und Zeiten. In einem Fall hat A. Strathern (1971) die historische Verschiebung der Funktionen des Big Man im Gebiet des Mount Hagen nachgezeichnet, die sich von der Kriegführung, die von den australischen Kolonialherren verboten wurde, in den letzten Jahrzehnten auf friedlichere politische und wirtschaftliche Betätigungen verlagert haben, um den neuen Verhältnissen zu entsprechen. Wie er nachweist, ist die Position des Big Man von Mount Hagen vor allem eine gesellschaftliche Funktion der pragmatischen Anpassung an die jeweiligen Umstände, weniger ein Amt oder eine offizielle Stellung. Daher erreicht der Big Man überall auf der Insel, sobald das Kriegswesen nicht mehr so aktuell ist, seinen herausragenden Status durch geschicktes Management der Produktion. Er schätzt die finanziellen Möglichkeiten ein, nimmt die neuen Gelegenheiten wahr, die sich durch Modernisierung und Neuverteilung des Geldes und andere Formen der Finanzwirtschaft bieten, und geht auf seine Weise ebenso vor wie ein westlicher Finanzmakler oder ein einfallsreicher, risikofreudiger Unternehmer, stets auf der Jagd nach Beute. Einem amerikanischen Kapitalisten ähnlich, der auf dem Markt bestehen oder untergehen muß (Stearns 1979, 112), manipuliert er den unbeständigen Marktwert von Schweinen, Yamsknollen und Muschelgeld und ermöglicht damit Kapitalanhäufungen, mit denen er kräftig zum gemeinsamen Wohlstand beiträgt, indem er bei günstigen Gelegenheiten rasch zugreift. Um sich seinen überragenden Status zu erhalten, muß er entschlossen handeln, Neuerungen durchsetzen, große Risiken eingehen und am Ende dann die Güter liefern. Sein Erfolgszeichen ist materieller Profit, der stets deutlich sichtbar sein muß, dramatisch in Haufen und Bergen zur Schau gestellt und danach weggegeben wird (P. Wilson 1988, 84f.). Er verbirgt nichts: Seine Profite sind öffentliches Eigentum, der Stolz und Ruhm aller. Wie die Andalusier oder die Mehinaku agiert er mitten auf der Bühne.

Ein Big Man oder »Großartiger Mann« zu werden (Godelier 1987), ist ein Wettrennen um Auszeichnung, das nur die Schnellen und Mutigen gewinnen können. Der »Alpha-Mann« Neuguineas (wenn ich mir einen Begriff aus der Primatenforschung erlauben darf) erreicht seine Prominenz nur im Wettbewerb mit anderen Männern gleicher Ambitionen, er überragt andere in heftigen Kämpfen von Willen und Ausdauer und besiegt seine Rivalen in endlosen Duellen von Einfallsreichtum, Redekunst und militärischen Heldentaten (A. Strathern 1971, 217). Um sich diesen herausgehobenen Status zu erobern, müssen er und seine Konkurrenten härter arbeiten und sich mehr mühen als andere. Sie müssen aber auch innovativ und improvisationsfreudig sein, wollen sie den Wohlstand, die Macht und das technologische Niveau ihres Dorfes im Vergleich zu anderen Gemeinden mehren. Die gesamte Gesellschaft hat den Nutzen, wenn die Güter – Nahrungsmittel, Muschelgeld und andere Wertobjekte, magische und heilige Kultgeräte – schließlich in großen Bergen von manchmal mehreren Tonnen Gewicht ausgestellt (Newman 1965, 54) und sodann freigebig verteilt werden. Es ist in Sahlins Worten (1984, 281) »wichtig, daß nicht nur der eigene Status, sondern das Ansehen und vielleicht die militärische Sicherheit seines Volkes abhängig sind von den Leistungen des Big Man bei öffentlichen Verteilungen«. Indem er das Spiel der Selbsterhöhung betreibt, schafft der Big Man in einer Umwelt, die fließender und chaotischer ist als die vieler anderer primitiver Gesellschaften, Ordnung und damit eine strukturierte und berechenbare Welt für seine Gefolgschaft.

Natürlich versagen einige Männer. Es gibt immer das schlechte Beispiel des unmännlichen Mannes, der in diesen Geschäften unentschlossen ist oder der, häufiger noch, sich dem Wettstreit entzieht, um in dunklen Ecken abzuwarten. Der Mann, der die idealisierte männliche Rolle ablehnt, wird als minderwertig und schwach verhöhnt, schlimmer ist jedoch, daß er seines Anspruchs als Mann ebenso beraubt wird wie seines Ansehens im allgemeinen. Sein Hauptcharakteristikum ist sein abstoßender Mangel an gesellschaftlichem Interesse, das sich in unangemessen geringer Produktivität ausdrückt. Als schlechter Farmer konsumiert dieser in Neuguinea Verrufene mehr, als er produziert, und als gleichgültiger oder ängstlicher Krieger kann man ihm auf dem Schlachtfeld nicht trauen. Er geht in der Nahrungsproduktion keine Risiken ein. Als schwacher Redner bleibt er bei dörflichen Ratsversammlungen schweigsam, trägt keine klugen Gedanken, nichts zu Verbesserungen bei. Diesen Schwächling nennen die Leute ein Nichts, ein unfruchtbares, wertloses Ding, nutzlos, einen »Abfall-Mann«, aus Kehricht gemacht. Sie sagen, er sei weibisch »wie eine Frau« (M. Strathern 1981, 183).

Kläglich und geduckt, wie er wirkt, vergleicht man ihn mit einem launischen Kind.

In Mount Hagen haben produktive Big Men – ähnlich den Männern in Truk, die »starke Gedanken« haben – »starke Köpfe«, die Abfall-Männer hingegen »weiche« wie Babys. Der Abfall-Mann ist schwach und unterwürfig (A. Strathern 1971, 217). Man sieht ihn dort herumschleichen, wo sich die Frauen versammeln, und verstohlen an Heim und Herd kleben. Er ist passiv, schmalwüchsig, ein Schmarotzer. Seine Gefährten klagen, daß er das »Fett« des Landes esse, ohne etwas zu produzieren (M. Strathern 1981, 183). Aber sein Schicksal wird dadurch besiegelt, daß er auch in sexueller Hinsicht ein Versager ist. Er hat nur wenige Frauen und wenige Kinder. Er versagt also in allen konstruktiven männlichen Funktionen: Er versorgt niemanden, kann seine Verwandten nicht vor Angriffen schützen, schwängert nur wenige Frauen und trägt kaum etwas bei, das neu und nützlich für die Wirtschaft, Religion oder Technologie seiner Gemeinde wäre. Alle erwachsenen Männer schrecken davor zurück, zu der »weibischen Spezies des nutzlosen Abfall-Mannes« gezählt zu werden (Herdt 1981, 52).

Sexuelle Pflichten

Auch Sex ist bei der Bewertung von Männlichkeit in Neuguinea wichtig, da er wesentlich zu den an Männer gestellten Erwartungen gehört. Aber auch Sex wird im Sinne eines Beitrags zu einer Gesellschaft verstanden, die ihrem Wesen nach von dem Wunsch nach Vergrößerung und Fruchtbarkeit geprägt ist. Wie in Truk und den mediterranen Gesellschaften muß der Mann in Neuguinea, der etwas auf sich hält, seinen Samen verteilen und sich mehren. Obwohl für diese Männer geschlechtliche Beziehungen aus einer ganzen Reihe von Gründen (ähnlich wie für die Mehinaku) mit gewissen Befürchtungen verbunden sind, müssen sie diese Hemmungen überwinden und sich in der Fortpflanzung als ebenso produktiv erweisen, wie man es im Wirtschaftlichen und Militärischen von ihnen erwartet, und dabei ebenso wie im Handel und in der Redekunst eine beherrschende

Rolle übernehmen. Fortpflanzung wird nicht nur als persönliches Vergnügen, sondern sehr bewußt als soziale Verpflichtung und als Maßstab für soziales Verhalten empfunden. Angesichts der Gefahren des Lebens im Hochland, zumal bei ständiger militärischer Bedrohung, braucht die Gesellschaft Nachkommen, um zu überleben. Die Gesellschaft braucht mehr Mädchen, die Mütter werden und Kinder zur Welt bringen, die aufwachsen und ihrerseits ihren Beitrag leisten werden. Sie braucht mehr Arbeitsdrohnen und Krieger, und vor allem braucht sie mehr Big Men, um Verteidigung und Produktion zu organisieren. Je größer das Dorf, um so sicherer ist es militärisch: Niemand wagt es, einen Ort mit vielen bewaffneten Männern anzugreifen. Die Menschen sind sich dieser Gleichung sehr bewußt, und Kinder sind daher ein wichtiges kollektives Gut, das Sicherheit und Glück bedeutet. Diese Bedeutung der Fortpflanzung im Interesse des Bevölkerungszuwachses wird den Jungen als gesellschaftliche Verpflichtung energisch eingeprägt.

In diesem Sinn belehren beispielsweise die Awa die Jungen sehr ernst über ihre »Verantwortung«, sich geschlechtlich zu betätigen und Nachkommen zu zeugen (Newman und Boyd 1982, 284). Und bei den Sambia unterweist man, wie Herdt berichtet, die Jungen regelrecht in ihren sexuellen »Pflichten«. Die Geburt des ersten Kindes ist für einen Sambia ein wichtiges Ereignis: Es bedeutet »de jure das Erreichen von Männlichkeit« (1982, 53). Um »voll« als Mann zu gelten, muß ein Sambia »nicht nur heiraten, sondern auch einige Kinder zeugen« (Herdt 1981, 176). Viele Kinder zu haben, stellt eine der zahlreichen gesellschaftlichen Funktionen dar, aus denen sich der Begriff einer kulturellen Kompetenz zusammensetzt, die unmittelbar die Sicherheit der Gruppe erhöht. Indem er seine Frau schwängert, hat sich ein Sambia-Mann im gesellschaftlichen Verhalten »als kompetent erwiesen« (ibid., 176). Nicht weit entfernt, bei den Baruya des Anga-Gebiets, steigert ein Mann mit jeder weiteren Geburt eines Kindes sein Ansehen, »bis er ›wahrhaft‹ ein Mann wird, das heißt, der Vater von mindestens vier Kindern« (Godelier 1987, 85). Der Big Man bei den Baruya ist »polygam, mit vielen Frauen und Kindern« (ibid., 175). Zusammengenommen ergeben diese Leistungen den männlichen Beitrag zu Stabilität, Sicherheit und kollektiver Stärke.

Gestützt auf die beschwörende Magie derartiger Vorbilder, Bilder und Verbote, wächst der Klan und weitet sich aus durch die Leistungen derer, die sich seinen Geboten entsprechend verhalten (Meggitt 1967, 32).

Männer werden gemacht, nicht geboren

Bei so vielen sozialen Anforderungen ist Männlichkeit in Neuguinea ein kompliziertes Experiment, das Mut erfordert; ein langer, beschwerlicher Weg, den nicht alle Männer vollenden können. Abgesehen vom Faktor der Fruchtbarkeit gibt es noch weitere Aspekte, die hier erörtert werden sollten. Am auffälligsten ist die feste Überzeugung, daß Männlichkeit ein künstlich herbeigeführter Status sei, der nur durch Prüfungen und sorgfältige Unterweisung erreicht werden kann. Wahre Männer entwickeln sich nicht einfach natürlich zu gegebener Zeit wie Schmetterlinge aus Kokons, sondern sie müssen beharrlich aus ihren jugendlichen Muschelschalen herausgelockt, geformt, gehegt und gepflegt, beraten und zur Männlichkeit angespornt werden. Bei den Ilahita-Arapesh wird beispielsweise ein natürlicher, selbständiger Erwerb männlicher Werte und Leistungsfähigkeit »als unmöglich erachtet« (Tuzin 1982, 341). Im Unterschied zur Weiblichkeit, die auf natürlichem Weg durch biologische Reife eintritt, vollzieht sich der Prozeß der männlichen Entwicklung bei den Awa »nicht natürlich« (Newman und Boyd 1982, 282f.). Ganz allgemein nimmt man überall im Hochland an, daß Männer unfähig sind, die Erwartungen, die an die maskuline Rolle gestellt werden, ohne Unterstützung durch kulturelle »Kunstgriffe« zu erfüllen. Das männliche Wesen wird mehr »geschaffen«, als daß es »natürlich« wäre (Keesing 1982, 5). »Wachstum und Kraft, Tapferkeit und Männlichkeit werden erreicht durch Sequenzen von Isolation und Prüfungen, Unterweisung und Offenbarung«. In Neuguinea wird »ein Junge zu einem Mann gemacht« (ibid., 8, 9).

Die Vorstellung, daß Männlichkeit durch energisches Intervenieren von außen herbeigeführt werden muß, sollte uns nicht überraschen. Abgesehen von den rituellen und magischen Aspekten neuguineischer Männlichkeit ist das alles doch den normalen, von Ängsten durchsetzten amerikanischen Männlichkeitsvorstellungen sehr verwandt. Auch in Amerika ist sexuelle Leistungsfähigkeit eng mit dem männlichen Status verbunden, und daß auch hier auf Leistung und Prüfungen bestanden wird, Erwartungen entsprochen werden muß, bedarf keiner weiteren Erwähnung. Der Psychoanalytiker Gregory Rochlin (1980, 23) stellt dazu fest: »Wir erinnern uns, wie früh in der Entwicklung eines Jungen sexuelle Leistungsfähigkeit als männlich definiert wird. Sein Penis ist ein ausführendes Organ. Er kennzeichnet einen Jungen als maskulin und assoziiert ihn mit Leistungsfähigkeit.« Auch amerikanische Jungen werden in dieser Hinsicht getestet, nur anders – durch Klatsch und Sticheleien auf dem Sportfeld oder im Ankleideraum mehr als durch Gerede in der Öffentlichkeit. Die Angst vor sexuellem Versagen ist in Amerika ebenso groß wie unter den Mehinaku oder Andalusiern – aus ziemlich den gleichen gesellschaftlichen Statusgründen. Impotenz wie Inkompetenz werden überall gefürchtet als Negation von Männlichkeit, verbunden mit dem Verlust gesellschaftlichen Ansehens.

Der Zwang zu harter Arbeit und einer kompetitiven und sich ewig steigernden Produktivität, dem der Big Man ausgesetzt ist, wiederholt sich für den amerikanischen Mann am Arbeitsplatz, der zur symbolischen Arena für den Erwerb des Männlichkeitsbildes wird. In Amerika ist die Definition von Männlichkeit »gekoppelt mit Definitionen von Arbeit« (Tolson 1977, 72). Männer werden zu immer größeren Anstrengungen getrieben, um Erfolge vorzuweisen im Sinne von Profit, Erledigung von Aufgaben und Güteransammlungen, die zwar nicht in Haufen ausgestellt, sondern in Form von Statussymbolen und Konsumgütern angehäuft werden. Der dazugehörige Aspekt der Prüfung, der Unsicherheit, ist auch in unserer Gesellschaft wirksam. So schreibt der Literaturkritiker Alfred Habegger in einem Kommentar zu den Geschlechtervorstellungen in der amerikanischen Kultur, die sich in der modernen Prosaliteratur niederschlagen, daß Männlichkeit »einen ungewissen und mehrdeutigen Status [hat]. Sie ist etwas, das durch einen Kampf, eine schmerzhafte Initiation oder eine lange und manchmal demütigende Lehrzeit erworben werden muß« (1982, 199). Man gewinnt oder verliert, aber man muß, ganz wie der Big Man in Neuguinea, das Spiel mitspielen. Die schlimmste Sünde ist nicht ehrliche Niederlage, sondern feiger Rückzug.

Die moralischen Parallelen treffen auch für fast alle amerikanischen ethnischen Subvarianten von Männlichkeit zu, nicht nur für den hypothetischen angelsächsischen Prototyp. Die Soziologen Michael Cicone und Diane Ruble kommen in ihrer Analyse der männlichen Bilderwelt im zeitgenössischen Amerika zu dem Schluß, daß der »gemeinsame Nenner« aller maskulinen ethnischen Subkulturen »eine Art von dynamischer, draufgängerischer Einstellung zum Leben im allgemeinen mit der Möglichkeit äußerer Erfolge« sei (1978, 11). Neben dieser Draufgängerdynamik mit ihrem großen Nachdruck auf materiellem Erfolg besteht eine weitere panamerikanische Parallele zu Melanesien in dem Glauben, daß die für den Erfolg erforderlichen inneren Kräfte und die notwendige Entschlossenheit nicht natürlich vorhanden sind, sondern den Jungen eingeimpft oder künstlich durch eine harte Periode der Indoktrination oder Lehrzeit, wie es Habegger nennt, eingeprägt werden müssen. In seiner Arbeit über das amerikanische Männlichkeitsbild bemerkt Stearns: »Männlichkeit ist eine ernste Angelegenheit. Sie ist nicht einfach natürlich, denn wie die meisten charakteristischen Eigenschaften einer zivilisierten Gesellschaft muß sie gelehrt werden« (1979, 196). Wie überflüssig ist das Wort »zivilisiert« hier!

Diesem mit Angst beladenen Begriff begegnet man in der modernen amerikanischen Literatur auf Schritt und Tritt. Man findet ihn nicht nur bei Hemingway und seinen Schülern, sondern auch in der verhalteneren, autobiographisch orientierten Prosa eines Philip Roth oder Tobias Wolff sowie bei vielen anderen zeitgenössischen männlichen Romanciers, die stets lernen (oder lehren), wie man zum Mann wird und wie schwer es für Jungen ist, den richtigen Weg zu wählen. Ebenfalls präsent ist das Problem bei den romantischen Schriftstellern des 19. Jahrhunderts, bei Hawthorne, Whitman und Emerson mit ihrem Hang zu dem unternehmerischen »starken Mann« (Leverenz 1989), besonders akzentuiert ist es jedoch in den Seefahrerromanen von Herman Melville. Mehr noch als ihre Pendants in der zeitgenössischen Literatur verkörpern Melvilles suchende, reisende Helden häufig das männliche Streben nach Selbstdefinition und Anerkennung als Mann. In neuerer Zeit haben Kritiker darauf hingewiesen, daß Melvilles Seegeschichten, in denen autobiographische und fiktionale Züge zusammenfließen, einen ungelösten Konflikt zwischen seinem Bedürfnis nach männlicher Bestätigung in dem besonders harten, materialistischen amerikanischen Stil »und einer Neigung zu Passivität und Abhängigkeit« spiegeln, der tief in Melvilles eigenem Charakter angelegt sei (Haberstroh 1980, 31). Und man kann darin ohne weiteres die metaphorische Verbindung zwischen Reisen und Übergangsriten erkennen, ein auch bei Romanciers wie Conrad und Kipling verbreitetes Thema, das sich jedoch ebenso in vielen schriftlosen Kulturen und in der Antike findet, wie Mary Helms mit einer Fülle ethnographischer Einzelheiten in ihrem Buch *Ulysses' Sail* (1988, 88–91) anschaulich dargelegt hat.

Dieses Thema des Zwiespalts gilt nicht nur für Melvilles große Seefahrerromane, sondern ist besonders ausgeprägt in seiner Kurzgeschichte *Bartleby the Scrivener*, die in der Wall Street spielt. Der Held dieser seltsamen, fast surrealistisch anmutenden Erzählung ist der passive Schreiber Bartleby, ein Gespenst von einem Mann. Die Geschichte verfolgt seine zunehmende Atrophie, in deren Verlauf sich Bartleby weigert, zu arbeiten oder sich selbst zu versorgen, und langsam dahinschwindet – zum großen Entsetzen seines Arbeitgebers, eines Anwalts und Notars, der die Geschichte mit wachsender Ungeduld und schließlich düsterer Verzweiflung erzählt. Am Ende stirbt Bartleby trotz aller dringenden Bitten seines Chefs, doch Vernunft anzunehmen, zusammengekauert in der Haltung eines Fötus im Hof des Stadtgefängnisses, das den Namen »Die Gräber« trägt: Er ist verhungert. Auf jedes Angebot von Möglichkeiten, etwas Geld zu verdienen und sich zu retten, antwortet er immer: »Ich würde vorziehen, das nicht zu tun« und fällt zurück in passives Schweigen. Wenn diese Fabel à la Dickens auch meist als Kritik am amerikanischen Kapitalismus interpretiert worden ist (M. Gilmore 1985, 132–45), was sehr wahrscheinlich auch Melvilles bewußte Absicht gewesen ist, so ist meiner Ansicht nach das große unbewußte Thema der Regression noch schärfer und bewegender behandelt. Der Name des Ortes »Die Gräber« (der Mutterschoß?) ist offensichtlich eine Metapher für Infantilisierung und die ganze Geschichte eine Phantasie über die Rückkehr zur Hilflosigkeit der Kindheit und zur endgültigen Passivität, zum Tod.

Der Männlichkeitsquotient

Obwohl man sich hüten sollte, diese Beispiele zu verallgemeinern, scheint es doch, daß Männer weltweit in den gleichen Begriffen denken, die von Melville in seinen Romanen und Geschichten so ambivalent zum Ausdruck gebracht werden. Stets kehrt die Betonung von harter Arbeit und erfolgreichem Unternehmertum wieder, und auch die parallellaufende Überzeugung, daß diese Arbeitsethik zögernden oder passiven Männern, die es in ihrem tiefsten Innern, wie Bartleby, »vorziehen«, sich nicht zu mühen, künstlich eingeimpft werden muß.

Eine weitere Charakteristik, die den bisher besprochenen Kulturen gemeinsam ist, betrifft die Verbindung von Größe – gemessen an Muskulatur, Leistung oder Besitz – mit Männlichkeit. Diese Verbindung ist wahrscheinlich universal; sie macht deutlich, wie nützlich Männlichkeitsvorstellungen als Ansporn zur Produktion möglichst vieler wertvoller Dinge sind. Ebenso wie der Begriff »Big Man« ein eindrucksvolles Bild wahrer Männlichkeit und autoritativer Präsenz suggeriert, in dem er auf einen großen Penis und physische Kraft anspielt, liegt in unserer eigenen Kultur »etwas unausgesprochen Maskulines in dem Wort ›Millionär‹ oder sogar ›reichster Mann der Stadt‹« (David und Brannon 1976, 19). Der Big Man jeder industriellen Gesellschaft ist immer auch der reichste Mann im ganzen Umkreis, er ist der erfolgreichste, kompetenteste und hat am meisten von dem, was die Gesellschaft braucht oder will. Wir nennen ja auch mächtige Unternehmer und Politiker »große Männer«, groß im Sinne von Macht oder Leistung. In vielen Gesellschaften, von den schriftlosen bis zu den postindustriellen, bedeutet Wohlstand oder herausgehobene Stellung eine schöpferische und manipulative Macht, und diese Macht signalisiert Männlichkeit – Unterschiede gibt es nur im Detail. Diese männliche Größe läßt sich in Tauschgegenständen, Geld oder Vieh bemessen, oder auch durch das Anhäufen von Wertpapieren, Edelsteinen oder Ämtern und Würden.

All dem zugrunde liegt das Gefühl persönlicher Leistung durch gebieterisches und selbstbewußtes Handeln, das dem Allgemeinwohl etwas Meßbares hinzufügt. Die Beurteilung und Einschätzung eines Mannes ist in all diesen Gesellschaften davon abhängig, daß man ihn an nutzbringenden Aufgaben wirken sieht und seinen Energiequotienten als Arbeiter und Produzent kennt. Arbeit definiert Männlichkeit, jedoch nicht nur Arbeit, die Kraft verbraucht, sondern Arbeit, die dem Lebensunterhalt dient, konstruktive Arbeit. Der Soziologe Ferdynand Zweig (1961, 79) zitiert einen seiner Informanten, einen Fabrikarbeiter: »Um ein Mann zu sein, muß einer arbeiten und seinen Lebensunterhalt verdienen.« Amerikanische Dichter haben ähnliche Ansichten geäußert. William Carlos Williams schrieb das folgende Credo: »Wenn man einen Mann kennenlernen will, wenn man ihn hervorragend findet, dann muß man etwas haben, das man mit ihm zusammen tut, man muß mit ihm arbeiten« (*A Voyage to Pagany*, zitiert bei Tolson 1977, 47).

Big Men in Ostafrika

Dieser pragmatische Produktivitätsquotient tritt in vielen verschiedenen Umgebungen auf. Nehmen wir ein Beispiel aus der dritten Welt und wenden uns kurz Ostafrika zu. Dort liefert uns der Stamm der Dodoth in Norduganda einen typischen Kontrapunkt zu den soeben erörterten Situationen. Die Dodoth treiben Viehhaltung, sie sind Krieger und vor allem berühmte und gefürchtete Viehdiebe. Bei ihnen muß, wie Elizabeth Marshall Thomas darlegt (1965, 39f.), ein Mann zuerst seinen Wert als Krieger und Viehdieb beweisen, bevor er Anspruch auf Männlichkeit erheben und eine Frau nehmen kann.

Thomas erzählt die Geschichte eines Dodoth-Jungen, der sich

weigerte, erwachsen zu werden – ein afrikanischer Peter Pan. Er mißachtete seine Verpflichtungen als männlicher Erwachsener, die unter anderem gefährliche Viehraubzüge einschlossen. So lange er davor zurückschreckte, an ihnen teilzunehmen, behandelten ihn seine Gefährten als Ausgestoßenen und stellten seine Männlichkeit in Frage. Schließlich, als er das nicht mehr aushalten konnte, nahm er seinen ganzen Mut zusammen und begab sich auf einen erfolgreichen Raubzug. Nach verschiedenen Abenteuern und Mißgeschicken gelang es ihm am Ende, einen Feind zu töten und einen fetten Ochsen zu erbeuten. Voller Stolz schlachtete er ihn sofort, um ihn seinem Stamm anzubieten. Bis zu diesem krönenden Erfolg war er in den Augen seines Volkes nur ein Junge gewesen, aber nachdem er Fleisch beschafft hatte, war er nach lokalem Maßstab ein Mann geworden und wurde auch als solcher behandelt. Er durfte heiraten und eine Familie gründen. Er hatte Produktivität gezeigt, seine »Arbeit« hatte einen Mann aus ihm gemacht.

Wie die Völker im Hochland von Neuguinea haben auch die Dodoth den institutionalisierten Status des »Big Man«, mit dem sie derartige Leistungen würdigen. Thomas stellt uns einen dieser ehrwürdigen Big Men namens Lokorimoe vor. Als wohlhabende und geehrte Respektsperson mit einer großen Familie ist dieser Lokorimoe ein typischer Dodoth-Führer. Er hat viele Feinde getötet und viele Stücke besten Viehs angesammelt. Er ist reich an weltlichen Gütern, stark und großzügig. Die Leute sagen, daß er, bevor er diese Lorbeeren erntete, »nichts« war, überhaupt kein Mann, ein nutzloses Ding. »Ein Mann«, sagen die Dodoth, ist »ein Mann mit Vieh« (ibid., 146). Lokorimoe, sagen sie bewundernd, ist ein Mann unter Männern, ein wahrer Mann, er ist großzügig mit seinem Wohlstand. Männlichkeit beruht bei den Dodoth, wie in Ostafrika üblich, auf zwei Leistungen, die beide Risiken und Gefahren einschließen und beide zum Allgemeinwohl der Gruppe beitragen: auf Viehraub und Krieg (ibid., 147). Aber Erfolg darin genügt noch nicht, denn ein wirklicher Mann ist nicht nur tapfer, sondern wie Lokorimoe, auch wohlhabend und freigebig – ein wahres menschliches Füllhorn. Thomas stellt uns ein weiteres Beispiel für Männlichkeit in Aktion bei den Dodoth vor. Hier geht es um zwei Männer, Lapore und Remi, die sich wegen eines

Viehraubs streiten. Lapore ist ein erprobter Krieger und vollendeter Viehdieb, Remi ein armer und feiger Tunichtgut, der noch nie die Erwartungen erfüllt hat, obwohl er körperlich leistungsfähig ist. Eines Tages entschließt sich der verrufene Remi, der von seinem untergeordneten Status genug hat, einen Viehraub zu organisieren, den er selbst anführen will. Er prahlt laut mit seinen Plänen und bringt auch einige Männer dazu, ihm in den Busch zu folgen. Nachdem er aber eine Reihe von angriffsbereiten Gefährten vor sich hat, die seinen Vorschlag akzeptieren, bekommt er in letzter Minute kalte Füße, zieht sich zurück und läßt die Gefährten im Stich. Das ist nun für Lapore, der das Ganze mit wachsendem Mißtrauen beobachtet hat, zuviel. Voller Zorn beschuldigt er den Angeber sowohl der Feigheit wie der Unfähigkeit. Seine schlimmste Beleidigung jedoch ist, Remis Männlichkeit anzuzweifeln. Er sagt ihm: »Du hältst dich für einen Mann, aber dem ist nicht so« (ibid.). Unfähig, dieser Art Angriff zu begegnen, schleicht sich der seines Anspruchs auf Männlichkeit beraubte Remi davon, um seine Wunden zu lecken. Ein echter Mann zögert nie, nach Wohlstand und Ruhm zu streben.

Männlichkeit und Kreativität

Selbstverständlich gibt es außer Viehdiebstahl und Gewalt noch andere Situationen, in denen Männlichkeit mit Unternehmungsgeist gekoppelt ist. Diese Kopplung mit ihren praktischen Folgen ist ein beliebtes Thema der westlichen Literatur. Die Lösung kollektiver Probleme bildet in den meisten Mythologien der Welt die Grundlage des Mythos vom Kulturhelden (J. Campbell 1978). Aber nicht nur unter Arbeitern oder Naturvölkern beherrschen solche Anschauungen die Geschlechterrollen und -ideale. Auch unter Gelehrten, Literaturkritikern und Dichtern wird diese Verbindung zwischen heldenhaftem Einfallsreichtum und Männlichkeit häufig verherrlicht, wenn auch nur in hypothetischer Form. So gibt es zum Beispiel eine ehrwürdige literarische Tradition, die Männlichkeit mit dem Akt künstlerischen Schaffens verbindet, mit dem Prozeß, der Schönheit aus einem starren Rohmaterial schweißt. Für die Anhänger dieser

Sicht ist Männlichkeit eng verknüpft mit zielstrebigem Schaffen. Männlichkeit erscheint als Vereinigung disparater Elemente zu einem geordneten Ganzen, als eine Form, die dem Chaos auferlegt wird (Schwenger 1984, 8) – als eine Art ästhetischer Konfabulation und deutliches Gegenstück zur Mutterschaft. Die Betonung schöpferischer Ziele stellt unausweichlich eine Ähnlichkeit her zwischen der Männlichkeit des Denkers, der seiner Gesellschaft Schönheit und Wissen beschert, und der Männlichkeit des Arbeiters oder Bauern, die an roheren praktischen Leistungen gemessen wird. Niemand hat das besser formuliert als der britische Essayist und Ästhetiker Walter Pater (1910, 280f.). Männlichkeit in der Kunst hat seiner Meinung nach zu tun mit »Kraft der Intuition und konsequenter Zielstrebigkeit, mit Konstruktivität, die sich dem Unverbundenen und Zerfallenden entgegenstellt«. Ein Zeitgenosse Paters, der Dichter Gerard Manley Hopkins (1935, 133), schreibt etwas Ähnliches: »Meisterhafte Ausführung«, sinniert er, »ist eine Art männlicher Begabung und zeichnet insbesondere Männer vor Frauen aus.« Die feministische Kritikerin Judith Fetterly nennt dies den maskulinen Mythos von der »Macht des Wollens« (1978, 155).

Männlichkeit und die Jagd

Natürlich unterscheiden sich die Rohmaterialien dieser männlichen Kreativität von Ort zu Ort, aber die besondere Qualität dessen, was diese Schriftsteller als Zielstrebigkeit oder herrische Durchsetzungskraft beschreiben, unterscheidet sich als Formel der Selbstdefinition nur wenig von dem gebieterischen Auftreten der Big Men Neuguineas und der Dodoth-Stämme. In vielen primitiven Gesellschaften, bei schriftlosen Naturvölkern, die am Rande des Existenzminimums leben, sind diese Zähigkeit im Verfolgen von Zielen und die Konstruktivität, von der Pater spricht, nicht wie in Neuguinea oder Afrika nur auf Krieg und die Anhäufung von Gütern ausgerichtet, sondern auf Nahrungsbeschaffung, vor allem auf die Jagd. Auf der Stufe der Naturvölker, aber nicht nur auf dieser, ist Jagen das primäre Mittel, Werte aus der Natur zu beziehen und in Nahrung zu verwandeln.

Weil Jagen gefährlich und riskant ist und weil es das unentbehrliche tierische Eiweiß beschafft, bildet die Jagd die Versorgungsfunktion par excellence. Als Grundlage des Überlebens ruht sie auf den Schultern von Männern, die anatomisch besser dafür geeignet scheinen als Frauen und, unbelastet von Schwangerschaften und Stillzeiten, über die erforderliche Mobilität verfügen (Quinn 1977, 187). Allzuoft hat man vom westlichen Standpunkt aus in der Jagd etwas Zerstörerisches und Grausames gesehen, sie als grundsätzlich aggressiv oder atavistisch betrachtet. Vom Standpunkt des Jägers und seiner Gesellschaft aus ist Jagen im Gegenteil sowohl konstruktiv wie großmütig. Es wird sogar als eine Art männlichen Stillens, Nährens, empfunden, denn es nutzt die von der Natur gelieferten Rohmaterialien zur Nahrungsbeschaffung. Jagen ist ein Akt der Erfindungskraft und auch des Gebens, sie ist ein Beweis dafür, daß man für jene da ist, die ernährt werden müssen. Jagen bedeutet mehr als Versorgen mit Nahrung, es liefert Kleidung und Werkzeuge sowie Materialien für rituelle und religiöse Zwecke und speist somit Körper und Geist.

Für die Sambia in Neuguinea beispielsweise ist die Jagd aus vielen Gründen eine »soziale Notwendigkeit«. Sie versorgt sie nicht nur mit dem einzigen Fleisch, das ihnen zur Verfügung steht (Herdt 1981, 138), sondern auch mit den für rituelle und ästhetische Zwecke benötigten Federn und Fellen. Als bedeutende Unternehmung bietet die Jagd eine »persönliche Gelegenheit, Männlichkeit zu messen und unter Beweis zu stellen« (ibid.). Die Jagd ist im allgemeinen gefährlich und stets eine Herausforderung, sie muß unternommen werden, und es ist immer, wie Herdt von den Sambia berichtet (ibid., 140), ein hoher Grad von männlichem Wagemut mit ihr verbunden.

Nicht nur in Gesellschaften, die auf Gewalt angewiesen sind wie die Sambia, ist kühnes Jagen ein Maßstab für Männlichkeit. Nehmen wir zum Beispiel die absolut nicht gewalttätigen Mbuti-Pygmäen im Gebiet des Kongo, die Colin Turnbull (1981) beschrieben hat. Auch bei diesen friedfertigen Pygmäen müssen die Jungen die erforderlichen männlichen Fähigkeiten erlernen, vor allem die Jagd auf Großwild wie Elefanten. Die Jagd stattet den Stamm nicht nur mit den notwendigen Nährstoffen, sondern auch mit so unverzichtbaren Materialien wie Häuten und Knochen sowie mit Kultgegenständen aus.

Jedem Mann, der beim Jagen versagt, wird die Männlichkeit abgesprochen, und er wird in die androgyne Kategorie des »Clown« eingestuft (C. Turnbull 1981, 207). Ähnlich verhält es sich bei den intensiv erforschten !Kung-Buschmännern in der Kalahari-Wüste Südwestafrikas. Von Anthropologen werden diese sanften Nahrungssammler ebenso wie die Mbuti häufig als Musterbeispiele gesellschaftlicher Harmonie angeführt. Männer und Frauen gelten in den meisten Bereichen als gleichrangig, und Männer üben keine nennenswerte Macht über ihre Frauen aus. Indessen haben auch die Mbuti ein schwer zu erreichendes Männlichkeitsideal, und auch dieses steht in direktem Zusammenhang mit männlichen Leistungen bei der Beschaffung von Nahrung, Kleidung und Kultobjekten für die Gruppe. So wird bei den Buschmännern, die von der Familie Marshall-Thomas studiert wurden, Geschicklichkeit bei der Jagd mit männlicher Potenz assoziiert (L. Marshall 1976, 270). Ein Junge kann erst als Mann gelten und darf erst heiraten, wenn er erfolgreich seine erste Antilope erlegt hat. Elizabeth Marshall Thomas schildert, wie Jungen im Alter zwischen fünfzehn und zwanzig Jahren »erst eine Antilope schießen und in die Reihen der Männer eingeführt werden [müssen], ehe sie heiraten dürfen« (1962, 139).

In einer neueren Studie über die Buschmänner bestätigt Richard Lee (1979, 235) diese Gleichsetzung von Geschicklichkeit mit dem Bogen und Geschicklichkeit mit dem Penis. Der symbolische Zusammenhang von ökonomischen mit zeugenden Funktionen kommt auch auf komische Weise in Witzen zum Ausdruck: »Der Bogen ... ist eine obszöne Metapher für den Penis. Wenn ein Mann scherzhaft sagt *mi kwara n au* (›Ich habe keinen Bogen‹), meint er, daß er sexuell nicht weiterkommt« (ibid., 206). Bei den Buschmännern ist Männlichkeit, wie anderswo auch, ambivalent und verletzlich, sie kann verlorengehen. Sie muß durch Tabus verteidigt werden. Wenn ein Mann, nachdem seine Frau ein Kind bekommen hat, über die Nachgeburt tritt, verliert er seine Männlichkeit und büßt gleichzeitig seine Jagdfähigkeit ein (Thomas 1962, 148). Die Verbindung von Jagd mit Männlichkeit ist mehr als nur eine Bestätigung gewaltsamer Tendenzen oder ein Entladen von Aggressionen. Es handelt sich, wie Ernestine Friedl dargelegt hat (1975, 12–32), eher um einen gesellschaftlichen Beitrag von unentbehrlichem wirtschaftlichem und geistigem Wert. Jagen ist eine schöpferische, ja liebevolle Betätigung, ein Triumph der Nützlichkeit im Dienste anderer – tatsächlich eine Art indirekten Nährens. Vor allem ist Jagen eine kulturelle Transformation: die Aneignung von Werten aus einer harten Natur durch Arbeit. Wie Stearns schreibt, wurde »Männlichkeit zuerst durch Analogien zwischen Arbeit und Jagd erhärtet« (1979, 111 f.).

Die Jagdmetapher als Initiation zur Männlichkeit ist natürlich auch ein häufiges Thema der modernen westlichen Literatur. Man braucht nur an Hemingways Geschichte über »The Short Happy Life of Francis Macomber« zu denken, in welcher der Held seine Männlichkeit bei einer afrikanischen Safari erringt, als er sich einem angreifenden Löwen entgegenstellt. Sein Sieg über diesen ist für seine Frau, die ihn psychisch kastriert hatte, zuviel, und sie erschießt ihn sofort danach bei einem scheinbaren Unfall. Auch Faulkners *The Old People* hat das gleiche Thema: Der junge Quentin bekommt die Aufgabe, einen Rehbock zu töten, »dessen Blut ihn zur Männlichkeit initiieren wird« (Schwenger 1984, 97). Und viele andere Romane, von James Dickey *(Deliverance)*, Norman Mailer *(Why Are We in Vietnam)* bis zu Robert F. Stone *(Blood Sport)*, kehren zu dem gleichen archetypischen männlichen Thema zurück. Dieselbe Vorstellung wird in Filmen wie Ciminos *The Deer Hunter* und zahllosen anderen behandelt. Auch bei diesen Freizeitjägern ist die Jagd eine Metapher für Männlichkeit, da sie Zielstrebigkeit demonstriert und damit Charakterzüge widerspiegelt, die für den Erfolg des Mannes in einer harten Wettbewerbswelt angeblich unerläßlich sind.

Ähnlich üblich ist die Identifizierung der Jagd mit männlicher Geschlechtsreife, die sich in der Folklore und Literatur des Westens in Bilder der Beherrschung der Natur umsetzt. Ein klassisches Beispiel ist die Jagdszene in William Goldings *Herr der Fliegen*, in der die auf die Insel verschlagenen englischen Jungen eine Wildsau töten und dabei ihre ersten erotischen Gefühle und Männlichkeitsahnungen erfahren. Angeführt von dem aggressiven Jack und seinem ständigen Begleiter Roger, ist diese erste Tötung sowohl ein Übergangsritus wie eine metaphorische Reinszenierung der ursprünglichen Eroberung der Natur durch den Menschen – Erwachsenwerden in doppelter Hinsicht:

> Jack hing auf dem Rücken des Schweins und hieb mit seinem Messer auf es ein. Roger konnte endlich seinen Speer ansetzen und begann zu drücken, bis er sich mit ganzem Körpergewicht dagegenstemmte. Zentimeter um Zentimeter drang der Speer tiefer ein, und das entsetzte Quieken wurde zu einem schrillen Schrei. Da bekam Jack den Hals zu fassen, und das warme Blut sprudelte ihm über die Hände. Das Schwein brach zusammen, und sie waren in ermatteter und befriedigter Lust über ihm (Golding 1987, 153).

Die Bezüge sind eindeutig erotisch, wenn auch die »Erfüllung«, die die Jungen erleben, ebenso als erfolgreiche Überwindung der Tötungshemmung interpretiert werden könnte. Die Jungen haben bewiesen, daß sie erfolgreiche (für Goldings Zwecke; gnadenlose) Killer sind. Sie haben ihre Macht über die Natur demonstriert, sie haben die Tierwelt ihrem Willen gebeugt und Fleisch für die hungrigen Gestrandeten beschafft.

Goldings Absicht ist im wesentlichen, das »Primitive« mit westlichen Einstellungen gleichzusetzen, indem er universale Themen und Impulse aufzeigt. Er nimmt sich dabei einige künstlerische Freiheiten, aber was er in psychologischen Begriffen als Akt der Initiation schildert, spiegelt sich konkret in vielen Riten der primitiven wie der zivilisierten Jägervölker wider. Northrop Frye schreibt dazu (1976, 104): »Die Jagd ist normalerweise ein Sinnbild für männliche Erotik, eine Bewegung von Verfolgung und direktem Angriff, in der sexuelle, auf das gejagte Objekt gerichtete Untertöne im Spiel sind.« Das Thema Jagd faßt sämtliche Varianten der Männlichkeit – wirtschaftliche Aspekte, Geschicklichkeit, Kühnheit, Sexualität – ganz unmittelbar und dramatisch zusammen, sowohl symbolisch wie durch die Tatsache, daß Fleisch auf den Tisch gebracht wird. Aber wiederum glaube ich, daß man seine aggressiven oder atavistischen Aspekte übertrieben hat. Ebenso wichtig ist der Fortpflanzungstrieb; praktisches Geschick und Ernähren sind als Motive genauso gewichtig wie »Blutdurst«.

Ich habe in diesem Buch stets die männliche Rolle des Brotverdieners als Gradmesser für Männlichkeit hervorgehoben. Zugegebenermaßen kommt auf diese Weise der wirtschaftliche Beitrag der Frau zum Haushalt der Familie zu kurz. Wie steht es um die Frauen, die ja ebenfalls für ihre Familie sorgen? Neuere Forschungen haben gezeigt, daß der Beitrag der Frauen zur Beschaffung der Nahrung (also nicht nur Verarbeitung, Kochen oder Auftragen) in der anthropologischen und soziologischen Literatur vielfach übersehen oder ungerechtfertigt unterschätzt worden ist. Auch Frauen beschaffen Nahrung, manchmal in gleichem Maße oder noch mehr als Männer. So belegt ein neueres, von Frances Dahlberg herausgegebenes Buch mit dem Titel *Woman the Gatherer* (1981), daß Frauen, die Wildpflanzen sammeln, sogar in Jägergesellschaften oft ebensoviel oder noch mehr lebenswichtige Nahrung beschaffen als ihre Männer. Obwohl sie selber nicht jagen, assistieren sie den Männern bei der Jagd, indem sie Netze halten, Fallen stellen oder das Buschwerk schlagen, um das Wild herauszutreiben. Wie man errechnet hat, steuern Frauen weltweit in allen Gesellschaftsformen, von den primitivsten bis zu denen der modernen Zivilisation, ungefähr dreißig bis vierzig Prozent des Unterhalts bei (Sanday 1973, 1690).

Jagen aber Frauen jemals selbst? Jagen sie Großwild? Nehmen sie damit die gleichen Risiken auf sich wie Männer? Nur ein einziger empirischer Fall ist bekannt, in dem Frauen tatsächlich auch selber Großwild töten. Es handelt sich um die Agta, ein Negrito-Volk im nordöstlichen Luzon der Philippinen (Estioko-Griffin und Griffin 1981). Dieser Fall wird oft zum Beweis dafür angeführt, daß die Jagd ebensogut eine weibliche wie eine männliche Tätigkeit sein kann. Da der Fall Agta einiges beiträgt zu unserer Diskussion, ist er einer näheren Betrachtung wert.

Eine genauere Prüfung der Belege zeigt nun, daß das Jagen der Frauen bei den Agta etwas übertrieben worden ist. Die Autoren der Studie stellen fest, daß die meisten Agta-Frauen nur in »extremen« Situationen ausschließlich auf Jagd gehen; jene, die es nur zeitweilig tun, werden von den Nachbarvölkern beiderlei Geschlechts ausgelacht (ibid., 128). Dazu kommt, daß Agta-Frauen nicht jagen, wenn sie schwanger sind oder stillen, so daß allgemein die Jagd immer noch überwiegend als männliche Rolle erscheint. Die Jagd ist, wie die Agta sagen, »eine Art männlicher Betätigung« (ibid., 132f.), etwas, das locker mit Männern verbunden ist und das Männer besser können.

Ferner muß man die ungewöhnliche Anpassung der Agta an die Existenzbedingungen in Betracht ziehen. Dieses Volk sammelt praktisch keine Gemüsepflanzen, da sie es vorziehen, bei ihren Nachbarn, die den Boden bestellen, Fleisch gegen Anbaufrüchte einzutauschen. Das ist eine verhältnismäßig neue Entwicklung, welche die traditionelle weibliche Rolle des Sammelns überflüssig gemacht hat und vielleicht das anormale weibliche Jagen erklärt (ibid., 124). Und schließlich geben die Autoren der Agta-Studie zu, daß ihre Feldforschung zeitlich zu begrenzt war, um statistische Verallgemeinerungen zur weiblichen Jagd zu rechtfertigen (ibid., 129). Die Agta sind nur »eine Art« Ausnahme von der Regel männlichen Jagens – eine sehr dürftige.

Obwohl Frauen selten gefährliches Wild jagen, beteiligen sie sich durchaus am Beschaffen von primärer Nahrung: Sie sammeln, helfen bei der Landwirtschaft, suchen Feuerholz und helfen sogar manchmal beim Hüten der Herden. Bezeichnenderweise scheint in jeder Gesellschaft das Ausmaß, in dem Frauen unmittelbar zum Nahrungserwerb beitragen, in Wechselbeziehung zum Grad der Betonung von Männlichkeit zu stehen – ein Befund, der meine These zu stützen scheint. In ihrer kulturübergreifenden Darstellung weiblicher wirtschaftlicher Aktivitäten vermerkt Peggy Sanday (1973), daß der geringste Beitrag der Frauen im Mittelmeergebiet geleistet wird, wo der *machismo* zu Hause ist, und der höchste weibliche Beitrag wiederum in Westafrika, wo Robert LeVine (1979, 313) nur sehr wenig Interesse an konventioneller Männlichkeit festgestellt hat (einige Ausnahmen werden in Kapitel 8 gezeigt). Einige Anthropologen haben jedoch Sandays Schlußfolgerungen über das Ausmaß weiblicher Versorgungsaktivitäten in Frage gestellt, weil sich ihre Daten nur auf eine verhältnismäßig kleine Zahl von Weltkulturen beziehen. So kommt zum Beispiel Carol Ember (1978, 441), die *sämtliche* Fälle von Sammlergesellschaften aus George Murdocks *Ethnographic Atlas* (1967) verarbeitet, zu dem Schluß, daß Männer in diesen Gesellschaften wesentlich mehr als Frauen zur primären Ernährung beitragen. Embers Statistiken belegen, daß Männer in 83, Frauen hingegen nur in acht Prozent der Fälle die Hauptlast tragen, die restlichen Prozente sind nicht eindeutig verteilt. Martin Whyte (1978), der ebenfalls den *Atlas* auswertet, stellt fest, daß Männer in zwei Dritteln der Gesellschaften jeden Typs am meisten, wenn nicht alles, an primärer Nahrung beschaffen.

Ich halte es jedoch nicht für zweckdienlich, die Arbeitsteilung zwischen Mann und Frau mit ihren kulturellen Folgen nach diesen quantitativen Kriterien zu beurteilen. Ganz offensichtlich sind auch Frauen mit der Nahrungsbeschaffung befaßt, und ihre Arbeit ist ebenso wichtig. Vielmehr kommt es bei der Zuschreibung der Rollen auf den gewaltigen qualitativen Unterschied an. Männern teilt man stets die Aufgaben zu, tierisches Protein zu beschaffen, Räuber abzuwehren und in Kriegen zu kämpfen. Wie das Kriegswesen bringt die Jagd nicht nur körperliche Gefahren mit sich; da sie immer auch ein Wettstreit des Willens ist, birgt sie stets auch das Risiko von Gewinn oder Verlust. Der Mensch versucht, ein Tier zu töten, das viel beweglicher ist als er; seine Beute ist ihm häufig an Kraft und Größe überlegen und setzt alle List und Stärke ein, um ihm zu entfliehen. Es ist dieser Aspekt der kämpferischen, aufs Ganze gehenden Herausforderung an die männliche Rolle, der die Art von Härte und Autonomie voraussetzt, die einer besonderen Motivation bedarf. Die Beiträge der Frau sind auf ihre Art gleichwertig und können äußerste Geduld und Geschicklichkeit erfordern; doch sie sind selten mit persönlichem Risiko verbunden, mit einem Kampf gegen die Natur oder dem Töten gefährlicher Feinde. Wurzeln und Beeren schlagen nicht zurück und laufen nicht fort. Gebären ist schmerzhaft und eine Bewährungsprobe im Durchhalten, aber es ist kein Wettkampf, den die Frau »verlieren« kann, indem sie davonläuft.

Des weiteren sind, wie bei den Mehinaku oder auf Truk, die Jagd und der Fischfang oft mit weiten Expeditionen über unwirtliches oder gefährliches Terrain verbunden. Frauen führen die meisten ihrer Tätigkeiten in der Nähe des Hauses aus, wo sie von den Männern beschützt werden und mit den Kindern im Schlepptau arbeiten können (J. Brown 1970, 1074). Da es bei den männlichen Aufgaben eher um Wettstreit und Blutvergießen, um Gewinn oder Verlust geht als um Sanftmut und Geduld, wird die Ausübung dieser Aufgaben oft nach strengen Maßstäben beurteilt. Wenn Frauen beim Sammeln von Pflanzen versagen, sind die Menschen vielleicht für kurze Zeit hungrig. Wenn sich aber Männer auf dem Schlachtfeld vor Angst zurückziehen oder wenn sie aufhören zu jagen, dann ist der Stamm möglicherweise der Vernichtung preisgegeben. Selbst auf dem Sektor von Zeugung und Sex muß der Mann etwas »leisten« und riskieren. Männer müssen die Werbung um die Frau einleiten, müssen in sie eindringen und sie schwängern. In physiologischem Sinn riskiert nur der Mann beim Geschlechtsakt ein demütigendes »Versagen«, ebenso wie nur er das Risiko seiner wirtschaftlichen und militärischen Rolle trägt.

Darüber hinaus waren Männer stets allein verantwortlich für die militärische Verteidigung – eine Tatsache, die man nicht unterbewerten darf. Obwohl auch manche Frauen vielleicht, wie bei den Agta, jagen, kenne ich keine Gesellschaft, in der Frauen hauptsächlich oder auch nur gelegentlich als Kämpfende in Kriegen auftreten. Selbst in Israel werden nur Männer in den Krieg geschickt, um zu kämpfen und zu sterben. Im Gegensatz zu den vielen Mythen vom natürlichen Hang des Mannes zum Kriegführen sind die meisten dieser Männer nicht unbedingt gute Soldaten. Die Mehrzahl von ihnen muß erst zum Kämpfen motiviert und, wenn das nicht gelingt, mit vorgehaltener Pistole vom kommandierenden Offizier dazu gezwungen werden. Aus zahlreichen Studien geht hervor, daß der Durchschnittssoldat in Schlachtfeldsituationen außerordentlich ängstlich ist und sich unter feindlichem Beschuß »regressiv« verhält und passiv reagiert (Bednarik 1970, 134). Da die männliche Rolle auch häufig militärische Verpflichtungen beinhaltet, sind offensichtlich gewisse Formen von Disziplin oder Indoktrination notwendig, um die widerstrebenden jungen Leute in die geeignete Kampfesstimmung zu versetzen.

Diese Rolle des Verteidigens (die potentiell auch eine tödliche ist) beschränkt sich nicht auf das Kriegswesen, sondern schließt den Schutz gegen die zerstörerischen Kräfte der Natur ein: Kampf gegen wilde Tiere und Feuer, Neutralisierung von Naturkatastrophen, Errichtung von Schutzräumen usw. Und weil Männer mit größeren Körperkräften als Frauen ausgestattet sind und weder gebären noch stillen, ist es, wie Friedl überzeugend dargelegt hat (1975), ebenso logisch wie praktisch, daß die Gruppe sie für diese riskanten Aufgaben einsetzt. Kurz, aus biologischen Gründen kann »eine Bevölkerung den Verlust von Männern leichter als den von Frauen überleben« (ibid., 135). Es ist eben dieses Akzeptieren der eigenen Entbehrlichkeit, das oft als Maßstab für Männlichkeit gilt, und dies kann auch die ständige Betonung der Risikobereitschaft als Männlichkeitsbeweis erklären. Betrachtet man die Gefahren, die sowohl bei der Nahrungsbeschaffung wie bei den Schutzfunktionen zur männlichen Rolle gehören, dann wird klar, daß Männer in den meisten Gesellschaften qualitativ andere Risiken auf sich nehmen als Frauen. Die Unterschiede betreffen ebenso die Art der Gefahr wie die Folgen, die sich für das Ansehen der Person aus ihrem Verhalten angesichts von Risiken ergeben.

Aber man sollte die geschlechtlichen Unterschiede auch nicht übertreiben. Alle menschlichen Wesen erleben Gefahren. Frauen sind beim Gebären großen Risiken ausgesetzt, und auch sie müssen strengen und zuweilen mit Strafen verbundenen gesellschaftlichen Normen entsprechen. Genauer: Frauen sind den unvorhersehbaren Gefahren des sexuellen Mißbrauchs oder sogar der Vergewaltigung mit all ihren Schrecken und Demütigungen ausgesetzt. Anders jedoch als männliche Wettkämpfe wie Krieg oder Sport, wird Vergewaltigung selten als edler Wettstreit aufgefaßt, in dem Frauen ihre kämpferischen Qualitäten unter Beweis stellen sollen. Nur wenige Gesellschaften spornen Frauen direkt dazu an, potentielle Vergewaltiger aufs Korn zu nehmen, um ihre Tapferkeit im physischen Kampf zu zeigen. Vielmehr sehen die meisten Gesellschaften in der Vergewaltigung ein Verbrechen oder manchmal auch eine Strafe für eine moralische Verfehlung, der sich Frauen demütig zu unterwerfen hätten. Wenn eine Frau vor einem Vergewaltiger davonläuft, gilt das gesellschaftlich nicht als Schande, sondern als allgemein gebilligte Strategie. Die Weiblichkeit eines potentiellen Vergewaltigungsopfers wird kaum jemals in Frage gestellt, auch wenn man die betreffende Frau vielleicht unfairerweise aus ganz anderen Gründen kritisiert. Ich möchte jedoch, wie gesagt, hier nicht den Eindruck erwecken, Frauen hätten es leichter als Männer; ihr Verhalten wird nur nach anderen Maßstäben beurteilt, aus denen sich unterschiedliche Geschlechterideale ergeben. Der Hauptunterschied scheint darin zu bestehen, daß man von Männern erwartet, Gefahren zu suchen und sich ihnen zum Zeichen ihres Mutes zu stellen, während von Frauen meist erwartet wird, daß sie derartige Situationen meiden. Ich glaube, man darf hinzufügen, daß die Tapferkeit der Männer keineswegs »natürlicher« ist als die der Frauen und daß ihre Reaktion der Risikobereitschaft kontraphobisch, das heißt, gegen die eigene innere Abwehr gerichtet und kulturell – also nicht biologisch – bedingt ist. Dieser Rollenunterschied ist wichtig und sagt viel über Männlichkeitskulte und -bilder aus.

Kehren wir jetzt jedoch zu unseren ausführlichen Fallstudien zurück. In den nächsten beiden Kapiteln geht es um Stammesgesellschaften, in denen Männlichkeit durch altersmäßig gestufte Stadien und Rituale markiert wird. Zunächst betrachten wir die Samburu, ein ostafrikanisches Volk; nachdem wir noch einige weitere Beispiele ritualisierter Männlichkeit zum Vergleich herangezogen haben, kehren wir noch einmal nach Neuguinea zurück, zu den Sambia des östlichen Hochlands.

6. KAPITEL

Symbole der Männlichkeit: Samburu

Immer hatten Mythen und Riten vor allem die Funktion, die Symbole zu liefern, die den Menschen vorwärtstragen, und den anderen ebenso konstanten Phantasiebildern entgegenzuwirken, die ihn an die Vergangenheit ketten wollen.

Joseph Campbell, *Der Heros in tausend Gestalten*

Die Raufbolde von Truk, die Ringer der Mehinaku, die amerikanischen »He-men« und die spanischen *machos* leben in verschiedenen Kontinenten, haben verschiedene Ziele und nur wenig gemeinsam, außer dem leidenschaftlichen Bedürfnis, ihre Männlichkeit unter Beweis zu stellen. Doch sind sie sich in noch einer anderen Weise ähnlich: Alle folgen sie einem Weg zu ihrer Männlichkeit, dem eindeutige Wegweiser fehlen. Um ihr Ziel zu erreichen, bewegen sie sich tastend durch Proben und Irrtümer vorwärts und gehorchen zuweilen vagen Geboten, die in ihren jeweiligen kulturellen Gesetzen niedergelegt sind. Sie müssen Fallgruben und Versuchungen meiden, die sie, nach Campbells oben zitierten Worten, wieder an die Kindheit fesseln.

Ihr Weg zur Männlichkeit ähnelt also dem, was Erik Erikson in seiner Schrift *Kindheit und Gesellschaft* (1968, 264ff.) epigenetische Phasen psychosozialer Entwicklung nennt. Damit meint er Wachstumsschritte, durch die das Individuum zu einer Ich-Identität bzw. einem Selbstgefühl und einer seiner Zeit und seinem Ort entsprechenden kulturellen Identität gelangt. Wie Erikson durch den Vergleich einer Reihe von Kulturen gezeigt hat, liefert jede Gesellschaft ihre ganz eigenen einmaligen Bedingungen und Belohnungen zur Förderung dieser Entwicklungsschritte. Der Prozeß selbst und sein Ziel bleiben sich gleich, aber die Form des Übergangs unterscheidet sich in wesentlichen Einzelheiten.

Viele traditionelle Gesellschaften sind in der Art und Weise, in der sie das Erwachsensein für beide Geschlechter anerkennen, höchst differenziert durchstrukturiert und sehen strenge chronologische Wasserscheiden vor, Zeremonien oder Initiationen, die mit magischen Anrufungen und heiligen Handlungen verbunden sind. Andere, wie die westlichen Industriegesellschaften, sind wandelbarer und lockerer strukturiert; in ihnen spielt die öffentliche Anerkennung der einzelnen Entwicklungsschritte kaum eine Rolle, von der Magie ganz zu schweigen. Einige bieten, wie Erikson für das moderne Amerika nachwies, Männern in jedem Stadium des Lebens eine verwirrende Skala von Optionen. Sie schaffen aber auch Probleme der Mehrdeutigkeit und des Zwiespalts – ein Dilemma (Rochlin 1980; Kamarovsky 1976) oder eine »Männlichkeitskrise« (Habegger 1982) –, welche die Männer auf eigenen Wegen lösen müssen, um das kulturelle Ziel ihrer Umwelt zu erreichen. Das Ergebnis kann, wie im zeitgenössischen Amerika, häufig eine »Behelfsmännlichkeit« sein (Raphael 1988).

Eine Reihe primitiver Gesellschaften hat kollektive Übergangsriten, welche die Jungen in aufeinanderfolgenden Stadien zu einer unanfechtbaren Männlichkeit geleiten. Derartige Riten »dramatisieren« (Young 1965) den Übergang durch einen klar definierten Prozeß ritueller Investitur mit den dazugehörigen Emblemen, der in der öffentlichen Verleihung des Erwachsenenstatus gipfelt und das Mannsein besiegelt. Den grundlegenden Rahmen für die Interpretation dieser männlichen Initiationsrituale hat vor langer Zeit schon Arnold Van Gennep in seinem klassischen Werk *Übergangsriten* (1986) geliefert, das 1909 zum erstenmal veröffentlicht wurde. Das solchen Übergangsriten zugrundeliegende Thema von Tod und Wiedergeburt wird nach Van Genneps Erkenntnissen in der Abfolgeordnung Trennungs-, Umwandlungs- und Integrationsritus durchgespielt. Der Junge »stirbt« und wird als Mann »wiedergeboren«, und jedes Stadium ist von der entsprechenden Symbolik begleitet. Für Van Gennep repräsentieren die Übergangsriten den Tod der Kindheit. Während des ersten Stadiums durchtrennt der Junge die Bindungen an die Kindheit ganz konkret, indem er auf die Mutter verzichtet oder zwangsweise von ihr entfernt wird. Im Umwandlungsstadium wird er zu einem Ort im Busch geschickt oder auf andere Weise isoliert; er bleibt »im Limbus«, in der Vorhölle, einer »Schwellen«(oder Übergangs)phase, in der er weder Junge noch Mann ist, sondern etwas dazwischen. Am Ende dieser Zeit geht er aus den strengen Abschlußzeremonien, die wir hier untersuchen wollen, als »Mann« hervor.

Längere kollektive Übergangsriten dieser Art finden sich hauptsächlich in primitiven schriftlosen Gesellschaften. Bauern und Städter feiern das Erwachsenwerden beider Geschlechter selten mit sorgfältig durchgebildeten oder heiligen Ritualen, sie entscheiden sich meist für stillschweigende Anerkennung des individuellen Wachstums. Wie wir gesehen haben, werden in der Regel die Heranwachsenden der mediterranen und besonders der nahöstlichen Völker ebenso wie die modernen Amerikaner und die meisten Jugendlichen der übrigen westlichen Völker sich selbst überlassen. Eine interessante Ausnahme hinsichtlich ritueller Dramatisierung bilden die Juden (so man Juden als Gruppe klassifizieren kann). Hierzu kurz einige Stichpunkte.

Bekanntlich verleiht die Zeremonie der Bar-Mizwa den Juden einen offiziellen Männlichkeitsstatus, gewöhnlich im Alter von dreizehn Jahren. Sie ist ein Kernstück religiöser und ethnischer Identität und sowohl ein chronologischer Markstein wie ein öffentlich in Szene gesetztes Initiationsritual. Die Zeremonie selbst ist eher individuell als kollektiv, häufig aber nimmt die gesamte Gemeinde an ihr teil und fügt ihr einen Aspekt von Gemeindegeist hinzu. Weil die jüdische Kultur in den Vereinigten Staaten familiär und häuslich orientiert ist, hat man sich für die Bar-Mizwa unter soziologischem Gesichtspunkt kaum interessiert, zumal der Ritus der modernen säkularen jüdisch-amerikanischen Kultur kaum tiefergehend wirkt als eine extravagante Party. Immerhin kann uns der Ritus viel über die Natur der maskulinen Übergangsriten einer fortschrittlichen, monotheistischen und gebildeten Gesellschaft vermitteln, denn zugrunde liegt ihm das traditionelle Problem des Erwerbs männlicher Fähigkeiten.

Ein bei der modernen Vulgarisation der Zeremonie häufig vergessener Zug ist, daß unter anderem die Spannkraft des Initianden auf die Probe gestellt ist. Der Junge muß große Passagen aus der Thora in hebräischer Sprache lernen und öffentlich in Gegenwart der Gemeinde und eines Rabbiners rezitieren, dessen Schüler er gewesen ist und der seinen Vortrag beurteilt. Der Initiand kann diese Prüfung bestehen oder an ihr scheitern: Alles hängt von seinem öffentlichen Auftritt ab. Das Element der Prüfung ist sogar noch in der verwässerten Zeremonie des Reformjudentums gegenwärtig, bei der zirkusähnliche Unterhaltungen den ernsten religiösen Zweck überspielen. Wie kommt es aber, daß dieses geheimnisvolle Vortragen als Prüfung für kulturelle Kompetenz gilt? Kann dieses Auswendiglernen und Rezitieren heiliger Texte mit den physischen Prüfungen der anderen Völker verglichen werden, die wir bereits erörtert haben?

Oberflächlich gesehen besteht eine schwache Ähnlichkeit zu dem »starken« Denken der Wochenend-Faustkämpfer in Truk, das ebenfalls eine Kompetenz in »männlichem Denken« einschließt, und es liegt auch mit Sicherheit ein Element von Risiko in dem öffentlichen Auftreten. Jedoch werden tiefere Übereinstimmungen verwischt durch die Verschiedenheit des äußeren Ausdrucks, der nicht physisch, sondern doktrinär ausgerichtet ist. Die Ähnlichkeit liegt in einer Form des Prüfens kultureller Reife, die das Individuum darauf vorbereitet, Beiträge zu spezifischen und historisch begründeten Gruppenzielen zu leisten.

Der Test für den jüdischen Jungen bezieht sich auf Gedächtnis und Verständnis, auf das erfolgreiche Beherrschen der heiligen Texte. Es sind eindeutig intellektuelle Fähigkeiten einer bestimmten Art, die beurteilt werden, vor allem lernbezogene. Meine Erfahrung, die typisch für die Kultur der städtischen Vororte im Nordosten der Vereinigten Staaten ist, war die einer rein akademischen Veranstaltung, die eher wie eine Schulprüfung wirkte. Der Vortrag bildete in diesem Milieu die Plattform eines persönlichen Leistungstests mit all den dazugehörigen Ängsten und Möglichkeiten öffentlicher Demütigung oder des Triumphes. Während des Vortrags befindet sich der Junge, wie Van Gennep meinte, an einer Schwelle oder in einem Übergangsstadium; wenn er erfolgreich war, geht er daraus als »Mann« hervor, und die Kindheit ist tot, überwunden durch männliche Kraft und Kompetenz.

Allgemein wird das jüdische Volk nie in die Nähe des phallischen Imponiergehabes der kriegerischen Völker gerückt, von denen wir zuvor sprachen. Sein Weg zum Erfolg ist immer ein intellektueller, verstandesmäßiger gewesen. Unter diesem Gesichtspunkt betrachtet, erreicht der jüdische Junge seinen Übergang zu einer kulturell bestimmten Männlichkeit in einer Form, die ein öffentliches Urteil über all jene Qualitäten erlaubt, durch die sich die Gruppe selbst auszeichnet, überlebt und gedeiht. Wenn wir Rituale solcherart im Lichte »ethnischer Nischen« (Barth 1969) sehen, können wir die Männlichkeitsvorstellungen in eine weiter gefaßte Theorie der wirtschaftlichen Anpassung einer Gruppe in einem größeren sozialen Kontext einordnen. Nicht alle Herausforderungen sind physischer Natur, und nicht jeder Erfolg muß gegen einen äußeren Gegner erfochten werden.

Dennoch haben Juden, obwohl ihnen eine kriegerische Tradition fehlt, einen Begriff von Männlichkeit, der gewisse Züge mit dem kriegerischerer Völker gemeinsam hat. Auch in der säkularen, assimilierten jüdisch-amerikanischen Kultur, die eine der wenigen ist, in der die Frauen im wesentlichen dominieren, existiert ein bestimmter Männlichkeitsbegriff. Eine Ehefrau, die mit ihrem Mann zufrieden ist, sagt, er sei ein »Mensch«, ein Wort, das im Jiddischen den wahren Menschen bezeichnet; und ihre Mutter als oberste Richterin männlicher Tugend kann dem sogar beipflichten. Ein »Mensch« zu sein, heißt, kompetent zu sein, zuverlässig, wirtschaftlich verläßlich und vor allem hilfreich und rücksichtsvoll Abhängigen gegenüber.

Das Gegenteil vom »Menschen« ist ein Stümper, der Versager, der sich von anderen übervorteilen läßt. Im reichen Vokabular der jiddischen Sprache ist er ein Schlemiel, ein Schnook (Dummkopf), ein Nudnik (Simpel, Nervensäge), ein Schmendrick (Trottel), ein Schnorrer oder – der meistgebrauchte Ausdruck – ein Schmuck (blöder Kerl, wörtlich: nutzloser Tand, was früher Wichtigtuerei oder Untüchtigkeit bedeutete). Alle dies Synonyme – und viele andere mehr – verbinden männliche Minderwertigkeit oder Schande mit der Vorstellung von Unzulänglichkeit oder einem lächerlich wirkenden Mangel an Eignung für kulturbezogene Aufgaben. Der Schlemiel oder Schmuck ist in der jüdischen Überlieferung ein Versager in eben dem, was ein Mann sein sollte; ganz selten hört man diese Begriffe auf Frauen angewendet. Er ist Objekt endlosen Spotts. Er hat seine Familie durch Inkompetenz im Stich gelassen. Er ist das jiddische Äquivalent des Abfall-Manns der Mehinaku oder Neuguineas, er ist der Antiheld, der Nicht-Mann. Er hat bei der Probe der Männlichkeit versagt.

Um jedoch zu dem Problem exotischer Übergangsrituale zurückzukehren, wollen wir in den nächsten Kapiteln zwei sehr verschiedene Gesellschaften näher betrachten, die wenig mit den Juden der amerikanischen Vorstädte gemein haben: das Viehzüchtervolk der Samburu in Ostafrika und die Sambia im Hochland Neuguineas, die Gartenbau betreiben. Zunächst die Samburu.

Ein durchstrukturierter Aufstieg zur Männlichkeit

Der britische Anthropologe Paul Spencer (1965, 1973) hat seit den frühen fünfziger Jahren viele Jahre lang den ostafrikanischen Stamm der Samburu erforscht. Der folgende Bericht ist in der Hauptsache seiner klassischen Monographie *The Samburu* (1965) und einer beachtlichen Begleitstudie, *Nomads in Alliance* (1973), entnommen. Die Samburu sind ein schwarzes nilotisches Volk von Viehzüchtern, die auf einer Hochebene zwischen dem Rudolfsee und dem Uaso-Ngiro-Fluß im Norden Kenias leben. Wie viele ihrer Nachbarstämme sind sie um die Jahrhundertwende von den Engländern kolonisiert worden, wurden jedoch nicht so streng behandelt oder zur Anpassung an die westliche Kultur gezwungen wie manche anderen Stämme. In Sprache und Kultur sind sie den berühmteren und farbenprächtigeren Massai (oder Maasai) sehr ähnlich, mit denen sie historisch verwandt sind, und auch einer ganzen Reihe anderer ostafrikanischer Viehzüchter der Nachbarschaft wie den Rendille, Jie, Turkana und Nuer.

Wie diese anderen Viehzüchtervölker leben auch die Samburu im Stil ihrer Vorfahren noch immer im wesentlichen von ihren Viehherden, von Schafen, Ziegen und ein paar Eseln; von denen sie bis auf das Geschrei alles verwenden. Alles dreht sich in der traditionellen Samburu-Kultur (wie bei den Dodoth von Uganda, denen wir bereits begegnet sind) um den Wert des Viehs. Der Besitz von Vieh ist das Kennzeichen eines wohlhabenden Mannes, eines großen Mannes. Ein Mann, der Vieh besitzt, ist wichtig, von ihm heißt es: »Er kann viele Frauen haben und viele Söhne zeugen, die sich um seine Herden kümmern« (Spencer 1965, 3). Vieh ist die wichtigste Nahrungsquelle und zugleich das wichtigste Handelsgut; neben Frauen und Kindern stellt es den zentralen kulturellen Wert dar. Daher ist es nicht weiter überraschend, daß sich die Männlichkeitsbilder um die Fähigkeit drehen, mit den Herden fertigzuwerden, ähnlich wie bei den Dodoth.

Für die Samburu-Kultur ist das Vieh flüssiges Kapital, eine Währung für jeden Zweck, mit der man somit andere gute Dinge erwerben kann. Die Samburu sind vom Reichtum an Vieh ebenso besessen wie die Juden vom Lernen, die Bewohner von Truk vom Kämpfen und der Anhäufung von Konsumgütern und die Mehinaku vom Fischen und Ringen. Ihre zutiefst verwurzelte Idealvorstellung ist, daß jeder Mann seine eigene Herde haben und letztlich fähig sein sollte, sie selbständig zu verwalten und zu mehren. Der Schlüsselbegriff hier ist *selbständig*, was wirtschaftliche wie soziale Freiheit bedeutet: keine Schulden, keine Herren. Über den Besitz hinaus muß ein Mann volle Kontrolle über seine Herde haben, er muß als autonomer Unternehmer gelten können, ohne den geringsten Hauch von Abhängigkeit. Die Samburu bestehen auf diesem Punkt und betrachten selbständiges Wirtschaften als Grundlage des männlichen Erwachsenenstatus.

Wohlstand in Form von Fleisch anzusammeln und ihn durch sorgfältige, unbehinderte Viehzüchtung zu verwalten und vergrößern, erlaubt es dem Mann in dieser polygamen Gesellschaft, mehrfach zu heiraten und den begehrten Status des »angesehenen« Mannes zu erreichen, indem er sein Familiengeschlecht mit Frauen, Kindern und Wohlstand bereichert. Ein an Vieh reicher Mann ist eine würdige Respektsperson, aber nur, wenn er gleichzeitig »freigebig bis zur Selbstverleugnung« ist (ibid., 26). Samburu-Männer mehren also ihre Herden so sehr, daß sie sie triumphierend weggeben und sich auf einen Wettbewerb der Großzügigkeit einlassen können, indem sie Nahrung an ihr Volk verteilen (ibid.). Im Interesse solcher nach Ruhm dürstenden Freigebigkeit muß ein Mann frei sein, in eigener Initiative sein Vieh tauschen, züchten und schlachten können.

In der Vergangenheit, lange bevor die Engländer in den ersten Jahren dieses Jahrhunderts kamen, waren die Samburu wie die stolzen Massai beides, Viehzüchter und mutige Krieger, aber seit der Pax Britannica hat das Kriegswesen praktisch aufgehört zu existieren.

Eines der Hauptziele ostafrikanischer Kriegs- und Raubzüge war früher, Vieh zu erbeuten, und die Krieger der Samburu schwärmten in weitem Umkreis aus, kämpften gegen die mächtigen Massai und die starken Borana, mit denen sie ebenfalls entfernt verwandt sind, um ihre Herden zu vergrößern. Im Gegenzug wurden sie von ihren gleichermaßen opportunistischen Nachbarn ebenso überfallen und beraubt. Infolgedessen führte der Weg zum Ruhm die Jugendlichen der Samburu zu fernen und weiten Unternehmungen, um Angehörige anderer Stämme zu töten und ihr Vieh zwecks Prestige, »ohne jegliche politische Berechtigung« (ibid., 125), zu stehlen. Da auch sie von anderen angegriffen wurden, erwartete man von jedem Samburu, daß er sich als tapferer Krieger bewährte. Das Überleben des Stammes hing davon ab.

Spencers Schilderung ist zu entnehmen, daß diese Kriegszüge neben dem Prestige eindeutig wirtschaftlichen Zwecken dienten. Als sie mit einem Schlag aufhörten, nachdem die Briten dem Land den Frieden aufgezwungen hatten, ließen sich die Samburu nicht völlig unterkriegen und fuhren wie ihre Nachbarn fort, sich auf kleine Scharmützel einzulassen, nicht so sehr, um zu töten, sondern um Vieh zu stehlen. Da Viehdiebstahl das einfachste und wirksamste Mittel ist, Herden zu erwerben und in kurzer Zeit zu vergrößern, bleibt er ein entscheidendes Kriterium des sozialen Status des Mannes. Männlichkeit behält auf diese Weise eine militärische Qualität, und alle »angesehenen« Männer müssen sich in erfolgreichen Plünderungsexpeditionen auszeichnen, sonst können sie nicht reich werden und keine Feste und Gelage veranstalten, die den Stamm ernähren und seinen Wohlstand dokumentieren. Während sich also früher die jungen Leute bei Kriegszügen in »einer festgelegten Rolle im Überlebenskampf des Stammes« ihre Sporen verdienten (ibid., 149), sind heute, da das Überleben des Stammes nicht mehr gefährdet ist, die Raubzüge der Schauplatz für die Entfaltung von Mut und männlichen Tugenden. Vor allem für junge Männer (*moran* genannt, ein wichtiger Begriff, auf den wir zurückkommen werden), die wenig andere Gelegenheiten haben, sich Tiere für die Viehzucht zu beschaffen, stellen Raubzüge und Viehdiebstahl das wichtigste Mittel dar, den Männlichkeitsstatus mit allen gesellschaftlichen Vorteilen – Respekt, Ehre,

Frauen und Kinder – zu erreichen. Der einzige Weg, eine Frau zu gewinnen, liegt (gegenüber den künftigen Schwiegereltern) im Vorweisen der eigenen Fähigkeiten als Viehhirte.

In einigen Bereichen gibt es bei den Samburu wie bei den Amhara Äthiopiens eine Reihe von heftig verteidigten geschlechtsbezogenen Idealen, die denen der mediterranen Völker ähnlich sind. Außer um persönliche Autonomie und Kraft geht es auch ihnen vor allem um maskuline »Ehre« *(nkanyit)* und ein dazugehöriges Ideal von »Prestige«. Diese Begriffe sind verwandt, aber nicht identisch. Ehre ist verbunden mit der Erfüllung von Erwartungen, die an ein Mitglied einer festen, durch Genealogie oder Verwandtschaft definierten Gruppe – Familie, Klan, Klub oder Altersklasse – im Interesse des kollektiven Rufs dieser Gruppe gestellt werden. Prestige ist verbunden mit Fragen des persönlichen Status innerhalb jeder einzelnen sozialen Gruppe (ibid., 107) und enthält daher ein Element von Rivalität.

Nach Spencers Beschreibung hängt die Bewertung der Ehre eines Mannes davon ab, inwieweit er den Stammesidealen gerecht wird, was nicht notwendigerweise zu Rivalitäten innerhalb des Stammes führen muß (ibid., 107–110). Indessen sind beide Begriffe, Ehre und Prestige, stark bezogen auf physischen Mut, und beide setzen eine empfindliche männliche Eitelkeit voraus, die keine Kränkungen duldet. Beide Begriffe schließen außerdem die entschlossene und bedingungslose Verteidigung der sozialen Gruppe ein, deren Mitglied man ist. Ehre wird eindeutig am männlichen Ansehen gemessen, das sich aus der Kontrolle über Kernbereiche der kollektiven Identität und ihrem Schutz ergibt. Die strukturellen Ähnlichkeiten zum Ehrbegriff im Mittelmeerraum liegen auf der Hand (vgl. u.a. Jane Schneider [1971] und Julian Pitt-Rivers [1965, 1977]).

Diese traditionellen männlichen Werte sind trotz Modernisierung und Unterdrückung durch die Regierung lebendig geblieben. Spencer sagt dazu: »Heute sind Ehre und Prestige immer noch gehütete Werte der *moran* (Jugend) und erklären viel von ihrem Verhalten. Von einem *moran*, der in irgendeiner Form gekränkt worden ist – vielleicht hat man ihn verspottet oder seine Geliebte verführt –, wird erwartet, daß er an dem Beleidiger Vergeltung übt, und fortan ist es seine *Ehre*, um die es geht. Wenn er diese Erwartungen jedoch in irgendeiner

Weise übertrifft und sich stärker durchsetzt als notwendig, dann wird es auch eine Angelegenheit des persönlichen Prestiges« (1965, 111).

Persönliches Prestige und Gruppenehre sind gesellschaftliche Werte, die man von einer Gesellschaft mit stolzer Kriegertradition und einer segmentären politischen Organisation ohne eigentliche Führung erwarten kann. Doch die Samburu füllen diese Gruppenehre ebenso wie die Andalusier und viele andere weniger kriegerische Völker mit weiteren, verwandten männlichen Werten auf, die unmittelbar mit kultureller Kompetenz und sexuellen Heldentaten zusammenhängen. Zu dem facettenreichen Bild des angesehenen Mannes gehört vor allem wirtschaftliche Selbstversorgung und Produktivität. Materielle Selbstverleugnung und ein damit verbundener »Geber«-status verleihen höchste moralische Autorität. Das Ideal der Samburu ist, daß ein Mann »danach trachten sollte, seine Herde und die Familie, die er gründet, zu mehren, bis er einen selbständigen Hausstand bilden kann« (ibid., 12). Mit anderen Worten, man erwartet, daß er durch die Gründung eines Hausstandes die Grundeinheit des Stammes reproduziert und diese im Schweiße seines Angesichts zum Wachsen und Gedeihen bringt und daß sie nicht nur sich selbst, sondern andere miternähre, fruchtbar werde und sich mehre, wie Jehova die Kinder Israel ermahnte. Ein Mann muß Vieh und Kinder gleichermaßen produzieren, muß sie vor Räubern und Angreifern schützen, und er muß seine sozialen Energien auf wirtschaftliche Investitionen statt auf persönlichen Konsum richten (der das Erbe der Familie mindern könnte). Der Samburu-Mann steht immer unter dem öffentlichen Druck, sich in dieser Hinsicht zu bewähren. Sein eigentlicher Wert bemißt sich jedoch nicht nur nach den angehäuften Gütern, sondern auch an deren verschwenderischer Verteilung während der Feste. Diese Geberfunktion hat in den Männlichkeitsbildern der Samburu einen höheren Stellenwert als sexuelle Erfolge.

Der institutionalisierte Wettbewerb stammesbezogener Freigebigkeit spornt die Männer an, sich gegenseitig im Ausrichten von Festessen mit Fleisch zu übertreffen. Bei jedem Fest versucht jeder Mann, am meisten zu geben und am wenigsten zu nehmen. »Bei den meisten Festen bestehen beispielsweise die jüngeren Männer darauf, ihren älteren Stammesgenossen die besten Stücke Fleisch zu geben, und ähnlich werden Verwandte behandelt. Selbst unter Altersgenossen, deren Gleichwertigkeit nicht zur Diskussion steht, gibt es stets einen Wettstreit der Höflichkeit, aus dem der Mann, der am wenigsten ißt und seine Nachbarn ermutigt, am meisten zu essen, als moralischer Sieger hervorgeht, als wahrhaft angesehener Mann« (ibid., 26). Ein selbstsüchtiger Mann, ein »Esser« seiner eigenen Herden, wird als *laroi* bezeichnet, ein Ausdruck, den die Samburu für kleine armselige Dinge benutzen, für winzige oder zerbrechliche Gegenstände und für Werkzeuge, die nicht ordentlich funktionieren, wie ein undichter Wassereimer oder ein Landrover, der ständig kaputt ist. Der *laroi*-Mann ist kindisch, geizig, voller Untugenden, verschwenderisch und untüchtig (ibid., 27). Er nimmt mehr, als er gibt. Wie der Abfall-Mann und der Schlemiel wird er deshalb verachtet, und diese Ablehnung kann sich steigern zu einem »nichtausgesprochenen Fluch«, der über seine nutzlose Person Unglück bringt (ibid., 28). Umgekehrt ist die Auffassung der Samburu von Männlichkeit eine Art unsichtbarer moralischer Wegweiser, der die Tätigkeiten des einzelnen, will er sich selbst achten, auf das kollektive Ziel der Kapitalanhäufung ausrichtet. Ziel ist, ein Schutzpatron des Stammes zu werden, indem man andere von sich abhängig macht und sich in Wettkämpfen der Großmut mit anderen mißt, wovon indirekt jeder profitiert (Spencer 1973, 39–41). Nach dieser Gleichung wird die Unterordnung unter einen anderen Mann »als ein unauslöschlicher Flecken auf der persönlichen Ehre« betrachtet (1965, 108f.).

Das System der Altersklassen

Das System von Altersklassen und farbenfrohen Ritualen, mit denen der männliche Lebenszyklus vorangetrieben und gefeiert wird, hat die Samburu in der ethnographischen Literatur berühmt gemacht. In dieser Hinsicht ähneln sie den ihnen verwandten Stämmen Ostafrikas, aber aufgrund von Spencers hervorragender Dokumentation dienen sie als Musterbeispiel für den ritualisierten männlichen Übergang, der allen gemeinsam ist. Die Männer der Samburu müssen eine komplizierte Folge von Altersklassen und Altersstufen durchlaufen, durch die ihre zunehmende Reife und Verantwortung als Männer im Hinblick auf die stammesbezogenen Werte öffentlich anerkannt werden. Grundsätzlich gibt es drei Hauptstufen, die in eine Reihe von Altersklassen unterteilt sind. Diese Hauptstufen sind: Knabe, *moran* oder Heranwachsender (junger Erwachsener; Spencer gibt die *moran*-Stufe sowohl in der Einzahl wie in der Mehrzahl an) und schließlich Älterer.

Der besondere Status der *moran*, ein häufig bewunderter Zug ostafrikanischer Viehzüchtergesellschaften, beinhaltet eine lange Periode der Prüfungen. Mit eben dieser Periode wollen wir uns hier befassen. Früher war die Phase des *moran* darauf ausgerichtet, die Jungen auf das Leben eines stoischen, harten Kriegers vorzubereiten, heute ist Erfolg im Viehdiebstahl das Ziel. Die Phase setzt ein im Alter von vierzehn oder fünfzehn Jahren und dauert ungefähr zwölf Jahre, die unterteilt sind in zahlreiche Altersklassen. Initiiert wird sie durch eine Beschneidungsprozedur, die das Trennungsstadium einleitet.

Nachdem die Initianden die Probe der Beschneidung überstanden haben, werden sie als Gruppe räumlich isoliert und aus den Dorfbegrenzungen zu einem vorher bestimmten Ort im Busch verbracht, wo sie das nächste Jahrzehnt verbringen und ihre Fertigkeiten und Funktionen als Ältere vervollkommnen werden. Zusätzlich werden in dieser Zeit eine Reihe von ergänzenden Ritualen und Tests durchgeführt, die jeder Jugendliche bestehen muß. Die wichtigsten sind die Zeremonie des Pfeils, der Namengebung und schließlich der Stiere, die alle Geschicklichkeit, Ausdauer oder Können verlangen. Die Stierzeremonie umgreift das erste Opfer des Jungen, er muß seinen eigenen Ochsen hergeben und dessen Fleisch verteilen. Mit dieser Zeremonie verläßt er die *moran*-Phase und tritt gegebenenfalls in den vollen Status als *lee* oder angesehener Mann ein (ibid., 108), was Van Genneps Eingliederungsphase entspricht. Kein *moran* darf heiraten oder Kinder zeugen, bevor er seinen ersten Ochsen getötet hat, alles dreht sich also wieder um seine Fähigkeit, Fleisch zu beschaffen und zu verteilen. Die Ritualisierung der Männlichkeit kulminiert dann auch in einem ganz besonderen Stammesritual der Freigebigkeit zum Zeichen künftigen erfolgreichen Strebens.

Spencer hat die verschiedenen Altersstufen in seinen beiden klassischen Untersuchungen in allen Einzelheiten beschrieben (1965, 1973); ich beschränke mich deshalb hier auf die Hauptzüge dieser Übergangsperiode, soweit sie zur Erhellung des Männlichkeitsproblems beitragen.

Die Moran-Zeit

Die erste Prüfung für die Jungen im Anfangsstadium des *moran*-Status ist die traumatische Beschneidungsprozedur. Die außerordentlich schmerzhafte Operation stellt ihren Mut und Stoizismus auf die Probe; Betäubungsmittel sind ausgeschlossen, und es wird auch nichts getan, um bei den Initianden die entsetzliche Angst vorher zu mildern. Vor seinen männlichen Verwandten und der künftigen Schwiegerfamilie muß jeder Junge bewegungslos und still die Prozedur des Schneidens, die vier Minuten oder mehr dauern kann, über sich ergehen lassen. Selbst ein unfreiwilliges Zucken würde als Zeichen der Furcht ausgelegt werden. Das für eine geringfügige Regung benutzte Wort lautete *a-kwet*, wörtlich »rennen«, das Spencer übersetzt als »Zusammenzucken« (1965, 103). Macht der Junge die geringste Bewegung oder gibt er den leisesten Ton von sich, löst er damit einen kollektiven Stoßseufzer des Entsetzens und der Bestürzung aus; er ist dann für alle Zeiten als Feigling abgestempelt und wird aus seiner Altersklasse und damit vom weiteren Weg zum Erwachsensein ausgeschlossen. Kein gleichaltriger Initiand wird eine Beziehung mit einem Jungen eingehen wollen, der »rennt«, denn dieser Junge wird für den Rest seines Lebens das Stigma der Minderwertigkeit tragen. Außer daß er also selbst grausam verfemt ist (1973, 89), bringt er auch seiner gesamten Verwandtschaft ewige Schande. Nach einem Sprichwort der Samburu müssen all seine Verwandten öffentlich »ihren Respekt essen« (1965, 104), wenn einer ihrer Jungen »gerannt« ist.

Dieser Gebrauch einer oralen Metapher für die kollektive Schande ist für den Komparatisten interessant, erinnert sie doch nicht nur an den Abfall-Mann aus Neuguinea, dessen Hauptfehler es ist, den

Boden zu »essen«, ohne etwas zu erzeugen, sondern auch an die Rolle der oralen oder »Hunger«-Bilderwelt und an ähnliche physische Ausdrücke in der Entwicklung maskuliner Identität, die von anderen Forschern beschrieben wurde (Brandes 1980; Herzfeld 1985a). Die Metapher der Samburu beschwört ein geläufiges Bild, das Prestige mit der Funktion verbindet, andere zu ernähren, in diesem Fall, sie mit Vieh zu versorgen. Statt den Stoff für Respekt zu beschaffen – das Fleisch der Würde, das andere essen, das heißt bewundern –, wird die von der Schande betroffene Verwandtschaft gezwungen, ihren Stolz hinunterzuschlucken (und daran zu ersticken). Weil sie einen Jungen hervorgebracht haben, der »gerannt« ist, werden sie zu Konsumenten und sind nicht Spender eines Wertes, der symbolisch mit Fleisch verglichen wird: mit der Substanz der Ehre. Die gesamte Familie leidet unter dieser Umkehrung der Werte.

Die Bezüge der Nahrung setzen sich fort und konkretisieren sich in der Achtung von Fleisch und Milch – beides Grundnahrungsmittel – durch den *moran*. Während der ersten Stadien der *moran*-Phase muß der junge Novize in ritueller Form die Hütte seiner Mutter zum letztenmal aufsuchen. Bei dieser dramatischen und stilisierten Begegnung schwört er öffentlich vor ihr und allen Versammelten, daß er nicht länger Fleisch essen werde, »das von irgendeiner verheirateten Frau erblickt worden ist« (Spencer 1965, 87), also von einer Frau des sozialen Status seiner Mutter. Derartiges Fleisch ist von nun an *menong'* für ihn, verachtete Nahrung. Weiterhin schwört er, sich des Trinkens von Milch zu enthalten, die von irgendwoher innerhalb der dörflichen Siedlung kommt, und er schwört dem Milchtrinken völlig ab, wenn die Milch von Menschen produziert worden ist, die mit den Frauen, die er später heiraten könnte, in einer bestimmten Verwandtschaftsbeziehung stehen. Dieses Entsagen ist wichtig, denn Milch, pur oder mit dem Blut der Kuh gemischt, ist eine wesentliche Nahrungsquelle für die Samburu – und außerdem eine beliebte Delikatesse in jeder Form, der schwer zu widerstehen ist. Sie aufzugeben, ist ein wahres Opfer. Indem man es bringt, beweist man eine Reife des Entschlusses, die auf eine symbolische Absage an jegliche Abhängigkeit hinausläuft.

Für die Samburu sind solche frustrierenden Nahrungstabus von großer kultureller Bedeutung; sie sehen in derartigen Abstinenzen »ein entscheidendes Kriterium von *moran*-Tugenden« (ibid., 87). Was Spencer, der sich für anderes interessiert, hierbei jedoch entgeht, ist, daß die jungen Initianden durch solche oralen Verzichte im Grunde symbolisch der Ernährung durch die Mütter und potentiellen Verwandten abschwören. Es ist ein Akt der Selbstverleugnung, der die Wandlung des einzelnen vom Empfänger zum Geber des Lebensunterhalts darstellt. Die Milchverbote signalisieren zweierlei: Erstens verzichtet der Junge auf jede nahrungsmäßige Abhängigkeit von seiner Mutter, und zweitens verzichtet er auf den jugendlichen Wunsch, ersatzweise orale Befriedigung bei Verwandten und älteren Frauen zu suchen, bei Menschen also, die er später durch seine eigenen wirtschaftlichen Leistungen unterstützen muß. Dieser doppelte Verzicht auf die mütterliche Ernährung spielt rituell wie psychodynamisch das Trauma der Entwöhnung nach, denn er bringt die öffentliche Bestätigung mit sich, daß der Junge zugunsten späterer Befriedigungen durch Arbeit freiwillig auf die Brust verzichtet hat. Alle Frauen werden von nun an als Empfängerinnen und nicht als Geberinnen von Nahrung behandelt werden, der Junge wird keine mütterliche Betreuung mehr brauchen.

Außer Nahrungs- und rituellen Tabus hat die *moran*-Phase natürlich mit dem Erwerb von Vieh zu tun, der Hauptquelle des Wohlstands. Ein großer Teil dieser Lehrzeit ist auf Viehhaltung und die Möglichkeiten der Beschaffung von Vieh ausgerichtet, da eben diese Kenntnisse einen *moran* dazu befähigen werden, einen neuen Hausstand zu gründen und zu unterhalten. Die Jungen lernen früh zu wirtschaften, sie werden von den Älteren zu ihren abgeschiedenen Siedlungen im Busch geführt und ermahnt: »Geht zu euren Viehlagern ... zu euren Herden ..., damit ihr reiche Ältere werdet« (1965, 141). Für die mittellosen Jugendlichen heißt das vor allem, Raubzüge zu veranstalten und zu stehlen, was wiederum rauhe Tapferkeit und eisernen Mut erfordert. Wie Spencer bemerkt, ist Viehdiebstahl, vorzugsweise von irgendeinem anderen Stamm, bis heute ein Ideal der *moran* geblieben, »und viele sind versucht, es zu probieren« (ibid., 141). Als Viehdieb kann man gefangen, verprügelt, eingekerkert und sogar getötet werden; wenn ein junger *moran* aber erfolgreich ist, wird er als Mann anerkannt. Das macht ihn natürlich auch für Mädchen attraktiv, die derartige Heldentaten männlich finden und durchdrungen sind »von der Vorstellung, das ein *moran* in jeder Hinsicht männlich sein sollte« (ibid., 118).

Sexuelle Anziehungskraft

Dieser Zusammenhang zwischen erotischer und wirtschaftlicher Maskulinität ist in der Tat ein universales Grundmuster, das einen Seitenblick auf die Form männlichen Werbens um die Frau rechtfertigt. Die Art, in der die *moran* der Samburu das Objekt ihrer Wünsche beeindrucken, indem sie nämlich auf fremdem Boden Risiken eingehen, scheint im Einklang zu stehen mit einer praktisch globalen Strategie des Werbens. Denken wir zum Beispiel an die Bewohner von Truk und auch an gewisse umherwandernde Helden westlicher Mythen und Literatur, die das Mädchen durch heroische Taten erobern, die fundamentalen Gruppeninteressen dienen. Ein klassisches Beispiel ist Shakespeares virilster Held, Othello.

In der Tragödie, in der die männliche Ehre und ihre sexuelle Komponente eine große Rolle spielen, entzieht der maurische Heerführer die begehrenswerte Desdemona einer Schar von minderbedeutenden Verehrern. Aber er gewinnt sie nicht allein durch gutes Aussehen oder physischen Charme. Außerdem ist er beträchtlich älter als sie, »ein alter Bock«, wie seine Kritiker sagen, und nicht sehr schön. Der Zauber der Liebe, der von ihm ausgeht, liegt in der farbenprächtigen Geschichte seiner militärischen Eskapaden, die er in liebevollen Einzelheiten, aber bescheiden aufzählt. Gleich zu Beginn der Handlung nach ihrer gemeinsamen Flucht, erscheint Othello vor dem Herzog von Venedig, um sich zu rechtfertigen. Er ist von Männern geringeren Wertes, unter ihnen Jago und Brabantio, angeklagt worden, Zauberkräfte benutzt zu haben, um Desdemona zu verführen. Wie sonst, fragen sie, konnte dieser rauhe Krieger Erfolg gehabt haben, wenn Männer mit besseren Aussichten vergebens geworben hatten? Er hätte also »mit Gift und Trank verlockt ihr zartes Alter« (I, 2. Sz.).

Stets aufrichtig und ehrenhaft, gibt Othello die ungeschminkte Wahrheit bekannt und berichtet, wie Desdemona aus seinem eigenen Munde im Hause ihres Vaters von seinen Taten in fremden Ländern und den Risiken und Gefahren hörte, die er bei der Verteidigung des Königreiches bestanden hatte. Als sie von »knapper Rettung aus toddrohendem Schiffbruch« hörte, verliebte sie sich in diesen furchtlosen Abenteurer und wünschte, »der Himmel habe sie als solchen Mann geschaffen«. Othello fährt fort: »Sie liebte mich, weil ich Gefahr bestand / Ich liebte sie um ihres Mitleids willen: / Das ist der ganze Zauber, den ich brauchte« (I, 3. Sz.). Seine schlichte Erklärung ist überzeugend, sie stellt seine Ehre wieder her und überzeugt auch seine Zuhörer. Seine Tapferkeit im Dienste des Königreichs hat ihm eine unwiderstehliche Männlichkeit verliehen. Im elisabethanischen England wie bei den Samburu ist diese romantische Berufung auf »bestandene Gefahren« in der Verteidigung von Grundwerten etwas, das jedem als männliche Rollenmythologie unmittelbar zugänglich ist.

Mut und Ehre werden häufig in einem kollektiven Ideal männlichen Beschützertums verschmolzen, das seinerseits eine Quelle sexueller Anziehungskraft bildet, als bestünde Männlichkeit selbst darin, Gefahren zu trotzen, um jenen, die man liebt, beizustehen. Die Verbindung zwischen Virilität und sozialen Tugenden tritt klar und dramatisch in Spencers Schilderungen des Werbens und der Sexualität bei den Samburu zutage. Kehren wir zu den ostafrikanischen Othellos zurück.

Den Kontext dieses heroischen Themas bilden die Stammestänze der Samburu. Es sind prachtvolle Inszenierungen, die Jungen und Mädchen in ihren schönsten Gewändern auf den Plan rufen und die wichtigsten Gelegenheiten für erotische Tändeleien bilden. Während dieser überschäumenden Festlichkeiten – Vorspiele für Stelldicheins –, an denen sich alle jungen Leute mit Begeisterung beteiligen, singen die am Rande stehenden heiratsfähigen Mädchen Spottlieder auf diejenigen *moran*, die niemals an einem Viehraub teilgenommen haben. Ihre prachtvollen Gewänder, ihre Schönheit, die herausfordernden Verse mit den beleidigenden Anspielungen auf die Feigheit treiben die Jungen in einen Rausch der Begierde, so daß sie impulsiv die Herausforderung annehmen und sich auf der Stelle in einem

Viehraub versuchen wollen. Spencer schreibt: »Daß die Sticheleien der Mädchen dazu beitragen, dieses Ideal zu erhalten und den *moran* zum Stehlen anleiten, kann man aus der folgenden Schilderung eines *moran* entnehmen: ›Du stehst da in dem Tanz, und ein Mädchen fängt an zu singen. Sie hebt ihr Kinn hoch, und du siehst ihren Hals. Du fängst an zu zittern. Du verläßt den Tanz und gehst hinaus in die Nacht, ohne jede Furcht und nur mit dem einen Gedanken, daß du eine Kuh stehlen wirst‹« (1965, 127).

In dieser Weise aufgeputscht, beschließt der junge Liebhaber, daß er es zu etwas bringen muß, um das Mädchen zu beeindrucken. In prahlerischer Furchtlosigkeit stolziert er aus der Siedlung hinaus in die dunkle Nacht der Gefahren, um sich durch die Beschaffung von Vieh – das heißt Reichtum – zu bestätigen. Sein erklärtes Ziel ist, Gefahren zu bestehen, um den Lorbeer zu erringen, der ihm eine Frau einbringt – ähnlich wie Othellos Taten und seine Berichte »von manchem harten Fall, / von schreckender Gefahr zu See und Land ... die Schlachten, Stürme, Schicksalswechsel, / so ich bestand« (I, 3). Die Verbindung zwischen Viehdiebstahl und sexueller Eroberung läßt sich bis in die Sprache der Samburu wie auch des umgangssprachlichen Suaheli hineinverfolgen: Bezeichnenderweise kann das Wort *a-purr* (»stehlen«) auch »verführen« bedeuten, wenn es auf eine Frau angewandt wird (ibid., 148).

Ebenfalls interessant an dem zitierten Bericht des *moran* ist die Erwähnung des »Zitterns«. Dieses Zittern, die traditionelle Muskelentspannung der ostafrikanischen Krieger vor der Schlacht aus den Zeiten vor dem Kontakt mit westlichen Kulturen, gehört heute zum männlichen Kodex des modernen Samburu-Viehdiebs. Wie ihre Nachbarn, die Massai, zeigen die *moran* der Samburu mit dem »Zittern« an, daß sie »zornig« und im Begriff sind, bemerkenswert mutige Taten zu unternehmen. Diese Körperbewegungen proklamieren einen vollständigen Mangel an Furcht, die Verachtung körperlicher Gefahr und den Willen, das eigene Blut, wenn notwendig, das Leben zu riskieren. Spencer zufolge betrachten die Samburu dieses muskuläre Phänomen als Zeichen von »Männlichkeit, als Hinweis auf die Durchsetzungsfähigkeiten, die von einem *moran* erwartet werden« (ibid., 264). Wenn Männer also »zittern«, verkünden sie öffentlich ihren Mut im Angesicht des Todes und ihre Hingabe an die männliche Rolle; sie nehmen die von ihrer Kultur an sie gestellten Forderungen an, denen zufolge sie in sozialer Hinsicht nicht mehr sind als die Summe ihrer Leistungen. Das Zittern ist ein Absichtssignal wie das Trinken oder der Brauch, sich selbst Narben zuzufügen bei den Bewohnern von Truk.

Die Verbindung von moralischen und geschlechtsspezifischen Bildern zeigt, daß die notwendigen Charakterzüge des *moran* – Selbstbewußtsein, Produktivität, Furchtlosigkeit – bei den Samburu nicht nur als Beweis für Männlichkeit, sondern auch für Würde, Redlichkeit und, man kann sagen, für praktische Brauchbarkeit dienen. Das Gesetz des *moran* dient gleichzeitig dem Erwerb von Ansehen und fördert die Geschlechtsidentität, die wiederum in männlichen Leitbildern zum Ausdruck kommt. So ist der rituelle Zyklus, der aus Jungen Männer macht, eine Art struktureller Transformation, durch die Kinder zu Erwachsenen, narzißtische Passivität zu selbstlosem Handeln und das rohe Protoplasma der Natur in verfeinerte Kultur verwandelt werden. In dieser Hinsicht ähnelt der Kodex des *moran*, der in rituellen Formen vollzogen wird, dem Kodex heldischer Selbstvergewisserung, der im 20. Jahrhundert von westlichen Schriftstellern wie Hemingway geschaffen wurde, um der Desillusionierung und dem Zynismus, die auf den Ersten Weltkrieg folgten, eine moralische Ordnung entgegenzusetzen. Und in seiner mythischen Kraft, männliche Identität aus der Aneignung und Gestaltung von Werten aus der Natur zu bilden, entspricht dieses Gesetz außerdem Walter Paters Kriterium des künstlerischen Aktes maskuliner Selbstschöpfung.

Es könnte keine reineren Beispiele für Grazie unter gesellschaftlichem Druck geben als diese virilen Afrikaner. Wie steht es jedoch um die Jugendlichen, die den Männlichkeitstest nicht bestehen? Wie den Ausgestoßenen auf Truk, denen gesagt wird, sie sollten wie Kleinkinder die Brust nehmen, wirft man diesen schwarzen afrikanischen Jungen ein Wachstumsversagen vor – was besagt, daß man sie der schlimmsten Sünde anklagt: des Rückfalls in ein früheres Entwicklungsstadium. Spencer vermerkt, daß jeder Bruch der Verhaltensgesetze des *moran* sofortige Beschuldigungen nicht so sehr des moralischen Abweichens als vielmehr der »Unreife«, des »Kindischseins«

(1965, 87) nach sich zieht, was schwerer wiegt. Diese Art der Kritik trifft tief genug, um die notwendige Besserung zu erzwingen, denn der Vorwurf der Regression ist die demütigendste Verhöhnung. Wie die Sticheleien der hübschen Mädchen, die bei den Stammestänzen ihren Hals zeigen und eine Kuh als Dank für ihre Zuneigung fordern, so versetzt die Anklage, kindisch zu sein, dem *moran* auf dem Weg zur Männlichkeit, dem Ziel der zehnjährigen Lehrzeit, einen vernichtenden Schlag.

Eine Parallele: Die Massai

Wie wir bereits sahen, finden sich manche Sitten der Samburu auch bei einer ganzen Reihe von anderen ostafrikanischen Viehhirtenstämmen. Eine farbenprächtige Parallele bilden die Massai, die häufig als Apotheose aller ostafrikanischen Viehzüchter-Krieger-Stämme gerühmt werden. In ihrem Fall kann ich die von der Anthropologin Melissa Llewelyn-Davies (1981) vorgelegten Daten verwenden, um dem Vorwurf männlicher Voreingenommenheit zu begegnen, außerdem die Autobiographie eines Massai, Tepilit Ole Saitoti (1986), um die Befangenheit in eigenen kulturellen Wertvorstellungen zu relativieren – Vorwürfe, die man – wie ich meine, unbegründet – vielleicht Spencer machen könnte.

Die Massai in den Hügeln des Grenzgebietes zwischen Kenia und Tansania haben das gleiche System von Altersklassen und Übergängen wie die Samburu. Auch bei diesen berühmten Kriegern werden die Qualitäten der Männlichkeit durch das Überschreiten der kritischen Schwelle geschaffen, die sie als »Tür zum Mannsein« bezeichnen (Saitoti 1986, 56). Mannsein ist für die Massai ein Status, der nicht selbstverständlich einsetzt, sondern als Resultat einer ausgeklügelten Folge von Tests und Bewährungen während der *moran*-Zeit erreicht wird, die ungefähr ebenso lange dauert wie bei den Samburu (Llewelyn-Davis 1981, 352). An oberster Stelle figuriert der Beweis physischen Mutes, der das *sine qua non* des Massai-Kriegers darstellt. Physischer Mut wird indessen nicht nur gegen menschliche Feinde benötigt, sondern auch gegen die zerstörerischen Kräfte der Natur, vor allem gegen wilde Tiere und Räuber wie Löwen, Nashörner und Elefanten, die im Land der Massai besonders aktiv sind. Wann immer Gefahr im Anzug ist, gehen die *moran* direkt auf sie zu:

> *Moran* sind in erster Linie Krieger. Gibt es einen Angriff auf ein Dorf, werden alle vorhandenen voll tauglichen Männer versuchen, das Dorf zu verteidigen. Jedoch ist die Verantwortung der *moran* in dieser Hinsicht größer als die der anderen. ... Sie sind stets die ersten, die zur Ausführung gefährlicher Aufgaben herangezogen werden, wie etwa im Kampf gegen wilde Tiere, die die Bevölkerung und das Vieh bedrohen; Löwenjagden stellen in der Tat einen wichtigen und hoch ritualisierten Aspekt des *moran*-Status dar ... *Moran* haben also mit dem Tod und dem Töten von Feinden zu tun, den menschlichen wie denen im Tierreich (ibid., 345).

Als Wächter ihres Volkes müssen die *moran* der Massai somit sehr tapfer sein. Sie leben ohne Hilfe anderer in den Wäldern; sie jagen Löwen, vertreiben Nashörner und riskieren bei Raubzügen den Tod. Die Botschaft wird schon früh vermittelt: Die Mütter ermahnen ihre kleinen Söhne ständig, mutig »wie *moran*« zu sein (ibid., 349). Die Einweisung in die *moran*-Zeit beginnt erst, wenn der Massai-Junge Anzeichen der notwendigen Eigenschaften hat erkennen lassen. In seiner Autobiographie beschreibt Tepilit Ole Saitoti, wie er seinen Vater drängte, ihn zur Männlichkeitsinitiation zuzulassen, nur um gesagt zu bekommen, daß er warten müsse. Schließlich ging Tepilit in einer dunklen Nacht mutig auf eine riesige Löwin los, die das Vieh seiner Familie angegriffen und die Kinder bedroht hatte, und tötete sie. Daraufhin gab sein Vater nach: »Zwei Monate, nachdem ich die Löwin getötet hatte, rief uns mein Vater alle zusammen. In Gegenwart aller seiner Kinder sagte er: ›Wir werden Tepilit zum Mann machen. Er hat vor uns allen bewiesen, daß er jetzt Kinder und Vieh retten kann‹« (ibid., 65).

Während ihrer Lehrzeit müssen sich die Jungen der gleichen schmerzhaften Beschneidung unterziehen wie die Samburu. Der Initiand darf nicht einmal mit der Wimper zucken. Kurz vor seiner Initiation wird dem angstvollen Tepilit gesagt: »Du darfst dich nicht rühren; bewege keinen Muskel, zucke nicht einmal mit der Wimper. Du darfst nur in eine Richtung blicken, bis die Operation vorbei ist. Die geringste Bewegung deinerseits bedeutet, daß du ein Feigling bist, unfähig und unwürdig, ein Massai-Mann zu sein« (ibid., 66). Obwohl auch die Massai-Mädchen beschnitten werden (Entfernung der Klitoris und der kleinen Schamlippen), ist für sie Tapferkeit während der Operation nicht wichtig. Kein bleibender Makel haftet den vielen an, die aufschreien oder sogar zu fliehen versuchen. Von Mädchen erwartet man nicht, daß sie mutig sind, ihre Selbstdisziplin ist von »geringer öffentlicher Bedeutung«, wie die Feministin Llewelyn-Davies schreibt (1981, 351). Noch einmal Tepelit: »Es ist üblich, eine Frau zu sehen, die während der Beschneidung schreit und mit den Füßen stößt. Gewöhnlich werden Krieger gerufen, um sie festzuhalten« (1986, 69).

Der Männlichkeitsbegriff der Massai hat viel mit physischem Mut zu tun, umfaßt jedoch sehr viel mehr. Llewelyn-Davies ist der Ansicht, daß die Männlichkeit der Massai nicht nur auf die Ethik der Krieger gegründet ist, sondern auch auf die Vorstellung wirtschaftlicher Unabhängigkeit und der Anhäufung von Eigentum (1981, 331). Ein *moran* muß nicht nur die Kunst des Krieges lernen, er muß auch lernen, ein selbständiger Viehhirte zu sein und verfügbare Güter zu erzeugen. Sein Prestige als Mann beruht ebenso auf dem Erwerb von Reichtum, dessen Verwaltung und Verteilung wie auf kriegerischen Heldentaten. Die *moran*-Phase muß infolgedessen verstanden werden als ein Prozeß, durch den »besitzlose Jungen« zu »Männern« werden, indem sie Rechte auf Eigentum *(in jus)* erwerben und dieses Eigentum verschenken, womit sie Rechte über Abhängige *(in rem)* erhalten. Die Frauen hingegen sind auf ewig und an sich »abhängig« (ibid.). Dieser Gegensatz ist es, der den Status der Geschlechter bestimmt. Die Vorstellung von Männlichkeit als Herrschaft über Eigentum und Personen ist verknüpft mit der allgemeinen Bedeutung der Fortpflanzung und Fruchtbarkeit. Das Streben jedes Mannes ist auf »unbegrenztes Wachstum seiner Herden, ebenso jedoch auf eine wachsende Zahl von Abhängigen« gerichtet (ibid., 344f.).

In Anbetracht des Nachdrucks auf Fortpflanzung und Zeugungsfähigkeit liegt in all dem ein Element von *machismo*. Sexuelle Leistung ist auch bei den Massai für das männliche Leitbild wichtig. Ein Mann muß beim Werben aggressiv und beim Sex potent sein. Tepilit erzählt die Geschichte seines Freundes, eines jungen *moran*-Kriegers, der sich beherzt einer viel älteren Frau nähert:

Er machte eine kühne Bewegung auf sie zu. Zuerst konnte die Frau seine Absichten nicht begreifen, oder sie war vielmehr erstaunt über seinen Mut. Der Name des Kriegers war Ngengeiya oder Drizzle (Sprühregen).

»Drizzle, was willst du?«

»Mit dir schlafen.«

»Ich bin so alt wie deine Mutter.«

»Entweder sie oder du.«

Diese Bemerkung überwältigte die Frau vor Überraschung. Sie hatte das Sprichwort »Es gibt nichts, was einem jungen Krieger gleichkommt« unterschätzt. Wenn man ein Krieger ist, muß man sich in jeder Situation mutig verhalten. Alter und Größe spielen keine Rolle.

»Du meinst, du könntest mich wirklich lieben wie ein erwachsener Mann?«

»Probier mich aus, Frau.«

Er drang in sie ein. Bald begann die Frau vor Erregung zu stöhnen und rief seinen Namen. »Drizzle, Schatz, Drizzle, Schatz, du *bist* ein Mann.« Atemlos stammelnd sagte sie: »Ein wirklicher Mann.«

Ein wirklicher Mann bewährt sich in allen riskanten Situationen. Wie der kühne Drizzle agiert er unter Druck.

Auch bei den Massai wird die besondere Bedeutung männlicher Produktivität in dem Stadium, in dem ein *moran* damit beginnen soll, Nahrung zu beschaffen, rituell formalisiert. Ein Höhepunkt dieser Übergangsphase ist das Opfern des ersten Ochsen. Den größten Teil des Fleisches erhält dann die Mutter des Jungen, was als Dank an sie dafür gilt, daß sie ihn aufgezogen und als Kind ernährt hat. Dieses rituell formalisierte Ernähren der Mutter symbolisiert nun den Statuswandel des Jungen vom Konsumenten zum Fleischbeschaffer und zeigt damit verantwortungsvolles erwachsenes Mannsein. Die Prüfungen der *moran*-Zeit sind somit »von entscheidendem Gewicht für die maskuline Identität« (Llewelyn-Davies 1981, 352). Als zentrale Konzeption, auf der der Wohlstand des ganzen Stammes ruht, bedeutet der *moran*-Status für die Massai jedoch »mehr als ein abstraktes Ideal von Maskulinität. Er stellt auch die Kultur der Massai auf das glänzendste dar; er ist entscheidend für das kulturelle Leitbild, wie es die Massai sich selbst und der Außenwelt darbieten« (ibid., 354). Für die Massai wie für die Samburu beinhaltet der Begriff Männlichkeit auch die Vorstellung vom Stamm an sich, eine Vorstellung, die auf der Basis von Hingabe an kollektive Ziele, an moralischen Mut gebunden ist. Ihr Männlichkeitsbild umfaßt nicht nur physische Kraft oder Tapferkeit, sondern auch eine Art moralischer Schönheit, die sich aus selbstloser Hingabe an die nationale Identität herleitet. Es verkörpert die grundlegende Auffassung, daß der Mann nur die Summe dessen ist, was er erreicht hat, und daß das, was er erreicht hat, nicht mehr oder nicht weniger ist als das, was er hinterläßt.

7. KAPITEL

Männlichkeitsriten: Sambia

Weiblichkeit entwickelt sich auf natürlichem Wege,
Männlichkeit muß errungen werden;
und hier schaltet sich der Kult des Männlichkeitsrituals ein.

Gilbert Herdt, *Rituals of Manhood*

Mit ihren Ritualen und Ehrbegriffen sind die Samburu kulturell und blutsmäßig eng verwandt mit ihren Nachbarn, und ihre Gebräuche sind in weitem Umkreis verbreitet. Gleiches gilt für die Sambia in Neuguinea. Ihre Sitten sind, was die Geschlechter betrifft, weitgehend repräsentativ für ihre Nachbarn in den angrenzenden Hochlandgebieten, wenn auch einige von ihnen gezwungen wurden, sie unter dem Einfluß der Weißen oder in neuerer Zeit unter dem Druck der Regierung von Papua-Neuguinea aufzugeben.

Die Sambia sind innerhalb der verhältnismäßig umfangreichen Literatur über Melanesien ein ungewöhnlich gut erforschtes Volk. Zu verdanken ist dies den unermüdlichen Bemühungen des Anthropologen Gilbert Herdt, der seit den späten siebziger Jahren fesselnd und mit einer Fülle von Einzelheiten über sie berichtet hat. Gerade wegen der Intensität und nach westlichen Begriffen auch Perversität ihrer Übergangsriten sind sie von ungewöhnlichem Interesse für Anthropologen. Zu diesen Riten gehören Akte homosexueller Fellatio sowie die üblicheren Blut- und Grausamkeitsrituale, und aufgrund dieser ungewöhnlichen rituellen Homosexualität sind die Sambia für unsere Untersuchung von Männlichkeitsleitbildern ein wichtiger Testfall. Wie verträgt sich dieser homosexuelle Übergangsritus mit der Hyperheterosexualität, die wir in anderen Männlichkeitsvorstellungen beobachtet haben?

In Kapitel 5 sind wir den Sambia bereits kurz begegnet. Sie sind ein

Volk, in dem Männlichkeit, die sie als höchst problematisch, als komplizierte Situation und als Mühsal betrachten, ein ganz wesentliches Gewicht hat. Wie andere Hochlandvölker sind sie fest davon überzeugt, daß Männlichkeit ein künstlich herbeigeführter Zustand ist, der den widerstrebenden Jungen mit rituellen Mitteln zwangsweise aufgedrängt werden muß, und wie die Samburu unterwerfen sie ihre Jungen einer schmerzhaften Einführung in diese Männlichkeit durch eine Folge von Übergangsriten. Die Riten sind von Herdt in zwei umfangreichen Veröffentlichungen eingehend beschrieben worden (1981, 1982). Das Besondere, ja Einmalige an den Sambia, ist ihre Phase ritueller Homosexualität, in der die Jugendlichen gezwungen werden, bei erwachsenen Männern Fellatio auszuüben, und zwar nicht zum Vergnügen, sondern um deren Samen aufzunehmen. Dieser versorgt sie angeblich mit der »Substanz« oder der »Saat« zur Entwicklung der Männlichkeit. Wie einer von Herdts Informanten, Tali, ein Ritualexperte der Sambia, lehrt: »Wenn ein Junge nicht Samen ›ißt‹, bleibt er klein und schwach« (Herdt 1981, 1). Die homosexuelle Phase ist jedoch wie die alkoholisch gewalttätige bei den Truk nur vorübergehend. Sie wird später überlagert vom Erwachsenenleben, das »voll heterosexuell« ist (ibid., 3) und zu dem Heirat, Fortpflanzung und die anderen üblicheren männlichen Tugenden gehören. Daher ist die Homosexualität ein Durchgangsstadium zur »Maskulinisierung« (ibid., 205), aber es ist diese scheinbar widersprüchliche Beziehung zwischen Zweck und Mitteln, die den Fall Sambia für uns so interessant und wichtig macht.

Die Kultur der Sambia

Anders als die Samburu, die Bevölkerung von Truk und die Mehinaku, die Völker der Ebenen oder des Tieflands sind, leben die Sambia in den hohen Bergen des abgelegenen östlichen Hochlands von Neuguinea, heute ein Teil der neuen Nation Papua-Neuguinea. Stolz, wie sie auf ihre luftigen Höhen sind, sagen die Sambia gern, ihre Heimat sei der Hort des hochfliegenden Adlers, den sie wegen seiner

Unabhängigkeit und Kraft bewundern – der auch bei Männern geschätzten Qualitäten.

Ihre bergige Umgebung ist von atemberaubender Schönheit und topographisch dramatisch. Herdt (ibid., 21 f.) beschreibt das Land der Sambia als ein Land herrlicher Panoramen, dichtbewachsener Täler und gigantischer Wasserfälle, die häufig von dichten Nebeln umhüllt sind. Es ist außerdem ein Land »erschreckender Isolation« mit endlosen Niederschlägen und düsteren Wolkenschichten, die auf die Bewohner, wie sie selbst erklären, zu gewissen Jahreszeiten einen melancholischen Einfluß ausüben. Die Sambia sind gewohnt, inmitten hoher Berge und auf steilen Klippen zu leben, auf denen sie ihre Gärten in Terrassen anlegen. Monumentale Gipfel umgeben und bedrängen ihre Siedlungen, schaffen ein Gefühl von Majestät und Eingeschlossensein. Am großartigsten ist der Mount Guinea (3350 m), in dessen riesigem Schatten das Dorf liegt, das Herdt erforschte. Das Volk, das sich selbst Sambia nennt, ist verhältnismäßig klein; in den siebziger Jahren belief sich die Bevölkerungszahl auf nur zweitausend. Diese Bevölkerung ist über verschiedene, ineinander übergehende Siedlungen entlang der Bergwände verstreut; Gartenbau kann aus ökologischen Gründen nur bis zu einer bestimmten Höhe betrieben werden. Die Sambia sind leidenschaftliche Gärtner und bauen in der Hauptsache die einheimischen Erzeugnisse, Süßkartoffeln und ein paar andere krautartige Pflanzen an, die nur auf gewissen Höhen gedeihen. Außerdem züchten sie Schweine und sind geübte Jäger verschiedener Tierarten, die sie mit Fleisch versorgen. Früher waren sie auch tapfere Krieger, die Kriegs- und Raubzüge gegen ihre Nachbarn unternahmen und sich in endlosen Kampfspielen übten, sowohl in Angriffen aus dem Hinterhalt wie in offener Schlacht. Dies war eine wichtige Gelegenheit für Männer, ihren Mut zu beweisen und Ansehen zu gewinnen. All das wurde von der australischen Kolonialregierung ausgemerzt, doch die Männer der Sambia lieben es noch immer, sich die Mythen zu erzählen, die ihre eigene Existenz mit der durch Stammeskämpfe verursachten Zersplitterung in der Vergangenheit verbinden.

Einer dieser Mythen berichtet von einer großen wilden Schlacht, in der die Urbevölkerung des Sambia-Gebietes besiegt wurde. Nach dieser Niederlage wurden die Opfer bei einem kannibalistischen Festmahl verspeist, und darauf folgte die Einwanderung der heutigen Bevölkerung in das jetzige Kernland der Sambia (Herdt 1981, 23). Die Sambia sind echte Kinder von Krieg und Eroberung; für sie war der Krieger auch der Archetyp des Helden, auf dessen Taten sich ihre ganze Existenz als unabhängiges Volk ausdrücklich bezieht. Dieses bleibende Erbe bildet einen lebendigen Teil ihres heutigen Männlichkeitsbildes und wird im Stammesbewußtsein gläubig bewahrt.

Ebenfalls wichtig für dieses Leitbild ist Leistung im Jagen, der »männlichsten Tätigkeit« im kulturellen Denken der Sambia (ibid., 83). Es ist keine besonders gefährliche Jagd im physischen Sinne, denn die Beute besteht im wesentlichen aus Kleinwild, aber in Hinsicht auf den Status ist das Jagen riskant, denn erfolglose Jäger werden verspottet. Nur Männer jagen, Frauen ist jede Teilnahme verwehrt. Der Jagd kommt eine besondere Bedeutung zu, nicht nur als Quelle des notwendigen Proteins in einem Gebiet, in dem es nur wenig Hausschweine – die wichtigsten Fleischlieferanten im Hochland – gibt, sondern auch aus zeremoniellen Gründen. Das reiche Ritualleben der Sambia ist unlösbar verbunden mit Tieren wie der wilden Beutelratte (Opossum), Waldvögeln und anderen, die Federn und Felle für die notwendigen Dekorationen und Grundstoffe für sonstige rituelle Zwecke liefern. Im Unterschied zu den Bewohnern anderer Gebiete im Hochland »*müssen* [die Sambia] jagen, um Beuteltiere zu erwerben« (Herdt 1982, 88), denn das Fleisch wird für die Festmähler bei Heiraten, Begräbnissen und vor allem bei männlichen Initiationen gebraucht. Diese Tiere haben in der Kosmologie der Sambia eine geradezu mythologische Bedeutung erlangt. Daher gilt Geschick im Jagen ebenso wie im Kampf als wesentlicher Beweis von Männlichkeit, wobei es nicht nur um Nahrungsbeschaffung, sondern auch um das Ausrichten von Festen und Zeremonien geht, bei denen Nahrungsmittel ausgetauscht werden. So wird jedes Erlegen von Tieren »zu einem besonderen Triumph« für junge Männer, die auf dem Wege sind, ihre Glaubwürdigkeit als Männer durch die Entfaltung öffentlicher Wohltätigkeit zu etablieren (ibid., 141).

Der Status des männlichen Erwachsenen hängt noch von einigen weiteren Kriterien ab. Wie bei den Samburu kann man einem unfähigen Jäger das Privileg der Heirat absprechen, doch von allen Männern wird erwartet, daß sie heiraten und Kinder zeugen; die Gründe dafür haben wir in Kapitel 5 diskutiert. Kinder gelten als das wertvollste Gut und werden von jedem dringend gewünscht, zum Teil aus dem Glauben, daß eine möglichst große Nachkommenschaft soziale Sicherheit garantiert. Wie in anderen Gesellschaften führen Jagderfolge nicht nur zu gesellschaftlichem Ansehen, sondern auch zu sexuellem Erfolg. Auch in dieser polygamen Gesellschaft bringt es ein guter Jäger auf viele Ehefrauen und Geliebte, während ein schlechter von Frauen und potentiellen Verwandten verachtet wird. Daß das Jagen bei den Sambia als moralische Verpflichtung eine ähnliche Bedeutung hat wie der Viehraub bei den Samburu oder das Fischen bei den Mehinaku, ist offensichtlich. In allen Fällen führt diese kulturell definierte Fähigkeit der Beschaffung von Ressourcen direkt zu Erfolg in der Fortpflanzung. Ein schlechter Jäger kann in der Tat nicht nur seine soziale Stellung, sondern auch seine Frau verlieren, die ihn ganz legitim zugunsten eines anderen Mannes verlassen darf, der ein besserer Jäger ist (ibid., 83). Aus all diesen Gründen üben sich die Männer in ihren männlichen Funktionen als einem Weg zu gesellschaftlichem Erfolg ganz allgemein. »Sie müssen so sein«, wie Herdt sagt (ibid., 203). Sie müssen männlich sein, denn das »Kriegswesen verlangt es, die Jagd erfordert es, die Frauen erwarten es. Das ist der Standpunkt der Sambia: Es ist die alles ausfüllende Antriebskraft ihres Männlichkeitsrituals« (ibid.).

Geschlechterideale

Entsprechend diesen Anforderungen drehen sich die Männlichkeitsvorstellungen der Sambia um zwei Angelpunkte. Als erstes treten sie für ein Männlichkeitsideal ein, das bezogen ist auf die ruhmreiche Mythologie des ehemaligen Kriegers und heutigen Jägers und das auf einem Aggressionsmodell im Verbund mit Tapferkeit und Widerstandskraft basiert. Diese Begriffe haben die Sambia-Männer zu einer »besonderen Konzeption von Männlichkeit« verknüpft (ibid., 16), in der Zähigkeit, Unerschütterlichkeit in Gefahr und Schmerz, entschiedenes Handeln, physische Kraft und Risikofreudigkeit verherrlicht werden. Diese Eigenschaften sind das genaue Gegenteil ihrer Idealvorstellungen von der Frau. Die Verkörperung dieses Ideals ist der Kriegsheld, der allen übrigen Männern als Vorbild dient. Der Führer im Kampf ist stark, aggressiv und viril in jedem Sinne – er stellt die reinste Form des Männlichseins dar. »Die Sambia sind daher vom Kriegerideal der Männlichkeit« beherrscht (ibid.). Es genügt wohl festzustellen, daß dieses Zusammenwirken von anspornenden Bildern und Kriegerideal, das heute teilweise in dem aggressiven Fallenstellen für Wild fortlebt, von existentieller Bedeutung für die Gruppe als Ganzes war, als ihr Überleben von Kühnheit im Kampf und vom Töten abhing. Kriegführung war für die Sambia im Unterschied zu manchen anderen Völkern in Melanesien kein Spiel. Ein Mann, und mit ihm sein Dorf, mußten sich im Kampf beweisen »oder Vernichtung gewärtigen« (ibid., 18).

Herdt erkennt auch die offenkundigen Ähnlichkeiten mit anderen vorindustriellen Kriegergesellschaften westlicher Überlieferung. So verweist er auf die Analogien zwischen den Sambia und den Spartanern der Antike, die wie andere Griechen der Zeit ebenfalls im Kampf eine »männliche« Homosexualität praktizierten (Vanggaard 1972). In beiden Fällen gestattete die Kriegerethik nicht nur vorübergehende homosexuelle Beziehungen zwischen Soldaten und Knaben, sondern ermutigte sie geradezu. Weder die Männer selbst noch ihre Gesellschaft hielten solche Beziehungen für weibisch, sie galten im Gegenteil als maskulin und als förderlich für kämpferische Entschlossenheit (davon später mehr).

Man muß sich allerdings darüber im klaren sein, daß der Soldat sowohl in Sparta wie bei den Sambia beim sexuellen Akt immer die aktive Rolle innehatte, diejenige des »Eindringenden«. Der Geliebte oder Partner des Soldaten war stets ein Jugendlicher minderen Status, der die passive »weibliche« Rolle ausagierte. Der jugendliche Geliebte war in der Alten Welt gewöhnlich ein junger Sklave, der geschlechtliche Beziehungen zu einem Erwachsenen höheren Status unterhielt (Veyne 1985, 32). Ähnlich ist im zeitgenössischen Neuguinea der Neophyt oder Initiand ein vorpubertärer Junge, der noch nicht als »Mann« gilt, so daß der homoerotische Akt aus sambischer Sicht gar nicht wahrhaft homosexuell ist, wenn wir mit diesem Begriff einvernehmliche Beziehungen zwischen Erwachsenen bezeichnen. Bei den Sambia sind derartige homosexuelle Beziehungen in der Tat unbekannt. Aus diesem Grund, und wegen ihrer ritualisierten und vorübergehenden Natur, ist »homosexuell« möglicherweise nicht die korrekte Bezeichnung für die Praktiken der Sambia. Und da Fellatio eher ein Mittel zum Zweck als einen Selbstzweck darstellt, wäre »Maskulinisation« vermutlich der genauere (und weniger ethnozentrische) Begriff.

Die zweite wichtige Überzeugung der Sambia zum Wesen der Männlichkeit betrifft den physiologischen oder ontologischen Status. Die Sambia glauben wie viele andere Gesellschaften, daß männliche Reife nicht das Ergebnis einer natürlichen biologischen Entwicklung ist, die ihrer Ansicht nach bei Männern nicht stattfindet. Deshalb muß sie mit Hilfe kultureller Kunstgriffe erzwungen oder initiiert werden. Darin unterscheidet sich Männlichkeit als Status von Weiblichkeit, die sich durch biologisches Reifen als Ergebnis inhärenter physiologischer Vorgänge entfaltet. Männer sind in dieser Beziehung also »schwächer« als Frauen, denn sie brauchen Hilfe von außen, um sich zu entwickeln, und das ist der Grund für die ausgeklügelten Rituale, durch die Männlichkeit hervorgebracht wird.

Diesem Glauben der Sambia wurden viele eingehende ethnologische Untersuchungen gewidmet. Im Grunde messen die Sambia sexuelle Entwicklung nach zweierlei Maß. Wie Herdt (1982, 54) feststellt, halten sie Weiblichkeit für das Resultat einer natürlichen Entwicklung im Rahmen der stetigen Verbindung eines Mädchens mit seiner Mutter. Männlichkeit andererseits ist kein so selbstverständliches Phänomen, »sie ist eine Leistung, die sich von der reinen Ausstattung mit männlichen Geschlechtsmerkmalen unterscheidet« (ibid.). Während Mädchen also ihre Weiblichkeit aufgrund ihrer bleibenden Bindung an die Mutter entwickeln, müssen Jungen durch kulturelle Mittel in den männlichen Status »hineinwachsen«: »Männlichkeit muß errungen werden« (ibid., 55). Bei alldem fragt man sich, ob die Sambia nicht vielleicht die Neofreudianer gelesen haben (Stoller und Herdt 1982).

Indessen ergibt sich die dualistische Ansicht der Sambia über geschlechtliches Reifen aus ihren physiologischen Vorstellungen und nicht aus theoretischen Lehrbüchern. Die Sambia glauben, daß Frauen von Geburt an ein besonderes inneres Organ haben, *tingu* genannt, das sie langsam auf natürlichem Wege zur Reife bringt. Zwar besitzen auch die Jungen bei der Geburt das gleiche Organ, sind jedoch in dieser Hinsicht von minderwertiger Konstitution, denn ihr *tingu* ist schwach und inaktiv und braucht Samen, um zu wachsen (Herdt 1982, 167–72). Die Sambia glauben, Männlichkeit werde nur erreicht durch rituelle »Besamung«, die den Prozeß auslöst, und anschließend durch schrittweise Lenkung seitens Älterer. Daher die Wichtigkeit ihrer männlichen Initiationsriten, mit denen sich Herdts Untersuchung in der Hauptsache beschäftigt. Das Schlüsselproblem besteht darin, den Jungen dem verderblichen Einfluß seiner Mutter zu entziehen, auf daß sein *tingu* zum Wachsen und Vollenden des Maskulinisationsprozesses angeregt werde. Nähe zur Mutter verhindert dies, zieht den Jungen zurück zu seiner sexuell unbestimmten Kindheit.

Diese Auffassung der Geschlechtsunterschiede ist für das Hochland Neuguineas zwar extrem, aber keineswegs einmalig; sie ist lediglich die extreme Version des weitverbreiteten und leidenschaftlichen Glaubens, Männlichkeit sei etwas Künstliches, eine Überzeugung, die in einigen benachbarten Gesellschaften zu einer Art Zwangsvorstellung geworden ist. So ist man auch bei den Stämmen der Etoro, Onabasulu und Kaluli der Meinung, daß »Jungen nicht als Ergebnis eines natürlichen Vorgangs physisch reif werden« (Raymond Kelly 1974, 16). Diese Völker glauben wie die Sambia, daß »Wachstum und Erreichen der physiologischen Reife durch den kulturellen Initiationsprozeß ermöglicht wird« (ibid., außerdem Schieffelin 1982, 162). Um die männliche Entwicklung zu sichern, scheuen diese Völker keine Mühe.

Ebensowenig reifen die Jungen des nahen Gurumba-Stammes von selbst zu Männern, sondern müssen durch rituelle Aktivierung dazu gebracht werden (Newman und Boyd 1982, 283–285). In den Männlichkeitsritualen aller obengenannten Völker ist homosexuelle Fellatio enthalten. Andere Hochlandstämme, beispielsweise die Mountain Ok, haben die gleiche Vorstellung von der Fragilität der Männlichkeit

– jedoch ohne ritualisierte Homoerotik (Barth 1987). Wieder andere Stämme haben sich zwar noch diesen Glauben bewahrt, aber die Fellatio-Riten aufgrund der Entrüstung der weißen australischen Verwalter aufgegeben. In allen Fällen wird an diesen Vorstellungen festgehalten, und sie bleiben eine Quelle ständiger Beunruhigung.

Vergleichende Studien der Hochlandstämme haben die allgemeine Verbreitung dieser Überzeugung von einer organischen Schwäche der Männlichkeit gezeigt. Für Roger Keesing liegt der Hauptaspekt der neuguineischen Männlichkeitskulte in ihrer Überzeugung, das männliche Geschlecht sei »geschaffen« und nicht »eine natürliche« Folge des Reifens (1982, 5). In seinem umfassenden Überblick weist er nach, daß in der gesamten Region Wachstum und Körperkraft, Tapferkeit und Männlichkeit künstlich durch Mittel erzeugt werden, die gewöhnlich »Perioden der Isolation und Prüfungen, Lehre und Offenbarung« umfassen (ibid., 8). Fast in allen traditionellen Gesellschaften Neuguineas muß ein Junge durch eine Fülle kunstvoll arrangierter ritueller Mittel »zu einem Mann gemacht« werden (ibid., 9). Selbst dort, wo diese Vorstellungen nicht so stark hervortreten, wie bei den Mountain Ok (Barth 1987), sind die Initiationen der Jungen in reichem Maße mit Wachstumsmagie durchtränkt, die den Reifungsprozeß absichern soll. In allen Fällen müssen die Jungen Prüfungen über sich ergehen lassen, die ihre Hingabe an männliche Ideale testen und sie zu einer Männlichkeit drängen, die auf anderem Wege unerreichbar scheint.

Rituelle Initiation

All dies bringt uns zurück zu der Frage der rituellen Fellatio, dem auffallendsten Aspekt der männlichen Initiation bei den Sambia. Die Jungen müssen also Samen, den Wesenskern von Männlichkeit, »essen«, um ihre Körper dazu anzuregen, sich zu »maskulinisieren«. Derartige homöopathische Glaubensvorstellungen mögen uns, die wir Männlichkeit nur »gesunder« Heterosexualität gleichsetzen, sonderbar vorkommen. Doch abgesehen von der Art der Realisierung sollte uns, meine ich, diese Auffassung von männlicher Entwicklung nicht so sehr schockieren. Über die kulturellen Grenzen hinweg gibt es Ähnlichkeiten in der Motivation, wenn schon nicht in der tatsächlichen Praxis.

Außerdem ist, wie wir von den alten Griechen wissen (Dover 1978), in den großen westlichen Überlieferungen sexuelle Inversion an sich nicht überall mit der Vorstellung eines Mangels an Männlichkeit verknüpft, noch gilt Päderastie immer als Zeichen von Unmännlichkeit. Griechische und römische Texte führen eine Fülle von Homosexualität in Aktion vor, und »Liebhaber von Knaben waren in der klassischen Antike ebenso zahlreich wie Liebhaber von Frauen« (Veyne 1985, 28). Griechische und römische Homosexuelle gaben keineswegs zwangsläufig ihren Anspruch auf Männlichkeit auf. Solange Homosexualität den üblichen Leitbildern der »männlichen« (aktiven) Rolle im Geschlechtsverkehr entsprach, war sie völlig vereinbar mit einem gänzlich männlichen Bild, sie bekräftigte es sogar. Die Spartaner waren wie andere Griechen der Zeit überdies der Ansicht, solche Männer stellten die besseren Soldaten, weil sie ihre Geliebten auf dem Schlachtfeld bei sich hätten und somit nicht einsam und mutlos werden könnten. In seiner Studie über die griechische Homosexualität untersucht Kenneth Dover (1983, 99) das Problem eingehend und kommt zu dem Schluß, daß ein »Aufgeben der Männlichkeit« im alten Griechenland nur dann vorlag, wenn ein erwachsener Mann im Geschlechtsakt die passive oder empfangende Rolle akzeptierte, denn nur dann gab er das männliche Vorrecht auf Kontrolle oder Herrschaft auf. Gleiches galt für die Römer, die glaubten, »aktiv zu sein, sei männlich, unabhängig von dem Geschlecht des willfährigen Partners« (Veyne 1985, 29). Plutarch bemerkt in seinem *Gespräch über die Liebe*: »Deswegen rechnen wir auch die Männer, die sich preisgeben, zu der allergemeinsten Sorte und achten sie keines Glaubens, keiner Achtung, keiner Freundschaft wert.« Diese Einstellung findet sich auch in der modernen griechischen Kultur, obwohl ihre Herkunft unklar ist. So notiert beispielsweise Peter Loizos (1975, 286), daß viele zypriotische Griechen zwischen dem *poushtis*, einem Mann, der eine passive oder weibliche Rolle beim Geschlechtsverkehr einnimmt, und seinem homosexuell aktiven Partner unterscheiden. Der *poushtis* oder *poustis*, wie man ihn auf dem griechischen Festland nennt (J. K. Campbell 1964, 216), wird mit Geringschätzung bedacht, doch der aktive Teilnehmer unterliegt keinem Tadel, denn er hat ja die männliche Rolle.

Im weiteren europäischen Zusammenhang sieht Dover die Duldsamkeit gegenüber vorübergehender Homosexualität als eine recht allgemeine Einstellung, die sich in den vorindustriellen Kriegergesellschaften ganz Westeuropas und ebenso in den nördlichen Ländern findet. Im mittelalterlichen Skandinavien galt Männlichkeit beispielsweise durchaus als vereinbar mit Homosexualität und achtbar, solange ein Mann die aktive Rolle in der Begegnung behielt: »In den alten skandinavischen Epen wird die Behauptung ›X benutzt Y als seine Frau‹ als unerträgliche Beleidigung für Y, geschildert, aber dies schien kein ungünstiges Licht auf die Moral von X zu werfen« (Dover 1983, 97f.). Diese Art männlicher Liebe war auch bei den japanischen Samurai üblich und wurde gleichermaßen gutgeheißen. In Japan wurde, wie Ian Buruma schreibt, viele Jahrhunderte lang – und auch heute, wie im Falle des Romanciers Yukio Mishima – Homosexualität nicht nur geduldet, sondern als eine reinere Form der Liebe ausgesprochen positiv bewertet. In Japan »wie in Sparta und Preußen ... [sind] homosexuelle Liebhaber gute Soldaten (jedenfalls hoffte man es)« (1988, 160). Und in den zwanziger und dreißiger Jahren kultivierten einige deutsche Militärs, insbesondere Angehörige des protofaschistischen Freikorps, ähnliche Vorstellungen, wie Klaus Theweleit in seiner Studie der Männlichkeitsideale in der deutschen Kultur, *Männerphantasien* (1987), nachweist.

Kehren wir zurück nach Neuguinea. Das, was die Sambia von all diesen kriegerischen Zivilisationen unterscheidet, ist die formelle Ritualisierung des Übergangs zum Mannsein und nicht ihr erotischer Inhalt. Wie die *moran*-Periode bei den Samburu dauert der rituelle Übergang der Sambia viele Jahre und umfaßt zahllose Zeremonien. Diese Übergangsriten, die nur die Jungen betreffen, beginnen im Alter von sieben oder zehn Jahren und ziehen sich über zehn bis fünfzehn Jahre hin. Es gibt sechs Zwischeninitiationen, die als zwei aufeinanderfolgende, unterschiedliche kulturelle Systeme institutionalisiert und begriffen werden. Die ersten drei Stadien werden kollektiv über drei Monate hinweg gruppenweise durchgeführt, die letzten drei Stadien bilden eine zweite Phase, die sich individuell auf die einzelnen Jungen bezieht und nicht mit der Teilnahme an größeren Einheiten verbunden ist. Die männliche Initiation beginnt mit dem wichtigsten Einzelereignis im männlichen Lebenszyklus, mit der physischen Trennung der Jungen von ihren Müttern. Das ist ein dramatischer Bruch, der den ersten Schritt im Maskulinisationsprozeß darstellt. Gleichzeitig wird von den Älteren ein rein männliches Kulthaus errichtet, in dem die Jungen einen Großteil ihrer Initiandenzeit verbringen. Darauf folgen zahlreiche symbolische und psychologische Einführungs- und Übergangsriten.

Die Jungen werden formell aus der Nähe der Mütter entfernt – die »Trennungsphase« in Van Genneps Schema – und zu einem nur Männern vorbehaltenen Ort im Busch gebracht. Dort werden sie vielen Tests und brutalen Schindereien unterworfen, von denen manche mit Schlägen oder schmerzhaftem Bluten verbunden sind. Der schaurigste Test ist das berühmte Nasenbluten. (Früher stieß man sich auch dicke Bambusstöcke in die Speiseröhre, was starke Blutungen und schmerzhaftes Erbrechen verursachte, aber diese Praxis ist aufgegeben worden.) Herdt schildert das Nasenbluten als den für sich genommen schmerzhaftesten rituellen Akt, der vermutlich einem echten physischen und psychologischen Trauma nahekommt (1981, 224). Die Methode ist einfach: Steife, scharfe Gräser werden in die Nasenlöcher gestoßen, bis das Blut reichlich fließt. Die erwachsenen Männer, welche die Jungen zur Unterwerfung unter diese Selbsttortur »terrorisiert« haben, begrüßen die Blutströme mit einem kollektivem Kriegsschrei (ibid., 225). Die Jungen haben den Mut gezeigt, den sie später auf dem Schlachtfeld beweisen müssen, und gelernt, dem Vergießen des eigenen Blutes keine Beachtung zu schenken.

Auf dieses militärisch aufgeputzte dramatische Ereignis (Kriegsgeschrei) folgen verschiedene andere Riten, in denen es um Nahrungsaufnahme und Erbrechen sowie rituelles Verprügeln mit zeremoniellen Gegenständen geht. Die Jungen werden heftig mit Stöcken und Ruten oder mit stacheligen Gegenständen geschlagen, bis ihre Haut »geöffnet ist« und das Blut fließt (ibid., 222). Man versucht nicht, den Schrecken und die Schmerzen der Initianden in irgendeiner Weise zu mildern; das Entscheidende scheint zu sein, daß solche Agonien überhaupt überstanden werden. Herdt vermerkt, die Riten lehrten die Jungen, das Fließen des eigenen Blutes zu ignorieren und stoische Entschlossenheit zu demonstrieren. Diese Erfahrungen bereiten sie »ausdrücklich« auf ihr künftiges Leben männlicher Standhaftigkeit vor (ibid., 226f.). Ziemlich das gleiche geschieht in anderen Teilen des Hochlands (Read 1965, Newman und Boyd 1982, Keesing 1982), wo die Jungen in ähnlicher Weise durch Schläge abgehärtet werden. Fritz John Pole (1982) spricht zum Beispiel mehrfach von der schockierenden Gewalttätigkeit männlicher Riten bei den Bimin-Kuskusmin und schildert die Angst und Terrorisierung der Jungen, die Tests, den Druck und das Trauma. Und der Ethnograph Tuzin (1982, 325), der von den blutrünstigen Geschehnissen ganz überwältigt war, die er bei den Ilahita-Arapesh erlebte, beschreibt die männlichen Riten als »grausam, brutal und sadistisch«, räumt die Problematik solcher Wertungen jedoch selbst ein.

Andererseits ist der Ritus der homosexuellen Fellatio, der Höhepunkt der Initiation, mit keinem physischen Schmerz verbunden und verlangt lediglich Unterwerfung. Interessanterweise beschreibt Herdt die Sambia als zu »prüde«, um ihn in der Öffentlichkeit durchzuführen. Vielmehr spielt er sich nur zwischen den Beteiligten und meist im Schutz der Dunkelheit ab. Die Jungen werden wiederholt gezwungen, an den Penissen der älteren Männer zu saugen und den Samen zu schlucken; dieser fließt hinunter in das inaktive »Samenorgan«, wo er absorbiert und gesammelt wird. Die wiederholte Sameneinnahme schafft »einen Teich von Männlichkeit« (Herdt 1981, 236), und die Sambia glauben, daß der Same die Knochen des Jungen kräftigt und Muskeln aufbaut. Wenn der Junge dann genügend Samen aufgenommen hat, beginnt die Pubertät, die durch beginnenden Bartwuchs angezeigt wird. (Denken wir an die in Kapitel 2 erörterte symbolische Bedeutung des Schnurrbarts bei einigen Mittelmeervölkern.)

Unter Anthropologen und Psychologen haben die Männlichkeitskulte in Neuguinea mit ihren dramatischen Merkwürdigkeiten natürlich viel Interesse erregt. Sowohl die Blutrituale wie die homosexuelle Fellatio sind aus soziologischer wie psychologischer Sicht auf verschiedene Weise interpretiert worden. So ist zum Beispiel das Nasenbluten sowohl dem Gebärneid wie der Kastrationsangst zugeschrieben worden (Lidz und Lidz 1977). Aber aus den Schilderungen von Herdt und den Daten vieler anderer Neuguinea-Spezialisten geht klar hervor, daß es sich bei diesen Vorgängen in Wirklichkeit um eine ganz bewußte Anstrengung handelt, die Jungen von den Müttern zu trennen und damit die Kindheit zu beenden. Durch das Zerbrechen dieser ursprünglichen Bindung tilgen die Männlichkeitsriten jede Sehnsucht nach Passivität oder Abhängigkeit bei den Jungen und stacheln sie zu einer zornigen Selbständigkeit an, die den politischen und ökonomischen Erfordernissen des Hochlands entgegenkommt. Die Riten haben eine eher kollektive als individuelle Funktion: Sie schaffen eine Charakterstruktur, die einem Leben voll Krieg und Töten dienlich und angepaßt ist. Das Gewaltsame des Vorgehens entspricht der Absicht: einem vollständigen Bruch mit der Vergangenheit.

Um diese These zu illustrieren, wollen wir zunächst das Nasenbluten näher untersuchen und uns sodann dem Problem der Fellatio zuwenden. Eine der oberflächlicheren psychoanalytischen Interpretation der Blutrituale (und des rituellen Erbrechens durch das Schlukken von Bambusrohr) lautet, daß derartige »Ausflußrituale« eine männliche Nachahmung der weiblichen Menstruation darstellten (Bettelheim 1990). Das mag in gewissem Sinne auch zutreffen, doch wenn wir die Betroffenen selbst hören, bietet sich eine soziologisch überzeugendere Erklärung an. Den Sambia zufolge ist der ausdrückliche Zweck erstens, die Jungen für die Härten des Lebens als Kämpfer vorzubereiten, und zweitens, ihre Körper von mütterlichen Einflüssen zu befreien – ein Purgativ, welches das Reifen vorbereitet. Das Nasenbluten hat den ganz spezifischen Sinn, das Blut und die Milch sowie andere »verunreinigende« weibliche Einflüsse aus dem Körper des Jungen zu entfernen, denn diese mütterlichen Einflüsse behindern das Männlichwerden und damit den Eintritt in die Erwachsenenrolle. Herdt sagt dazu: »Wie das Rohrschlucken ist das Blutvergießen eine notwendigerweise schmerzhafte Art, sich von inneren mütterlichen Einflüssen zu befreien« (1981, 225). Diese Haltung spiegelt sich auch in der Ausdrucksweise der Einheimischen. Wenn die Riten dem Ende zugehen, ermahnen die Älteren die Initianden: »Ihr Novizen seid mit euren Müttern zusammengewesen. Sie haben ›schlechte Worte‹ zu euch gesagt. Ihre Reden sind in eure Nasen hineingegangen und haben euch gehindert, groß zu werden. Eure Häute sind nichts wert. Jetzt könnt ihr wachsen und schön werden; wir haben euch dazu verholfen« (ibid., 226).

Um Distanzierung von der Mutter und den Verzicht auf ihr entwicklungshemmendes, verweiblichendes Nähren geht es auch beim rituellen Erbrechen. Aus allen in Neuguinea gesammelten Beispielen geht eindeutig hervor, daß nicht die Menstruation simuliert oder Frauen imitiert werden sollen, sondern daß die mütterlichen Substanzen aus dem Körper des Jungen entfernt und eine Unabhängigkeit von der Mutter als Trägerin des Lebensunterhalts eingeübt werden muß. Das Erbrechen soll den Jungen von allem befreien, was er an Blut im Bauch seiner Mutter geschluckt hat, und, vor allem, von jeglichem gefährlichen Menstruationsblut, das er ahnungslos »mit der Nahrung, die seine Mutter für ihn bereitet hat«, in sich aufgenommen hat (Lidz und Lidz 1977, 20).

Das offen bekannte Ziel ist also nicht, Frauen oder ihre Funktionen nachzuahmen, Menstruation oder Gebären, sondern das genaue Gegenteil; die Mutter zurückzuweisen, sie aus dem Körper des Jungen auszurotten, indem man ihre Milch und ihr Blut fortschwemmt, den Jungen psychologisch von ihr entwöhnt und ihn auf den Weg zur Unabhängigkeit bringt. »Jungen müssen traumatisch getrennt und von weiblichen Schadstoffen gesäubert werden, damit sich ihre Männlichkeit entwickeln kann« (Herdt 1982, 55). Bei diesem Vorgang handelt es sich nicht um Imitation oder gar eine symbolische Umkehrung der Geschlechter, sondern eher um einen männlichen Statusübergang. Es geht nicht so sehr darum, die Selbstidentität als Mann zu etablieren, obwohl auch das im Spiel ist; vor allem jedoch soll Autonomie als Grundpfeiler des männlichen Charakters aufgebaut werden, und diese wird eingeleitet, indem »prägenitale Fixierungen« (Bettelheim 1990) einer unaufgearbeiteten Kindheit bewältigt werden. Auch die anderen Eingeborenenvölker des Hochlands sind sich des Sinnes ihrer Riten klar bewußt. So sagen die Siane zum Beispiel über ihr Nasenbluten-Ritual: »Das Blut der Mutter wird fortgewaschen« (Salisbury 1965, 62). Die Ilahita-Arapesh sagen, der Zweck solcher männlicher Initiationen sei, »den Körper des männlichen Kindes von den verderblichen Einflüssen der Milch seiner Mutter zu befreien«, sonst »gibt es keine Gewähr, daß künftiges Waschen ihn zu einer kompetenten Männlichkeit führen wird« (Tuzin 1980, 37). Die Psychologen Lidz und Lidz kommen in ihrer anregenden Erörterung der neuguineischen Riten zu dem gleichen Resultat (1977, 29).

Merkwürdigerweise weist eine ähnliche Wortgebung auf eine Verbindung zwischen dem Entwöhnen und den homosexuellen Fellatio-Riten. In Herdts Bericht über die Fellatio überrascht die starke Assoziation, ja Gleichsetzung in der Kultur der Sambia von Muttermilch mit Samen. »Samen ist die Substanz, die der Milch aus der Brust am nächsten kommt«, lassen die Sambia wissen (Herdt 1981, 235). Für sie ist Samen die »Milch des Mannes« (ibid., 186f.), und Fellatio wird häufig mit dem »mütterlichen Brustnähren« verglichen (ibid., 234). Unter sich nennen die Initianden den Samen *neimi aamoonaaly*, »unsere Brustmilch«, und die tatsächliche Samenkonsumtion des Jungen ist *monjapi'u*, »Nähren eines Kindes durch die Mutter« (ibid., 235). In ähnlicher Weise wird von den Sambia der Penis als kreatives Organ mit der Brust verglichen, und für beides gelten die Luftwurzeln des Pandanusbaums als Symbol, die einen milchigen Saft abgeben, wenn sie geschnitten werden. Herdt sieht in dieser Identifikation eine Form von »gezielter Projektion«, einen Symbolisierungsprozeß, in dem ein Teil eines größeren Ganzen subjektive Vorstellungen oder Phantasien abbildet.

Aus dem Vorangegangenen ist klar ersichtlich, daß auch die Fellatio eine Form psychischer Verstärkung des Entwöhnens von der Mutter ist und den Prozeß der Trennung und der maskulinen Selbsterschaffung symbolisch unterstützt – eine homöopathische Substitution der oralen Befriedigung durch eine phallische Fellatio und das Schlucken von Samen tritt also an die Stelle der Abhängigkeit von der Muttermilch, ähnlich wie die Aufnahme des Saftes der Pandanuswurzel das Saugen an der Mutterbrust ersetzt (Herdt 1981, 235). Milch hat eine doppelte symbolische Bedeutung: der Fortpflanzung sowie der ernährungsmäßigen Abhängigkeit des Jungen von der Mutter. So dürfen wir mit Herdt abschließend feststellen, daß es sich bei den Ritualen der Sambia nicht spezifisch um Kastration oder Imitation des Weiblichen handelt, sondern um die »Trennung von der Mutter« (ibid., 279).

Herdt geht diesem Punkt noch weiter nach. Er präsentiert eine soziopsychologische Erklärung, die ich interessant finde, wenn sie auch vieles beschönigt. Er legt überzeugend dar, daß die erzwungene Trennung mit der langen Abhängigkeit der Jungen von ihren Müttern und ihrer späten Entwöhnung zusammenhängt. Auch anderswo klammern sich Jungen an ihre Mütter, aber die Jungen der Sambia schlafen noch bis weit über das Kleinkindalter hinaus eng bei der Mutter. Kinder bleiben mit ihren Müttern stark verbunden noch nach der tabuisierten Schonzeit im Anschluß an die Geburt, während Männer die Kinder meiden, aus Angst, »unmännlich« zu erscheinen (ibid., 213), so daß die kleinen Jungen in der Tat in einer Welt älterer Frauen aufwachsen. Muttermilch bleibt die »Schlüsselquelle« für Nahrung und Kraft bis ins zweite und manchmal dritte Lebensjahr hinein (ibid., 214). Herdt berichtet, daß viele Jungen noch im Alter von fünf Jahren zu ihrer Mutter laufen, wenn sie in Schwierigkeiten sind, um an ihrer Brust zu saugen. In vielen Fällen wirkt sich die mütterliche Obhut entwicklungshemmend aus, wandelt sich zu einem Würgegriff und behindert den Übergang des Jungen in einen autonomen Zustand des Männlichen. Die Männer stellen fest, daß das Kind »zu abhängig« von der Mutter und ihrer Brust ist (ibid., 213 f.), und anscheinend sehen sie in der Entwöhnung durch die eigenen Penisse die Gesamtlösung des Problems.

Dies alles scheint die berühmte These von John Whiting und seinen Mitarbeitern (1958), derzufolge die Wirkung jener harten und blutigen Riten mit der hinausgezogenen Mutter-Kind-Symbiose zusammenhängt, weitgehend zu stützen. Obwohl das in diesem Fall plausibel klingt, ist die Verbindung als allgemeine Regel doch nicht sehr überzeugend. Ähnliche Riten finden sich in verschiedenen Gesellschaften, die ganz unterschiedliche Formen der Kinderbetreuung haben – zum Beispiel bei den Samburu –, und es scheint wahrscheinlicher, daß die regressiven Tendenzen, welche die Sambia mit ihren Ritualen bekämpfen, universell sind und daher nicht spezifisch für ihre Kultur. Die Unterschiede liegen in der Intensität dieser Riten, die je nach dem Grad von Härte und Wettbewerbsgeist in der männlichen Erwachsenenrolle variiert. Auch ist die lange Intimität der Sambia-Jungen mit ihren Müttern nicht so ungewöhnlich; späte Entwöhnung gibt es in vielen Gesellschaften, in denen derartige Riten nicht üblich sind und Männlichkeit eher heruntergespielt wird, wie beispielsweise bei den sanften Semai in Malaysia (Kapitel 9). Rituelle Praktiken an sich können nicht mit Sicherheit auf Formen frühkindlicher Betreuung zurückgeführt werden, obwohl das einige psychologische Anthropologen versucht haben.

Insgesamt kann man trotz gewisser Unterschiede auffallende grundlegende Ähnlichkeiten zwischen den Ritualen der Samburu und denen der Sambia feststellen, die die Hypothese stützen, Männlichkeitsideale seien als zweckmäßige Reaktion auf Gruppenbedürfnisse zu begreifen. Gesellschaftlich wird Männlichkeit erst dann sanktioniert, wenn das Individuum die vorgeschriebenen Verpflichtungen zu Verzicht und Erneuerung erfüllt hat, die zur Sicherheit und zum Wohlstand der Gruppe beitragen. Der Pilger auf der Wallfahrt zur Männlichkeit gewinnt ein soziales Gut und eine soziale Identität – und gleichzeitig die Zuneigung und Aufmerksamkeit der Frauen.

Andere Riten, andere Formen von Männlichkeit: Die Gisu

Bis vor kurzem waren die Sambia und die Samburu Gesellschaften, die von Kriegs- und Beutezügen, durch den Speer lebten und starben. Kriegs- und Schlachtenruhm ist ihnen noch frisch im Gedächtnis, und so spiegeln ihre Anforderungen an Männlichkeit eindeutig Reste militaristischer Anpassung. Aber Ähnlichkeiten in der männlichen Ideologie finden sich auch bei vielen andersartigen Gesellschaften mit ausgeklügelten Männlichkeitsriten, in denen Kriege und Raubzüge keine Rolle spielen oder unbekannt sind. Die Verbindung zwischen Militarismus und Männlichkeitsvorstellungen (Divale und Harris 1978, Theweleit 1987), die in beiden Fällen stark und eingestandenermaßen präsent ist, ist lediglich zum Teil kulturübergreifend. Als Beispiel möchte ich eine andere afrikanische Gesellschaft heranziehen, die Gisu in Ostuganda, über die Jean La Fontaine (1986) und Suzette Heald (1982) berichtet haben.

Die Gisu leben nicht weit entfernt von den Samburu vorwiegend vom Feldbau; wie ihre ostafrikanischen Nachbarn betreiben auch sie Viehzucht und Viehhandel. Obwohl sie in ferner Vergangenheit Krieger waren, gaben sie zu Beginn dieses Jahrhunderts unter der Pax Britannica das Kämpfen endgültig auf (Heald 1982, 17), und sie geben sich auch nicht mehr mit Viehdiebstahl oder anderen Formen organisierter Gewalt ab. Ebensowenig schätzen sie Zornesausbrüche oder Launen bei Männern und verlangen Selbstdisziplin und Höflichkeit von beiden Geschlechtern. Ihre Vorstellungen von Männlichkeit sind auf Ideale »schöpferischer Kraft« gegründet, die nicht so sehr mit physischer Stärke als vielmehr mit Erfindungsgeist und einer Tatkraft gleichzusetzen ist, die wir wohl »Zielstrebigkeit« nennen würden (ibid., 18). Die Kriegserfahrung vergangener Zeiten übt offenbar noch einigen Einfluß auf ihre Männlichkeitsideale aus, aber sie ist kein primärer Gesichtspunkt mehr.

Unter diesen verhältnismäßig friedfertigen Bauern werden die Jungen Übergangsriten unterworfen, die vielleicht weniger gewaltsam, aber ebenso anstrengend sind wie diejenigen der Sambia und Samburu. Sie enthalten ähnlich schmerzvolle Blutrituale, die für die Gisu eine Art »Wiedergeburt« des Jungen in der Welt maskuliner Reife bedeuten. In La Fontaines Worten (1986, 119) müssen die Jungen der Gisu während ihrer Initiationszeit »Furcht besiegen« und »Selbstkontrolle lernen«, bevor sie als Männer gelten können. Zusammen mit verschiedenen Fruchtbarkeitsriten, bei denen die Jugendlichen mit Hefe und anderen Substanzen eingerieben werden, ist das Hauptereignis der Initiation die Beschneidungszeremonie. Dieser

Ritus, *imbalu* genannt, ist ausdrücklich als Qual geplant, die »unter äußersten Schmerzen größte Standhaftigkeit« verlangt (Heald 1982, 17).

Wie die Jungen der Samburu muß der Gisu-Junge vollkommen regungslos stehen, ohne die leiseste Bewegung, während zuerst die Vorhaut aufgerissen und sodann das subkutane Fleisch langsam um die Eichel herum entfernt wird. Der Grad der Schmerzen wird weder vor noch nach der Zeremonie heruntergespielt und von den Älteren ihren Schützlingen gegenüber als »heftig«, »bitter« und »erschrekkend« beschrieben. Die Beschneidung wird vollzogen, wenn die Jungen zwischen achtzehn und fünfundzwanzig Jahre alt sind. Jegliches Zeichen von Feigheit vorher oder danach, selbst das geringste Zögern oder ein unwillentliches Zucken während der Prozedur, bringt als Strafe nicht nur individuelle Schande mit sich, sondern auch die Möglichkeit der völligen Auslöschung der väterlichen Abstammungslinie. Wenn ein Junge schwankt oder fortläuft, heißt es, er habe »seine Verwandtschaft verflucht« (ibid., 17). Keinerlei Bemühung findet statt, die Ängste des Jungen vor der Operation oder seine Qualen während dieser Bewährungsprobe zu mindern. Sinn des Ganzen ist, Männer »stark« und »stolz« zu machen, indem man die jungenhafte Furcht vor dem Schmerz austreibt (ibid., 26).

Auch die friedlichen Gisu bewundern wie die Samburu und die Sambia »Unabhängigkeit und Wettbewerbsgeist« an Männern (La Fontaine 1986, 122), wenn auch nicht mehr in kriegerischem Geist, sondern im Interesse des Stammeslebens, in dem Ressourcen rar sind und technologische Kenntnisse primitiv. Die Jungen betreten eine Erwachsenenwelt des »freien Wettbewerbs mit anderen Männern«, in der sie, um Heim und Familie zu unterhalten, ihre Fertigkeiten und Tatkraft gegen andere Männer in ähnlicher Situation einsetzen müssen (Heald, 1982, 23). Dieser Wettbewerbsgeist zeigt sich weniger im Töten von Feinden oder im Viehdiebstahl wie bei den Sambia und Samburu, sondern vielmehr in materieller Produktivität wie bei den Mehinaku. Von den Novizen werden schöpferische Leistungen und Ausdauer verlangt. Rituelle Ermahnungen zielen auf Eigenschaften wie Verantwortungsgefühl, Sparsamkeit, Standhaftigkeit und harte Arbeit und schließen stets das Gebot ein: »Zeuge Söhne« (La Fontaine 1986, 125). Die männlichen Riten sind somit öffentlicher Ausdruck der männlichen Verpflichtung zu schöpferischer Tätigkeit für die Allgemeinheit, die von einem Mann erwartet, daß er die Güter beschafft und Dienste leistet, die seine wachsende Verwandtschaftsgruppe zum Leben benötigt (Heald 1982, 26). Der Aufstieg der Jungen zum Mannsein ist daher eine öffentliche Prüfung dieser unverzichtbaren sozialen Tugenden. Entsprechend spielen in ihren Übergangsriten Öffentlichkeit und Bewährung eine große Rolle: La Fontaine hebt die »ganz öffentliche, sehr kritische Bewertung der Leistungsfähigkeit bei der qualvollen Prüfung« hervor (1986, 124).

Nach der Beschneidung werden auch die Jungen der Gisu vom Dorf isoliert, und jeder Kontakt mit älteren Frauen ist ihnen verboten. Sie müssen lernen, im Busch für sich selbst zu sorgen. Schließlich, wenn die Initiationszeit vorüber ist, kommt der Beschneider zu ihnen und übergibt ihnen feierlich die Werkzeuge, die ihre künftige Arbeit symbolisieren: Feuer, eine Hacke, ein Messer, ein Trinkrohr und andere Utensilien des Erwachsenenlebens. Die Betonung in allem liegt auf Autonomie in der Arbeitsrolle.

Wenn die Initiationszeremonien der Gisu auch nicht auf Krieg und Töten ausgerichtet sind, so geht es bei ihnen doch auch, wie bei den Sambia und Samburu, um die damit verbundenen Aspekte von Abhängigkeit und Unabhängigkeit. Es geht darum, männliche Kraft einzuflößen, »die verantwortlich und unabhängig« sein muß (ibid., 125). Bande zur Mutter müssen zerrissen werden, während Selbstbehauptung aufgebaut und Arbeitskraft aufs höchste gesteigert wird. Die Gisu glauben, daß die Qualen der Beschneidung eine »Wildheit« in dem Jungen erwecken, die ihn zu einem unabhängig Handelnden macht, der sich vor nichts fürchtet, hat er doch bereits die schlimmsten Schmerzen, die das Leben zu bieten hat, hinter sich. Im ganzen ist somit die männliche Initiation der Gisu ein paralleler Weg zu einer schwer faßbaren Männlichkeit, die als Verpflichtung gegenüber Gruppenzielen verstanden wird und daher »ausdrücklich das Testen und Aneignen männlicher Fähigkeiten« anstrebt (ibid., 119). Wiederum scheint der Inhalt der Riten weniger wichtig als ihre Wirkung: Maximieren von Produktivität auf allen Gebieten des männlichen Lebens.

Beschneidung ist zwar in Ostafrika allgemein üblich, jedoch ist sie nicht Mittelpunkt aller afrikanischen Initiationsriten. So ist sie beispielsweise in den Ritualen des Stammes der Mende in Sierra Leone, Westafrika, nicht vorgesehen (Little 1967). Die Mende bewirtschaften den Boden. Wie die Gisu gaben sie das Kriegerleben unter der englischen Kolonialregierung Anfang dieses Jahrhunderts auf. Bei ihnen muß ein Junge in die Poro-Gesellschaft eingeführt werden, bevor er als Mann gelten und eine Frau nehmen kann. Auch ohne Beschneidung ist diese Initiation ein ebenso anstrengender und rauher Test des Durchhaltens. Die Mende glauben, daß der Poro-Geist den Jungen »schlucken« muß, bevor dieser als Mann wiedergeboren werden kann. Um diese Metamorphose zu gewährleisten, muß dem Jungen die Haut am Rücken eingeschnitten werden: Die Narben sind Sinnbild der Zähne des hungrigen Geistes. Mit seinen Gefährten wird der Novize zu einem Ort im Busch verbracht, wo ihn die Älteren erwarten, um das Poro-Ritual durchzuführen.

Der Reihe nach werden die Jungen von einigen älteren Männern gepackt und nackt ausgezogen. Die Kleider bleiben griffbereit, um das zu erwartende Blut zu stillen. Sodann wird der Initiand brutal auf den Boden geworfen, auf den Bauch; die Älteren schneiden die vorgeschriebenen Zeichen auf seinem Rücken entweder mit einem Haken oder mit einer stumpfen Rasierklinge ein. Wenn der Junge Angst zeigt oder während der brutalen Operation zu fliehen versucht, wird er vorübergehend außer Gefecht gesetzt, indem man seinen Kopf in ein schlammiges Loch stößt, das zu diesem Zweck vorher ausgehoben worden ist.

Nach dieser Tortur werden die Jungen zu einer längeren Überlebenslehre in den Busch geschickt. Dort sollen sie ohne jede Aufsicht von Erwachsenen Härten und Gefahren klaglos ertragen und »sich daran gewöhnen« (ibid., 120). Man versagt ihnen jede moderne Ausrüstung (wie den ägäischen Schwammtauchern, von denen in Kap. 1 die Rede war), und sie müssen für all ihre materiellen Bedürfnisse, auch die Nahrung, selbst sorgen. Weinen ist bei Strafe körperlicher Züchtigung verboten. Während dieser Zeit müssen die Jungen lernen, »geübt zu werden in dem besonderen Handwerk, das sie wählen« (ibid., 121). Der Übergangsritus der Mende ist sowohl symbolisch wie praktisch (Little 120), er prägt dem Jungen grundlegende Verpflichtungen ebenso ein wie die Regeln der »Rolle, die er als Mann zu spielen hat. Das Ziel ist, ihn zu lehren, Selbstdisziplin zu üben und sich auf sich selbst zu verlassen«.

Ziele

Die Sambia, Gisu und Mende werden Männer, indem sie ihre Leistungsfähigkeit in Kampf und Krieg, für wirtschaftliche Unternehmungen und Fortpflanzung unter Beweis stellen – kurz, für soziale Ziele. Wie aber steht es um die Behauptung einiger feministischer Kritikerinnen, die Männlichkeitsrituale mit ihrer Zelebrierung männlicher Kräfte seien im Grunde lediglich Täuschungsmanöver, um die Unterdrückung der Frauen zu rechtfertigen (Rubin 1975, Ortner 1974, Godelier 1987)? Ist es der Zweck dieser Riten und der damit verbundenen Glaubensinhalte, die männliche Herrschaft und die Herabsetzung von Frauen zu zementieren? Läßt man die Jungen derart leiden, auf daß sie ihrerseits später ihren Frauen Leid zufügen? Für diese Denkrichtung spricht einiges. Männliche Riten und Kulte finden sich vor allem in patriarchalischen Gesellschaften, die auch in der Rangordnung stark zwischen den Geschlechtern unterscheiden. Die Riten verleihen den Männern eine gewisse geheimnisvolle Aura, die sie den Frauen »überlegen« macht, oder sie verherrlichen männliche Einheit, die wiederum das Gefühl der Überlegenheit verstärken kann. Auch wenn man bei der Übertragung einzelner Charakteristika auf ganze Gesellschaften vorsichtig sein sollte, kann man zu Recht die Gisu, Samburu, Mende und Sambia als androzentrische Gesellschaften in dem Sinne betrachten, daß Männer bei ihnen die politische Macht als Monopol ausüben. Dennoch kann diese Herrschaft nicht der einzige Zweck oder Effekt derartiger Rituale und Glaubensinhalte sein. Wichtig ist, daß solche qualvollen männlichen Riten nicht immer mit männlicher Dominanz, Gegensätzen zwischen den Geschlechtern oder Hierarchie verbunden sind, stets jedoch mit Fruchtbarkeit, Dienst an der Sippe oder kollektiver Verteidigung. Noch wichtiger ist, daß sie auch in Gesellschaften auftreten, in denen die Männer sanft und die Geschlechter relativ gleichberechtigt sind.

Nehmen wir die assimilierten amerikanischen Juden als Beispiel. In dieser physisch sanften Kultur neigen die Frauen dazu, im täglichen Leben und in der Familie die Männer zu beherrschen. Und doch existieren sogar hier trotz relativer Gleichberechtigung der Geschlechter sowohl männliche Initiationen wie moralische Gebote zur Männlichkeit, die auf ähnliche Prüfungen und Bewertungen gegründet sind. Wie wir sahen, ist der jüdische »Mensch« ein Mann, der seinen Frauen eher zur Seite steht und sie beschützt, als daß er sie beherrscht. Er ist eine gütige Seele und ein sorgender Ehemann und Vater. Ähnlich ist der He-man der Mehinaku jemand, der für seine Frau sorgt und sie befriedigt: keineswegs ein Mann, der sie schlägt. Auch die spanische *hombría* beruht auf dem Dienst an der Ehefrau und Familie, nicht auf ihrer Beherrschung. Männliche Herrschaft mag in einigen dieser Fälle als Begleiterscheinung männlicher Ideologie oder Initiation vorhanden sein, sie mag auch zur Erklärung mancher Zeremonien beitragen, aber ich glaube nicht, daß sie als die einzige oder auch nur als die bedeutsamste Konsequenz solcher männlichen Rituale oder Ideologien gelten kann.

Als weiteres Beispiel für diesen »unsexistischen« Aspekt der Männlichkeitsbilder können wir zurückkehren zu dem »harmlosen Volk« der !Kung-Buschmänner von Botswana (Thomas 1962). Sie repräsentieren angeblich ein Ideal sexueller Gleichheit, das Feministinnen wie Eleanor Leacock (1978) als Vorbild für den Westen hinstellen. Doch auch die !Kung-Jungen sind Prüfungen unterworfen, bevor sie offiziell zu Männern werden. Abgesehen davon, daß sie eine ausgewachsene Antilope töten müssen, unterziehen sie sich einer harten Form von Quälerei, die *Choma* genannt wird. Wie bei den anderen Riten, die wir untersucht haben, gehört bei den Buschmännern die übliche Trennung von den Müttern dazu sowie – nach der Typologie von Van Gennep – eine »Schwellen«-Periode in einem unentschiedenen Status und eine »Wiedergeburt« in der Welt der Männer. Diese Periode schließt Härten ein, welche die Jungen für die gefährlichen Aufgaben vorbereitet, die sie als Jäger erwarten. Das, was geschieht, ähnelt den anderen männlichen Prüfungen, auch wenn kein menschliches Blut vergossen und den Jungen nicht grundlos Schmerz zugefügt wird. Nichtdestoweniger sind grausame Tests männlicher Widerstandskraft im Spiel. Eine kurze Beschreibung von *Choma* wird das anschaulich machen.

Wenn sie zwischen fünfzehn und zwanzig sind, werden die Jugendlichen der !Kung von den Frauen einige Wochen lang getrennt. Sie werden gezwungen, in der Wildnis für sich selbst zu sorgen, in der sie später Wild jagen werden. Marjorie Shostak, die die !Kung viele Jahre lang erforscht hat, erläutert: »Während dieses intensiven und strengen Rituals erleben die Initianden Hunger, Kälte, Durst und extreme Erschöpfung, die von unentwegtem Tanzen herrührt« (1981, 239). Das Ritual erstreckt sich über eine Zeitspanne von sechs Wochen, die als eine heilige Periode betrachtet wird. Die Jungen dürfen sich nicht an ihre Mütter wenden und bekommen keine Hilfe von den Vätern, denn sie sollen lernen, für sich selbst zu sorgen. Während dieser heiligen Zeit sind sie praktisch gezwungen, ihre Umgebung zu erkunden und deren Flora, Fauna und Topographie kennenzulernen. Nachdem sie durch das Töten einer Antilope ihre Überlebensfähigkeit bewiesen haben, gelten sie als Männer; sie dürfen heiraten und eine Familie gründen. Von nun an erwartet man von ihnen, daß sie mehr Fleisch beschaffen, als sie konsumieren.

Der Übergang der Buschmänner zur Männlichkeit ist vielleicht sanfter als anderswo, er bleibt jedoch eine Prüfung in kulturbezogenen Fähigkeiten und ist dem der Samburu und Sambia sowohl in den Mitteln wie in den Zielen vergleichbar. Die sanften egalitären, nicht sexistisch eingestellten Jungen der Buschmänner müssen extreme Entbehrungen und Erschöpfung durchmachen, sie müssen lernen, mit allen Situationen fertigzuwerden und sich und ihre Umgebung zu beherrschen, bevor sie Männer werden können. Auch dieser Übergangsritus scheint schwerlich vereinbar mit der Behauptung, männliche Initiationen seien einheitlich oder dienten primär der Etablierung männlicher Herrschaft. *Cui bono?* Wer profitiert davon? Jeder.

8. KAPITEL

Zwei Facetten: Ost- und Südasien

Der Weg zur Männlichkeit ist schwer.

Ian Buruma, *Japan hinter dem Lächeln*

Die Vorstellung, daß Männlichkeit ein Sieg über den Impuls sei, vor Gefahren davonzulaufen, ist auch in einigen Kulturen zu finden, die man normalerweise nicht mit der hypermaskulinen Selbstherrlichkeit verbindet, der wir bisher begegnet sind. Das Thema ist zwar noch nicht gründlich erforscht – wohl mehr aufgrund von Mangel an Interesse als von fehlenden ethnographischen Anhaltspunkten –, aber es finden sich doch einige interessante, wenn auch schwache Entsprechungen in den volkreichen Zivilisationen Asiens. Besonders anregend sind solche Tendenzen in China, Indien und Japan, also bei Gesellschaften, die weder für rücksichtslosen Individualismus noch für sexuelle Prahlerei bekannt sind. Es lohnt sich, den asiatischen Männlichkeitsvorstellungen nachzugehen, da sie viele Nuancen und Kontraste zu unserem Mosaik beisteuern. Wir beginnen mit China, einer Gesellschaft, die intensiv untersucht worden ist, aber erst seit kurzem unter dem Gesichtspunkt der Geschlechter.

Wahre Männer in China

Erste Informationen zur chinesischen Auffassung von Männlichkeit können wir einer neueren Studie über Chinatown in Oakland, Kalifornien, entnehmen. Nach dieser Untersuchung einer »verpflanzten« Kultur werden wir uns den Daten zuwenden, die von Kulturanthropologen in China selbst zusammengetragen wurden. Als Quelle für das chinesisch-amerikanische Material dient uns die Dissertation von Rita Chou (1987) über Gesundheitsverhalten und medizinische Behandlung bei älteren Menschen.

In der Chinesenstadt von Oakland fühlen sich die dort tätigen Angestellten der städtischen Gesundheitsdienste frustriert darüber, daß es ihnen nicht gelingt, die Männer der Gemeinde, zumal die weniger assimilierten älteren, von der Notwendigkeit zu überzeugen, medizinische Betreuung in Anspruch zu nehmen. Chou schildert, wie sich die alten, kulturell konservativen Männer entrüstet weigern, eine Klinik aufzusuchen, als wäre dies etwas Ehrenrühriges. Lieber sterben sie oder leiden schweigend, als daß sie die Dienste der Gesundheitsbehörden annähmen. Auf ihrem Recht bestehend, selbst die Kontrolle über ihr Leben zu behalten, nehmen sie häufig zu unwirksamen traditionellen Heilpraktiken Zuflucht, über die sie selbst bestimmen, oder sie verzichten überhaupt auf jede Hilfe – mit den voraussehbaren Folgen. Traurig über ihre mißliche Lage, suchte Chou nach Erklärungen für dieses Widerstreben.

Der Grund, den die Männer angeben, ist uns vertraut. Medizinische Betreuung in Anspruch zu nehmen, hieße, hilflos oder abhängig zu erscheinen. »Männer brauchen keine Hilfe«, sagen sie, »nur Frauen tun das«, und sie fügen hinzu, daß es für kleine Kinder durchaus in Ordnung sei, um Hilfe nachzusuchen. Andere um Beistand anzugehen, ist mit ihrem Bild von Männlichkeit unvereinbar (ibid., 176). Chou gibt uns über dieses Selbstbild oder seine historischen Hintergründe keine weiteren Auskünfte, aber es ist klar, daß das Meiden jeder Abhängigkeit eine entscheidende Rolle dabei spielt. Läßt sich diese Auffassung zurückverfolgen zu Vorstellungen aus dem alten China?

Viele westliche Beobachter meinen, in der traditionellen chinesischen Kultur mit ihrer starken Betonung der Loyalität den Eltern gegenüber spielten Männlichkeitsthemen eine geringere Rolle als in der westlichen Welt. Einige Wissenschaftler haben sogar versichert, daß viele chinesische Traditionen, zumal in Religion und Kunst, eine androgyne Qualität enthielten (vgl. Ames 1981). Obwohl das zutreffen mag, können wir bei näherer Betrachtung feststellen, daß neben derartigen Traditionen durchaus ein Männlichkeitsbild existiert, besonders, wie Chou nachweist, bei den Menschen vom Lande, die den Großteil der Einwanderer in den Vereinigten Staaten stellen. Indessen manifestiert sich dieses Konzept aufgrund der chinesischen Ächtung von Individualismus und unschicklicher Zurschaustellung subtiler als in den Macho-Gesellschaften. Es schließt auch zweifellos nicht die Bereitschaft ein, auf Herausforderungen gewalttätig zu reagieren. Jedoch ist Männlichkeit als besondere Leistungskategorie mit eigenen sprachlichen Kennzeichnungen dennoch ein Thema von beträchtlichem öffentlichen Interesse und wird vor allem von jungen Männern und Frauen viel diskutiert. Und die Beunruhigung der eingewanderten Chinesen in Oakland um das Problem der Männlichkeit läßt sich auch zum asiatischen Festland zurückverfolgen.

So führte das Forschungsteam der Historikerin Emily Honig und der Anthropologin Gail Hershatter (1988) vor kurzem eine detaillierte Untersuchung der Geschlechtervorstellungen und -ideale in der Volksrepublik China durch. Sie stellten fest, daß die folgenden Charakteristiken noch immer als Ideale des männlichen Bildes hochgehalten werden – trotz Lippenbekenntnissen der Regierung zur Gleichberechtigung. Der ideale Mann muß ihren Informanten zufolge, »Mut, Selbstvertrauen« und andere Eigenschaften aufweisen, die allgemein zum »männlichen Temperament« *(nanzihan qizhi)* gehören (ibid., 101). Dieser häufig von Informanten zitierte und auch sonst gebrauchte Begriff hat mit moralischem Mut und Initiative am Arbeitsplatz zu tun. Ein »echter Mann« ist diszipliniert und unabhängig, zumal von Frauen. Er muß sich hilfreich und respektvoll gegenüber alten Menschen, vor allem seinen Eltern und älteren Geschwistern, zeigen. Er klagt niemals, klammert sich nirgendwo an und ist kein Speichellecker.

Als eine junge Frau von diesen Einstellungen sprach, erklärte sie, sie würde jeden Mann energisch abweisen, der sich abhängig verhielte oder seine Arbeitsrolle vernachlässigte, um ihr den Hof zu machen. Diese Informantin, eine typische unverheiratete Landarbeiterin, sagte: »Wenn ein Mann nur dazu fähig ist, zu Füßen einer Frau zu knien, ist er meiner Liebe nicht würdig« (ibid., 110). Andere befragte Frauen waren derselben Ansicht und zeigten die gleiche Verachtung für unreife oder abhängige Männer, die, in ihren Worten, keine wirklichen Männer seien. Diese Vorstellungen scheinen ebenso in städtischen Gebieten, auch unter den Industriearbeitern der Großstädte vorzuherrschen. Die Anthropologin Margery Wolf (1985) führte in den frühen achtziger Jahren eine Feldforschung über Geschlechterideale und -stereotypien in der Volksrepublik durch. Sie fand in Peking die traditionellen Ansichten über Geschlechterunterschiede fest verankert. Auf die Frage, warum noch immer nur Männer und keine Frauen Führungspositionen in der chinesischen Industrie besetzten, sagte ihr ein männlicher Arbeiter, Männer seien bessere Arbeiter, weil sie unabhängiger seien und »mehr Energie« hätten. Der Vorgesetzte dieses Mannes führte das weiter aus: »Männer brauchen nicht anderer Leute Hilfe, um ihre Arbeit zu tun, aber Frauen brauchen das.« Margery Wolf war als überzeugte Feministin enttäuscht, daß die meisten Frauen »diese Einstellung teilten« (ibid., 71 ff.). Sowohl Männer wie Frauen versicherten ihr, man erwarte von einem wirklichen Mann, daß er hart arbeite, um seine Familie zu unterhalten, während das für eine Frau weniger wichtig sei. »Eine gute Frau übernimmt die ganze Verantwortung für das Haus und die Kinder, damit ihr Mann frei für die Arbeit ist«, bestätigten die Frauen (ibid., 73).

»Männliches Temperament«

Die Betonung harter Arbeit findet sich auch in den Medien. Zusätzlich zu ihren Interviews über Geschlechterrollen und die Einstellung dazu führten Honig und Hershatter (1988) auch eine umfassende Untersuchung der chinesischen populären Literatur der vergangenen zwanzig Jahre durch. Sie entdeckten einen durchgehenden Strang männlicher Leitbilder. In einem Fall beschrieb der Autor einer Abhandlung über gutes Benehmen die drei besonderen Züge, die der »wahre Mann« aufzuweisen habe. Als erstes Festigkeit und Entschlossenheit, die Männer mehr als Frauen bräuchten, weil Männer noch immer die Hauptrolle in der Arbeit innehätten. Die zweite Eigenschaft war Kraft – sowohl physische wie geistige. Auch dies sei wieder wichtiger bei Männern als bei Frauen. Die dritte Qualität war die Hingabe an die Arbeit, die als die hervorragendste Eigenschaft wahrer Männer erklärt wurde und als etwas, das in sehr viel geringerem Maß von Frauen erwartet würde, deren Hingabe ja sinnvoller auf das Aufziehen der Kinder gerichtet sei. In allen volkstümlichen Schriften über männlich-weibliche Beziehungen war immer wieder vom »männlichen Temperament« und seinem Korrelat, dem »wahren Mann«, die Rede. Wenn auch durchweg vage definiert, erregt das männliche Temperament »sehr viel soziale Aufmerksamkeit bei beiden Geschlechtern und führte sogar zur Gründung einer Zeitschrift mit dem Namen *wahrer Mann* (Nanzihan), die sich ausschließlich mit der Auslegung dieses Begriffs befaßte. Ebenso wie man die Frauen ermahnte, sich zwecks Eheschließung hübsch zu machen, instruierte man die Männer ›wie Männer zu handeln‹« (ibid., 110). Die jeweiligen Autoren bemühen sich darüber hinaus, ihre Leser zu überzeugen, daß es sich um altehrwürdige Ansichten handelt, die nicht erst seit 1949 eingeführt wurden. In der Tat sind diese Ideale, die auf die vorrevolutionäre Vergangenheit zurückgehen, nicht unbedingt mit kommunistischen Lehren vereinbar. Dennoch haben sie beinahe unverändert überlebt.

Psychosomatische Manifestationen: Koro

Einiges von dieser Besorgnis um »männliches Temperament« in der chinesischen Kultur sowie die damit zusammenhängende Furcht, dem Ideal abtrünnig zu werden, manifestiert sich psychosomatisch in dem berühmten kulturbezogenen Syndrom, das *koro* genannt wird. Dieser Zustand ist vielen orientalischen Psychiatern und psychologischen Anthropologen in der ganzen Welt bekannt. Koro ist eine rein männliche Störung; sie äußert sich in einer Reihe von Schwächesymptomen, darunter akute Angst, Herzklopfen, Herzbeklemmungen, Zittern und Todesängsten. Das auffälligste Symptom ist indessen die Vorstellung, daß der Penis entweder schrumpft oder sich in den Bauch zurückzieht. Mit all diesen auffälligen Symptomen geht es bei Koro um die Furcht, daß die Männlichkeit sich verflüchtigen könne. Das ist eine Abschweifung wert.

Geographisch ist Koro außerordentlich weit verbreitet, am intensivsten in Süd- und Ostchina, aber auch in Taiwan und in ganz Südostasien, die Inseln eingeschlossen. In Indonesien befällt diese Störung Einheimische wie chinesische Einwanderer. Auch aus Thailand und Indien sind Fälle bekannt. Interessanterweise stirbt die Krankheit nicht mit fortschreitender Modernisierung aus, ganz im Gegenteil. Über schwere Epidemien von Koro ist kürzlich aus Hainan in Südchina (Tseng u. a. 1987) und aus der Provinz Assam in Nordchina (Dutta u. a. 1982) berichtet worden.

Psychiatrische Untersuchungen der Krankheit haben gezeigt, daß bestimmte Kategorien von Männern für Koro anfällig sind. Das übliche Opfer ist ein junger Mann oder ein Jugendlicher mit schwacher oder abhängiger Persönlichkeitsstruktur, der an seiner Fähigkeit zweifelt, den strengen Normen zu entsprechen, die ihm seine Kultur vorschreibt. P. M. Yap, ein chinesischer Psychiater, der die Krankheit erforscht hat, sagt: »Das Syndrom findet sich gewöhnlich unter jungen Männern minderer Bildung und von unreifer, abhängiger Persönlichkeit, denen das Vertrauen in die eigene Männlichkeit fehlt« (1965, 49). Yap beschreibt einige der Fälle, die er in Hongkong beobachtet hat (ibid., 44).

Eins dieser Opfer war ein junger Mann von ungefähr zweiundzwanzig Jahren. Wegen seiner ungewöhnlichen Schüchternheit war er Gegenstand vieler boshafter Hänseleien seitens der Mädchen seines Alters. Dieser schlechtangepaßte junge Mann zog sich von der Außenwelt zurück; nachdem er krank geworden war, bestand er darauf, seiner Mutter den ganzen Tag zu folgen, was sie zur Verzweiflung brachte, obwohl sie sonst eine fürsorgliche Mutter war. Ein weiterer von der Krankheit geschlagener Mann litt anscheinend unter Agoraphobie (Angst vor öffentlichen Plätzen), da er »niemals das Haus verließ, ohne daß er seinen Vater um Erlaubnis dafür bat«. Ein drittes, etwas älteres Opfer um zweiunddreißig war immer äußerst abhängig von seiner Mutter gewesen. Er war der einzige überlebende Sohn der Familie, die anderen waren im Kindesalter gestorben. Wann immer er sich unsicher oder bedroht fühlte, suchte er dringend Hilfe bei seiner Mutter, folgte ihr überallhin und verlangte Aufmerksamkeit wie ein Kind. Aus Angst vor der Außenwelt lehnte er es ab, sich eine

Stellung zu suchen, und wurde so zu einer schweren Belastung für seine Familie.

Ein weiterer Fall betraf einen jungen Mann in nicht genanntem Alter, der eine pathologische Angst vor der Ehe hatte, aber von seinen Eltern zur Heirat gezwungen worden war. In seiner Hochzeitsnacht wurde er von Panik ergriffen und verwirrt und klagte über Koro. Er blieb noch Jahre danach unfähig, die Ehe zu vollziehen. Verängstigt und in sich zurückgezogen, war er auch ein schlechter Versorger.

Auch andere Untersuchungen haben bestätigt, daß eine Verbindung zwischen einer unreifen und abhängigen Persönlichkeit und den Symptomen von Koro besteht, die besonders im ökonomischen Bereich zum Ausdruck kommen. So fand der chinesische Psychiater Hsien Rin in seiner Untersuchung der Fälle auf Taiwan (1963, 1965) heraus, daß junge Männer, die Schwierigkeiten hatten, sich dem Erwachsenenleben psychosozial erfolgreich anzupassen, narzißtisch waren und nicht in der Lage, die Herausforderung anzunehmen, ihre neuen Familien zu unterhalten. Mit den Erfahrungen entmutigender »wirtschaftlicher Schwierigkeiten« und unfähig, mit ihnen fertig zu werden oder zu sonstigen weltlichen Erfolgen zu gelangen, zogen sie sich in sich selbst zurück (1965, 11). Danach verloren sie, wie Melvilles Romanfigur Bartleby, ihre Stellung und wandten sich ab von einer zunehmend beängstigenden Wirklichkeit, um sich selbstvergessen einer Phantasiewelt zu überlassen. Später manifestiert sich dieses regressive Zurückziehen symbolisch in dem gewandelten Symptom der Ängste um den zurückgezogenen Penis und in einer psychotischen Furcht vor Auflösung. Koro ist also eine männliche Hysterie, die den Erwartungsdruck zur »Erfüllung von Maskulinität« vor allem in China, aber auch in der ganzen südostasiatischen Kultur, widerspiegelt (ibid.).

Indien: Kontrapunkte

Folgen wir Koros Weg zum indischen Subkontinent. Hier begegnen wir neuen Themen, die mit den bereits vertrauten eng verflochten sind. Der farbenprächtige Teppich der indischen Kultur spiegelt das komplizierte Mosaik der Subkulturen und Religionen dieser Nation, ihre regionale und ethnische Vielfalt, die wahrscheinlich größer ist als irgendwo sonst auf der Welt. Aber dieser Reichtum ist auch auf die fast unglaubliche Komplexität des Hinduismus zurückzuführen, in dessen vielgestaltiger Mythologie alles und jedes zugleich sein Gegenteil ist.

In einigen Teilen Südasiens gibt es eine Tradition des Kriegers *(kshatravirya)*, die ganz ähnlich derjenigen ist, der wir anderswo begegnet sind, ähnlich durchtränkt von Begriffen männlichen Mutes und Heldentums. Vor allem sind es die nördlichen Teile des Subkontinents, in denen derartige Ideale in Hülle und Fülle lebendig sind. Ganz besonders gilt das für die von den Mogulherrschern stark beeinflußten Gebiete Pakistan, Punjab, Kaschmir, Uttar Pradesh, Westbengalen und Bangladesch. In diesen Gebieten herrschen strenge männliche Gesetze von Tapferkeit und Leistung, die viel mit den entsprechenden Varianten im Mittelmeerraum und Mittleren Osten gemeinsam haben. Diese Werte werden zusammengefaßt in dem häufig gebrauchten Wort *izzat*. *Izzat* ist ein arabischer und persischer Begriff, der sich am ehesten mit »Ehre« übersetzen läßt. Es ist eine Vorstellung, der in Südindien oder in Sri Lanka wenig Bedeutung beigemessen wird, die sich aber im Norden als eine entscheidende, unvermindert moralische Rechtfertigung für aggressives männliches Verhalten erweist und die, so heißt es, Männer von Frauen mehr als jede andere Eigenschaft unterscheidet.

Die Kultivierung von *izzat* ist in gewissen indischen Gemeinschaften und Kasten besonders ausgeprägt – wieder vor allem im Norden, aber verteilt über den gesamten Subkontinent. In diesen Gemeinschaften wird »Männlichkeit in der *machismo*-Form« betont, und die Frauen werden abgesondert *(purdah)* gehalten (Kakar 1981, 134). Das Musterbeispiel derartiger »macho«-Inder sind die herrischen Rajputs, eine stolze Kaste von Landbesitzern und Geschäftsleuten. Früher waren die Rajputs professionelle Krieger, denen nach Hindugesetzen die Aufgabe zufiel, die Elite der Brahmanen zu verteidigen, denen es von ihrer Kaste her verboten war, Waffen zu tragen oder zu töten. Wie ihre berühmten Vorbilder, die wilden Gurkhas in Nepal, haben die Rajputs das Gebot einer rauhen, mutigen Männlichkeit der

Tat beibehalten. Dieses Vorbild gehört zu den vielen Elementen der »rechten Tat« oder des *dharma*, die zusammen die Hinduüberlieferung bilden. Jedoch findet sich das Streben nach einem Männlichkeitsbild ebenso bei vielen ethnischen Gruppen und Kasten – Hindu, Moslem oder Sikh –, die keine professionellen Krieger sind. Für die meisten Männer Nord- und Mittelindiens vermittelt der Ehrbegriff, unabhängig von Religion oder Kaste, einen bedeutenden Aspekt der Geschlechtsidentität und repräsentiert die am höchsten geschätzten Ziele im Leben.

Bei den hinduistischen Pirzada von Delhi ist Patricia Jeffery zufolge (1979, 99f.) Ehre für den Mann das zentrale Anliegen und entspricht dem Verhaltenskodex, den er auf den Knien seines Vaters lernt. Der Pirzada muß, um ehrenhaft und damit männlich zu leben, mutig, großmütig und fähig sein, seine Familie durch Risikobereitschaft und harte Arbeit zu schützen und zu unterhalten. Und für den muslimischen Paschtunen im nördlichen Pakistan ist das dort herrschende Gesetz männlicher Ehre »alles« (Lindholm 1982, 189).

Bei den stolzen Paschtunen Pakistans liefert der Kodex männlicher Ehre eine Motivation und allgemeine Rechtfertigung für aggressives Handeln, Rache und Selbstbehauptung ganz allgemein. Er beinhaltet einen wichtigen, fast zwanghaft kompetitiven Aspekt, der häufig zu Zwietracht und Gewalttätigkeit führt. Der Grund dafür ist einfach: Ein Paschtune muß widerstandsfähig und mutig sein, um in einer sehr streitsüchtigen Umgebung zu überleben. So bildet das Erlernen des Umgangs mit der harten Realität die Grundlage für die Erziehung des Jungen:

> Der Mann bei den Paschtunen ist Mangel an Zuneigung gewöhnt, er ist abgehärtet durch eine rauhe äußere Umgebung und vorbereitet auf ein Leben des Kampfes, des Verrats und der Grausamkeit. Um zu überleben, muß er versuchen, seine Stammesbrüder zu unterwerfen, die alle den gleichen Wunsch haben ... Ein Sprichwort drückt die Philosophie hinter der Erziehung eines männlichen Kindes klar aus: »Das Auge der Taube ist lieblich, mein Sohn, aber der Himmel ist für den Habicht gemacht. Verbirg also deine taubengleichen Augen und lasse dir Krallen wachsen.« Was der Paschtune der Welt vorzeigen muß, ist der Habicht, der Raubvogel. Was er verbergen muß, ist die Taube, das gefühlvolle Opfer. Die Egozentrik des

Paschtunen ist eine zerbrechliche Fassade, sie verdeckt die Unsicherheit, die ihren Gegenpol und ihre Dynamik darstellt.

Dieses Gefühl einer gefährdeten Ehre, die von Feinden und innerer Schwäche zugleich bedroht ist, ist nicht mit Aggression verbunden, hat aber immer zu tun mit gewaltsamer Aktion, die der inneren Unsicherheit entgegenarbeitet und die Lindholm definiert als Ehre im Sinne von »Verdecken«, um möglicher Schande vorzubeugen. Ehre ist auch mit den zentralen bürgerlichen Tugenden verknüpft, die Männer erstreben müssen, um überzeugend auf die öffentliche Meinung zu wirken, die Schwäche und Passivität als Verweichlichung verachtet. David Mandelbaum schreibt in seinem Überblick über die Ethnographie Nordindiens (1988, 20), daß *izzat* sich auf ein komplexes Bündel von Eigenschaften bezieht, die den Mann dazu ermutigen, sich zu stählen, um der männlichen Rollenauffassung seiner Gruppe zu entsprechen. Für die Sikh Jats im Punjab bedeutet beispielsweise der Begriff *izzat* eine Lebensphilosophie, deren wichtigstes Ziel, männliche Macht, die Pflicht des Mannes zur Verteidigung seiner Familie einschließt (Pettigrew 1975). Vor allem darf der Sikh Jat niemals Drohungen nachgeben, welche die Position seiner Familie mindern könnten; wird er bedroht, muß er »zumindest zurückdrohen« (ibid., 59).

In der Sikh-Gesellschaft besteht die erste Pflicht des Mannes darin, Risiken im Dienste der Familie auf sich zu nehmen. Bei den Jats in der Hauptstadt Chandigarh zum Beispiel waren Mut und der »Wille, Risiken einzugehen«, die höchsten Werte des Mannes und der Männlichkeit (ibid.). Die Strafe für ein Versagen in dieser Hinsicht ist summarisch und streng: Wenn der Ruf eines Verwandten kompromittiert oder durch die nichtangefochtene Tat eines Außenseiters verloren ist, »dann ist auch die ganze öffentliche Position der Familie« verloren (ibid., 58f.). Gleicherweise wichtig für das Bild des Mannes bei den Sikh Jats ist das Austeilen von Gaben, die ständige und aufwendige Verteilung von Konsumgütern und Nahrung. Das ist ein männliches Vorrecht und ein weiteres wichtiges Mittel, um *izzat* zu erlangen. Das Überreichen von Geschenken wird besonders hoch geachtet, wenn diese Geschenke freigebig, klug und öffentlich gemacht werden.

Die öffentliche Philanthropie des Mannes muß verschwenderisch und unbeschränkt sein, will er Anspruch auf *izzat* erwirken.

Weiter südlich, in Zentralindien, begegnen wir Parallelen. Bei den muslimischen Dorfbewohnern im Lucknow-Gebiet Mittelindiens (Bhatty 1975, 32) wird männliche Ehre durch eine ganze Reihe von verschiedenen eindrucksvollen Verhaltensweisen erworben. Dazu gehören unvergleichliche Frömmigkeit, die Anhäufung von materiellem Wohlstand, Siege über Rivalen, Erfolg in verschiedenen Arten männlichen Wettbewerbs, das Halten von Gefolge und Abhängigen und ganz besonders die großzügige Verteilung von Geschenken. Die Betonung auf Freigebigkeit ist nicht nur bei den Muslimen von Lucknow und bei den Sikh Jats wichtig, sondern für das männliche Idealbild sämtlicher Kasten und Sekten in Nord- und Zentralindien. Im allgemeinen ist verschwenderisches Verteilen von Gaben ein wirksames Mittel, um *izzat* in der gesamten Region zu erlangen (Mandelbaum 1988, 24), zumal wenn die Geschenke ohne erkennbaren Gedanken an Gegenleistung gemacht werden und die Gruppe bereichern, ihre Macht erweitern.

Androgynes in der hinduistischen Mythologie

In vieler Hinsicht sind diese männlichen Tugenden, Mut, Großzügigkeit und Verteidigung der Familie, von den benachbarten Kulturen im Nahen Osten übernommen. Andererseits erinnern diese sexuellen Ideale des Nahen Ostens an die Betonung von Ehre und Schande im Mittelmeerraum (Peristiany 1965). Diese Übereinstimmung von Werten scheint auf einen gemeinsamen Komplex hinzuweisen, der geographisch von Portugal bis Bangladesch wirksam ist und nach Auffassung einiger Historiker möglicherweise einen indoeuropäischen Archetypus spiegelt (Wyatt-Brown 1982, XIII). Während sich indessen aus den männlichen Ehridealen in den meisten dieser Gebiete ein monochromes Männlichkeitsbild ergibt, sozusagen ein fester Kern von Maskulinität, der komplementär zur Weiblichkeit und ihr entgegengesetzt ist, bilden diese Ideale in Indien nur eine der vielen Komponenten eines sehr viel farbigeren Bildes – in einer

Kultur, in der jede Münze drei Seiten hat. In der hinduistischen Mythologie gibt es ein Gegenthema zur »reinen« Männlichkeit. Ich spreche von dem ganz wesentlichen Komplex der Unbestimmtheit der Geschlechter und der Rollenambivalenz. Zahlreiche Beobachter haben sich zu dieser Unbestimmtheit hinduistischer Geschlechtervorstellungen geäußert.

So hat die Sanskritforscherin Wendy Doniger O'Flaherty mehrere Bücher über dieses Thema geschrieben. In *Women, Androgynes, and Other Mythical Beasts* (1980) zeigt sie, daß indische Mythologie und Ikonographie erfüllt sind von Bildern androgyner Götter und Kreaturen und daß Hermaphroditen und sexuelle Verwandlungen in der hinduistischen Überlieferung häufig vorkommen. Dem indischen Psychoanalytiker Sudhir Kakar zufolge (1981, 110) ist die hinduistische Kosmologie trotz der kriegerischen Tradition der Rajput in einem »selten in anderen Kulturen anzutreffenden« Grade weiblich. Kakar stellt fest, daß die meisten der in den lokalen Kulten verehrten Dorfgottheiten weiblich sind und auch die mächtigsten Hindu-Gottheiten meist als weiblich dargestellt werden: unter anderen Lakshmi, Savasvati, Paarvati, Kali, Gauri. (Mehr über weibliche Gottheiten und ihre psychologischen Implikationen bei Roland 1988, 266ff.).

Kakar, O'Flaherty und Roland, die Freuds Vorstellungen in ihren Analysen dieser sexuellen Ambiguität übernehmen, sind sich grundsätzlich einig über ihre Bedeutung und psychische Herkunft: Alle drei sehen sie als einen Ausdruck ungelöster Konflikte der Geschlechtsidentität bei indischen Männern. Sie interpretieren diese Unruhe um männliche Identität als Ergebnis der ungewöhnlich starken Bindung an die Mutter in der indischen Kultur. Wie ihr Vorgänger, der angloindische Psychoanalytiker G. Morris Carstairs (1958), dessen klinische Werke sie häufig zitieren, betrachten sie diese Identifizierung mit der Mutter als zentralen Aspekt und charakteristischen Wesenszug des indischen Mannes. Allen vier Beobachtern zufolge gibt es in der indischen Kultur eine mächtige unbewußte Tendenz zu einer spezifisch maskulinen Geschlechtsumkehrung, bei der indische Männer freiwillig ihre phallische Identität aufgeben (Kakar und Ross 1987, 99), um zur Einheit mit der »guten Mutter« zurückzukehren. Das ist ein allgemeines Motiv, in dem sich sowohl ödipale (inzestuöse) wie präödipale (regressive) Elemente finden. (Für einige indische Ansichten hierzu vgl. Roy 1975 und Nandy 1980). Die meisten psychoanalytischen Beobachter sind der Meinung, daß die präödipalen Fixierungen in der indischen Kultur und Persönlichkeit mehr Gewicht haben als die Kastrationsängste. »Aus klinischer Erfahrung scheint diese Sexualangst der Männer mehr mit ihrer unbewußten Furcht vor einer symbiotischen, sinnlichen Vereinnahmung durch mächtige Frauen der Kindheit als mit ödipaler Kastrationsangst zu tun zu haben« (Roland 1988, 262).

O'Flaherty (1980, 100–105) bringt diese Beobachtung ein in ihre fesselnde Analyse der Überlieferung der Veden. Sie sieht eine ausdrücklich regressive Tendenz in der hinduistischen Behandlung von Männlichkeit, die sich in verschiedener Verkleidung in Literatur, bildender Kunst und dekorativen Elementen wiederholt. So identifiziert sie zum Beispiel ein ikonographisches Motiv in den heiligen Texten als das »Kind als Gemahl«. Dabei handelt es sich um zahlreiche Bilder von Kopulation, Gefesseltsein oder symbiotischer Verbindung, in denen eine verhältnismäßig kleine männliche Figur reduziert ist auf den Zustand eines hilflosen Kindes, das völlig beherrscht wird von der alles verschlingenden weiblichen Figur. Sie deutet diese als die universale Mutterfigur und das Motiv selbst als eine regressive männliche Phantasie mütterlichen Verlangens. Dieser Gedankengang, das Männliche zu infantilisieren, fügt sie hinzu, geht in vielen Mythen und Legenden des Hindu-Kanon vor sich und zeigt sich auf weniger deutliche Weise in dem indischen Glauben, daß der Ehemann in seinem eigenen Sohn wiedergeboren wird (ibid., 105).

Als weiteres Beispiel für diese psychosexuelle Regression berichtet sie von der weitverbreiteten Verehrung der Dämonengöttin Kali (ibid., 110). Bei diesem in ganz Indien verbreiteten Kult muß man die raubgierige vielgliedrige Göttin in einer Haltung völliger Ergebenheit und Demut anrufen, das heißt, wie ein Kind. Nur durch absolute männliche Unterwerfung verliert die Göttin ihre dämonischen Eigenschaften und wird freundlich und sanft – wie eine gute und großmütige Mutter. Zuvor hatte Carstairs die Verehrung der Kali als rein männliche Regression geschildert: »Man hat seine Männlichkeit aufgegeben und ist wieder ein hilfloses Kind geworden« (1958, 159).

Vor kurzem haben Sudhir Kakar und ein Mitarbeiter, John Mundar Ross (1987), versucht, das indische Material in einen breiteren Kontext universaler psychischer Phantasien einzuordnen. Durch den Vergleich der indischen mit der westlichen Folklore und Literatur kommen sie zu dem Schluß, daß derartige Unterwerfungen oder Umkehrungen auf typisch indische Weise den generellen männlichen Wunsch zum Ausdruck bringen, die idyllische Einheit mit der »guten Mutter« wiederherzustellen, was einfach ein weiteres Erbe der allgemeinen »prähistorischen Erfahrung mit unseren Müttern« sei (ibid., 99). In jedem Fall wird deutlich, daß das Thema der »Aufgabe der Männlichkeit« in der hinduistischen Mythologie nicht nur universelle regressive Phantasien spiegelt, sondern paradoxerweise auch ein charakteristisches Modell reiner Männlichkeit: Wenn man auf etwas in dieser Weise verzichten kann, dann muß es zunächst einmal als Vorstellung existiert haben – die Negation als dialektischer Prozeß von Schöpfung und Verneinung.

In rein anatomischem Sinne kann man diese »kindische Identifizierung« mit der Mutter in den heiligen Texten (Kakar 1981, 102) sogar noch ausgeprägter in einigen Geschichten sexueller Umkehrung der *Mahabharata* erkennen. Ein Beispiel von vielen ist die Geschichte von König Bhangaswana, der eine geschlechtliche Transformation durchmacht. Nachdem er durch die Göttin Indra in eine Frau verwandelt wurde, wünscht er in diesem Zustand zu verbleiben und nicht wieder in den Besitz seiner früheren Männlichkeit zu kommen. Das Angebot Indras, ihn in einen Mann zurückzuverwandeln, lehnt er mit dem Argument ab, Weiblichkeit sei sowohl angenehmer wie erotisch befriedigender als Männlichkeit, die hart sei. Auch in den lokalen Dorfritualen der Hindu sind Transvestitenüberlieferungen durchaus lebendig (Spratt 1966). Männer verkleiden sich als Frauen und erfahren vorübergehende »Besessenheit« durch weibliche Göttinnen oder Dämoninnen – was der marokkanischen Tradition des Besessenseins durch weibliche *jinn* nicht unähnlich ist, wenn es im indischen Ritual auch freiwillig geschieht. So werden bei den Dhed in Gujurat die Männer periodisch von dem Geist der Göttin Durga »besessen« und dürfen sich in obszön jugendlicher Weise aufführen (Kakar 1981, 102). Legenden über indische Helden, denen es gelungen ist, ihre Männlichkeit zu überwinden und sich selbst zu verweiblichen sind ganz normal. Ein erstaunliches Beispiel hierfür ist Narsi Mehta, ein Heiliger des 15. Jahrhunderts, der seine Erfahrung schildert: »Ich nahm die Hand jenes Geliebten von *gopis* [Krishna] in liebendem Gespräch... Ich vergaß alles andere. Selbst meine Männlichkeit verließ mich. Ich begann, wie eine Frau zu singen und zu tanzen... In solchen Zeiten erlebte ich Augenblicke unvergleichlicher Süße und Freude« (zitiert bei Alston 1980, 24f.).

Angst vor dem Verlust der Virilität

Männlichkeit hat als Zustand des Getrenntseins von der Weiblichkeit daher seinen eigenen umstrittenen Status in der hinduistischen Kultur, scheint jedoch einen ungewöhnlichen Grad an psychologischer und kultureller Ambivalenz zu reflektieren. Ganz deutlich existiert das Gebot einer Männlichkeit, die schwer zu erfüllen und durchzuhalten ist, hochgeschätzt und gleichzeitig von Ängsten belastet; und es gibt ebenso die Umkehrung, den Rückzug in einen kindhaften Zustand, der in Mythos und Kunst sehr differenziert, wenn auch ambivalent zum Ausdruck gelangt. Wie in China manifestiert sich einiges von dieser Spannung in psychosomatischer Form. Bei vielen Männern in Indien, Sri Lanka und Bangladesch ist ebenso wie oder mehr noch als in China eine große Beunruhigung um Männlichkeit vorhanden. Koro kommt, wie wir sahen, in Teilen von Nordindien in der Größenordnung von Epidemien vor. Außerdem werden viele indische Männer als zwanghaft besorgt um ihre sexuellen Fähigkeiten geschildert (Carstairs 1958, 167), und andere Beobachter (Edwards 1983) haben von einem identifizierbaren, kulturell gebundenen psychiatrischen Syndrom, der »Virilitätsangst«, gesprochen. Diese gesteigerte Furcht vor Impotenz ist auf dem gesamten Subkontinent feststellbar und gilt als typisch indisch (O'Flaherty 1980, 108f.). In einigen Fällen unterwerfen sich Männer einer speziellen Diät, um die Impotenz zu bekämpfen und ihre Leistungsfähigkeit zu erhöhen. Häufig sind damit magische Getränke und die homöopathisch dosierte Einnahme von samenähnlichen Flüssigkeiten wie Milch, Eiweiß oder sogar direkt von Samen (Anklänge an die Gebräuche der Sambia!) verbunden (ibid., 51). Angst vor dem Verlust der Virilität hat in Indien und Sri Lanka eine ungewöhnlich große Flut von Kuren und Behandlungen der (wirklichen oder nur eingebildeten) Impotenz ausgelöst (ibid.; Obeyesekere 1976, 214).

Männlichkeit und politische Ideologie

Wägt man all diese widersprüchlichen Fakten ab, kann man zu dem Schluß kommen, daß Männlichkeit in Indien – zumindest bei den Hindu im Süden – ein komplizierter Zustand ist, bei dem sich die allumfassende hinduistische Logik auswirkt. Geschlechtervorstellungen scheinen angesichts ihrer vielfältigen Ausdrucksformen wandelhaft und in sich widersprüchlich – ähnlich wie die vielgestaltigen Hindu-Gottheiten selbst. Jedoch spiegelt der thematische Dualismus dieser Vorstellungswelt die unterschwellige Bedeutung des Männlichkeitsthemas, das sich eher dialektisch ausdrückt, als – wie in manchen anderen Gesellschaften – zu einem einseitigen Verhaltenskodex zu erstarren. Die inneren Konflikte um Geschlechteridentität, die andere Kulturen durch Repression lösen, erhalten in Indien ungehinderte Ausdrucksfreiheit, und die vielen verschiedenen Lösungen lassen wechselnde Identifizierungen und ambivalente Darstellungen zu. Besonders in Südindien weisen die androgynen Themen auf Ängste hin, die wir auch anderswo angetroffen haben, aber hier werden sie in bewußt unbestimmten Bildern und nicht als unwandelbare Wahrheiten dargestellt. Interessanterweise ist diese Widersprüchlichkeit von indischen Intellektuellen und politischen Führern häufig mit Mißbilligung bedacht worden, die aus eigenen Gründen mehr die »maskuline« Seite des indischen Charakters betonen wollten. Diese Kritik scheint sowohl praktische wie religiöse Aspekte zu haben, die mit indischen nationalen Krisen zusammenhängen. Hierfür einige Beispiele:

Einige moderne indische Führer haben in den Unabhängigkeitskämpfen die Bedeutung der Männlichkeit für den Aufbau des Nationalcharakters verherrlicht. Ein Vertreter dieser Richtung war der große bengalische Schriftsteller Bankim Chandra Chatterji, ein energischer Streiter für die indische Unabhängigkeit, der Anfang dieses Jahrhunderts wirkte. In seinen Kommentaren zum Einfluß der vedischen Mythen brachte dieser moderne Autor – er war der erste Romancier Bengalens – seine Entrüstung über die sexuell ambivalenten und regressiven Inhalte der heiligen Texte, vor allem der *Gitagovinda*, zum Ausdruck. Er beklagte, daß diese Werke keine »männlichen Gefühle« ausdrückten, daß sie »weibisch« seien und somit einen dekadenten Einfluß auf die indische Jugend ausübten. Er trat ein für ein männliches Selbstbild als ersten Schritt zu einem modernen Nationalbewußtsein und glaubte, daß derartige Überlieferungen zu dem unterwürfigen Charakter beitrügen, der Indien schwächte und in Abhängigkeit hielt. Solche Ansichten wurden offenbar in nationalistischen Kreisen sehr begrüßt (zitiert von Kakar und Ross, 1987, 98).

Chatterjis Forderung nach Männlichkeit als politischem Ideal ist sogar noch stärker in der charismatischen Figur des weisen Vivekananda repräsentiert, eines heiligen Mannes und Aktivisten der Jahrhundertwende. Der Gründer des Mönchsordens Ramakrishna zog im britischen Indien Massengefolgschaften an und war in vieler Hinsicht als nationaler Führer ein Vorgänger Gandhis. Vivekananda (mit wirklichem Namen Narendranath) wurde 1863 als Kind einer Bengali-Familie der Kayastha-Gemeinde geboren. Voller Widersprüche in sich, war er ein leidenschaftlicher Anhänger des traditionellen Hinduismus und führte gleichzeitig einen Kreuzzug an für die Modernisierung und Wiederbelebung dieser Überlieferung. Er war ein aktivistischer Heiliger, ein nachdenklicher Dichter und feuriger Redner. Sein Ziel war die Rehabilitierung einzelner Elemente der alten Hindu-Traditionen, um sie für die Probleme der zeitgenössischen indischen Gesellschaft zu aktualisieren. Daher war er sowohl Reformator wie Traditionalist und Gandhi darin sehr ähnlich, dessen Bewegung des passiven Widerstands ebenfalls die vielfältigen und starken Kontraste innerhalb des hinduistischen Denkens widerspiegelt.

Einerseits war Vivekananda ein anerkannter Yogi und geistiger Ratgeber, der in der alten Tradition der weisen Gurus stand. Als solcher ermahnte er seine Schüler, an der Ausrichtung auf das Jenseits festzuhalten, die ihnen ihr Dharma vorschrieb. Dennoch war er in seiner Enttäuschung über den Niedergang Indiens in koloniale Abhängigkeit auch zutiefst überzeugt von der Wirksamkeit praktischer Aktion. Er setzte sich für sozialen Wandel ein und war ein eifriger Anwalt des wissenschaftlichen und technologischen Fortschritts. Er und seine Mönche gehörten zu den ersten heiligen Männern, die sich aufs Land begaben, um sich konkreten Verbesserungen wie dem Bau von Schulen, Brunnen und Krankenhäusern zu widmen und Hilfsoperationen während der Hungersnöte und Epidemien zu organisieren (Kakar 1981, 161).

Dieser aktivistische Mönch predigte wie Chatterji, daß die androgynen Themen in alten Texten schwächend, liederlich und weibisch seien. Jedoch fand er in den gleichen Texten auch Unterstützung für seine revisionistischen Gedanken, denn er wußte die Qualitäten des hinduistischen Pantheismus zu schätzen. Er griff zurück auf die unterdrückte maskuline Seite in den Veden und nutzte sie, um seine Landsleute mit Selbstbewußtsein und dem brennenden Wunsch nach Unabhängigkeit zu inspirieren. »Wen interessieren eure *bhakti* und *mukti* (Andacht und Frömmigkeit)«, fragte er entrüstet seine Mönche, wenn sie ihn seiner aktivistischen Ideen wegen schalten. »Wen interessiert, was eure heiligen Schriften sagen? Ich werde fröhlich in tausend Höllen gehen, wenn ich meine Landsleute aufrütteln kann, die in Dunkelheit versunken sind, auf daß sie auf eigenen Füßen stehen und *Männer* sind, entzündet vom Geiste des Karma Yoga« (Vivekananda 1953, 128).

In seinem unentwegten Versuch, seine Schützlinge zur Aktion aufzurütteln, lehrte er sie »Kein Weinen mehr, steht auf euren Füßen und seid Männer. Es ist eine Männer-machende Religion, die ich will. Männer-machende Theorien brauchen wir. Ich will die Kraft, Mannhaftigkeit, *kshatravirya* oder die Männlichkeit eines Kriegers« (Vivekananda 1970, 3.224). Und später: »O du Mutter des Universums, geruhe mich mit Männlichkeit zu erfüllen – mache mich zu einem Mann!« (ibid., 4.143). Als er im hohen Alter über sein Leben nachdachte, rief er aus: »Je älter ich werde, um so mehr scheint mir alles in Männlichkeit beschlossen. Dies ist mein neues Evangelium« (1953, 151). Einiges der wachsenden Militanz dieses neuen Evangeliums hatte natürlich mit dem zunehmenden Ernst der indischen Unabhängigkeitsbewegung zu tun, mit einem rein politischen Ereignis. Nach dem, was wir über *izzat* gesagt haben, ist jedoch klar, daß solche Themen bereits fest im indischen Leben verankert waren und Vivekanandas Evangelium auch eine Wiederbelebung solcher latenter kultureller Strömungen darstellte.

Vivekananda bewunderte die Engländer ihrer Stärke und Energie wegen, denn sie wußten, »was der Ruhm eines Mannes« – Worte des Guru – sein sollte (Kakar 1981, 174ff.). Vielleicht sprach er dabei gezielt von den Eliteschulen Oxford und Cambridge, die John Chandos (1984) beschrieben hat, und ihrer »nutzbringenden« Männlichkeit. Aber seine Besessenheit vom Männlichen war keine undifferenzierte Nachahmung westlicher Sitten. Sie war, zumindest in Vivekanandas Vorstellung, fest verwurzelt in gewissen Traditionen der zeitlosen hinduistischen Mythen, die, wie wir gesehen haben, voller androgyner Gestalten sind und damit eine Auswahl aus dem weiten Kreis der eigenen Möglichkeiten boten. Es ging ihm um eine selektive Wiederbelebung alter Überlieferungen, um *kshatravirya*, um die Virilität des Hindu-Kriegers, und nicht um eine revolutionäre oder importierte Ethik. Diese Männlichkeit war ja bereits Teil der hinduistischen Kultur, und der Guru wollte sie lediglich den Bedürfnissen des Augenblicks anpassen – ein eindeutiges Beispiel für die Nützlichkeit geschlechterbezogener Ideologie in nationalistischen Bewegungen, wie sie auch für den amerikanischen Süden gegolten hatte.

Vivekanandas Anhänger begriffen das. Für die jungen Männer, die das Gefolge des Gurus bildeten, war dieser Appell an Männlichkeit unwiderstehlich (und ist es für viele noch heute), denn er versah die Suche nach nationaler Identität mit dem Glanz der Vergangenheit und dem rechtfertigenden Siegel der Heiligkeit. Kakar (ibid., 175) meint, der Impuls dieser maskulinisierenden Kampagne berühre eine tiefe Strömung »potentieller Militanz und aggressiver Aktivität in der indischen Gesellschaft. Hier hat der Wunsch nach Unabhängigkeit sowohl psychologische wie nationale Bedeutung.

Diese Bemühungen um Männlichkeit sind besonders interessant, weil sie den pragmatischen und politischen Nutzen solcher Männlichkeitslehren deutlich machen. In den Lehren des indischen Weisen können wir erkennen, wie Elemente einer Kultur uminterpretiert und erneuert werden, um den praktischen Notwendigkeiten politischer Krisen zu begegnen. Vielleicht ist das, was wir den Ermahnungen von Chatterji und Vivekananda entnehmen – die Neukombination bestehender Elemente zu einem Männlichkeitskult als Reaktion auf die praktischen Erfordernisse der Zeit –, das »Erfinden von Überlieferung« (Hobsbawm und Ranger 1983) oder, in diesem Fall, ihre Wieder-Erfindung.

Männlichkeit in der japanischen Kultur

Indien ist kompliziert, seine Geschlechtervorstellungen sind vielfältig und schillernd, seine Männlichkeitsideale umstritten. Es ist daher kaum überraschend, daß volkreiche, ethnisch verschiedene Zivilisationen wie Indien und China aufgrund der Mannigfaltigkeit an sozialen Rollen, Religionen und Subkulturen viele alternative Begriffe von Männlichkeit (ebenso wie von Weiblichkeit) entwickelt haben. Darüber hinaus können historische und politische Entwicklungen wie in Indien das Bild noch unübersichtlicher gestalten, indem sie Männlichkeitsideale heraufbeschwören, die zu nationalistischen oder antikolonialen Kämpfen anspornen. Und da diese alten Kulturen so hierarchisch aufgebaut sind, zumal in den sozioökonomisch niederen Schichten, neigen die Bevölkerungen dazu, an starren Normen von Unterwürfigkeit, Kooperation und Selbstverleugnung festzuhalten, welche die männlichen Normen, die Individualismus fördern würden, abschwächen oder überdecken.

Wie sieht es nun in dem verhältnismäßig homogenen Japan aus – in einer der wenigen nichtwestlichen Nationen, die koloniale Probleme vermeiden konnten? Japan ist, weil es nur wenig von der subkulturellen Vielfalt Indiens (oder auch Chinas) zu bewältigen hat, ein interessanter Fall, wenn es um die Beziehungen zwischen Nationalismus, Selbstbild und Männlichkeit geht. Die Japaner haben eine Männlichkeitsvorstellung, die in mancher Hinsicht den westlichen Idealen entspricht, die aber andererseits auch Ähnlichkeiten mit der Vielgestalt und Flexibilität der indischen Kultur aufweist. Hinzu kommt der insulare Stempel vermeintlicher »Besonderheit« oder »Einmaligkeit«, der die japanische Sicht der eigenen Gesellschaft und Kultur prägt (Smith 19983, 110), und die für Asien einmalige Erfahrung industrieller Expansion und des Militarismus der dreißiger und vierziger Jahre mit seinen Samurai-Traditionen. Leider ist diese reiche Ader noch nicht ausreichend erschlossen worden. Dem gleich gewichtigen Thema der Weiblichkeit in Japan ist hingegen neuerdings beträchtliche Aufmerksamkeit zuteil geworden (Lebra 1985, Lebra und Lebra 1986, Smith und Wiswell 1982), aber die japanische Männlichkeit ist bislang von den Wissenschaftlern weitgehend unbeachtet geblieben.

Soweit mir bekannt, ist Ian Burumas *Japan hinter dem Lächeln* (1988) die einzige Arbeit, die sich spezifisch mit den männlichen Geschlechteridealen in Japan befaßt. Es ist eine unterhaltsame Abhandlung über japanische sexuelle Sitten und kulturelle Heldenfiguren. Buruma, der für seine Thesen in der Hauptsache die volkstümliche Kultur heranzieht – Filme, Trivialliteratur, Theaterstücke usw. –, ist der Ansicht, daß es in Japan wie im Westen ein Problem der Entwicklung ist, einen kulturell definierten Männlichkeitsstatus zu erreichen. Aber die japanische Kultur sieht zumindest zwei traditionelle Alternativlösungen vor. Buruma nennt sie die »harte« *(koha)* und die »weiche *(nanpa)* Schule. Erstere gelangt in heroischer oder aggressiver Aktion, häufig in kriegerischer Form, zum Ausdruck und kann als eine Variation des *»machismo«* (Burumas Definition) gelten. Bei der anderen handelt es sich um friedlichere, aber stets »nützliche« Aktivitäten oder, genauer, um selbstlosen Fleiß und moralische Anpassung, also um die Tugenden, die heute von der westlichen Welt mit der Aura des japanischen »Angestellten« verbunden werden und die Japan auf die Höhe wirtschaftlicher Macht gebracht haben. Beide Schulen jedoch spiegeln die Grundwerte der japanischen Kultur wider, Pflichterfüllung, Disziplin, kollektive Ziele, Fleiß und Zähigkeit als primäre männliche Qualitäten. Buruma erkennt in dieser Zweigleisigkeit die der japanischen Gesellschaft innewohnende Spannung zwischen dem Ansporn zu individueller Leistung und der gegensätzlichen Tendenz zur Konformität mit Gruppenidealen und zur Selbstverleugnung.

Wenn Buruma recht hat, dann ist Männlichkeit in Japan, wie im Westen, ein Zustand, der erworben werden muß, kulturell bedingt, jedoch mit einigen einmaligen Charakteristika, die das Gewicht unterstreichen, das in der japanischen Kultur der Versöhnung von öffentlichen und privaten Interessen zukommt. So ist der Weg zur Männlichkeit über die harte oder sanfte Straße »schwer« (1988, 170). Für den japanischen Jugendlichen ist das Streben nach Männlichkeit ebenso »traumatisch« wie anderswo und ähnlichen Bewährungsproben unterworfen. Ganz abgesehen von den unzähligen Gralsvorstellungen ist der Test für Männlichkeit in Japan eine unerschöpfliche Quelle für Mythen und Dramen. Die wichtigsten Voraussetzungen, diesen Test zu bestehen, sind Buruma zufolge »blinde Beharrlichkeit und der Sieg des Geistes über den Körper« (ibid.). Wenden wir uns nun dem zu, was Buruma über die »harte« Schule und deren Verflechtung von persönlicher Leistung und Anpassung zu sagen hat. Im übrigen sollte keine seiner Aussagen kritiklos akzeptiert werden; zum Vergleich werde ich andere, wissenschaftlich vielleicht zuverlässigere Werke heranziehen, die uns helfen werden, Burumas Thesen einzuordnen.

Samurai und bushido

Um das Männlichkeitsbild in der japanischen Kultur zu verstehen, müssen wir bei der alten Kriegertradition der feudalen Vergangenheit des Landes ansetzen. Der unerschütterliche virile Held, der gegen alle Schwierigkeiten Großes vollbringt, ist ein ehrwürdiges Vorbild in Japan. Es hat seinen Ursprung in den berühmten Samurai-Gesetzen, *bushido* (Art des Kriegers). Die wichtigsten Attribute von *bushido* sind nicht reiner eigennütziger Heroismus oder mutwillige Selbsterhöhung, sondern vielmehr blinde Loyalität dem Dienstherrn und der Familie gegenüber sowie »Taten außerordentlichen Verdienstes« in derartigen Diensten – Sterben inbegriffen (Bellah 1985, 97). Wenn auch die Kaste der Samurai als solche im Laufe der Industrialisierung Japans ausgestorben ist, so verschwand ihr zentrales Wertsystem von bedingungsloser Loyalität zu einer gegebenen Autorität nicht gänzlich, sondern lebte in modernerer bürokratischer Form weiter. Es wurde von Japans wachsender bürgerlichen Schicht als allgemeiner Kodex von Verhaltensregeln übernommen, die für den Aufbau und die Verwaltung der Nation nützlich sind. Allmählich griff es auf alle anderen Klassen Japans über, ähnlich wie die protestantische Ethik in Westeuropa, so daß das gesamte Land mehr oder weniger bis zur späten Tokugawa-Periode (1600–1868) »bushodisiert« war: »Nachdem sie grundsätzlich die Ethik einer Kriegerklasse gewesen war, wurde sie unter dem Einfluß von Konfuzianismus und Buddhismus ausreichend verallgemeinert, um zur Ethik eines ganzen Volkes zu werden« (ibid., 183).

Im Jahre 1900 war dieser Samurai-Kodex mit seinem Beharren auf blinder, selbstloser Hingabe und rühmlicher Dienstbereitschaft zum Bestandteil des Nationalgeistes in Japan geworden, wobei in den dreißiger Jahren sein militärischer Aspekt in den Vordergrund trat und erst nach der Niederlage von 1945 abgeschwächt wurde. Bushido ist indessen kein enges militärisches Gesetzessystem, sondern vor allem ein moralischer Kodex, der Verhalten und Vorstellungen beherrscht und dessen reinster und nobelster Ausdruck vielleicht der Militärdienst ist. Übriggeblieben sind heute davon die Gebote »selbstverleugnender Leistung« im Dienste kollektiver oder nationaler Ziele (ibid., 14) sowie die »Selbstüberwindung« zum Besten der Gemeinschaft (Morris 1975, 315). Das sind Ideale, die gegenwärtig mehr dem wirtschaftlichen Erfolg der Gruppe als kriegerischen Zielen dienen. In diesem Moralsystem der energischen Verfolgung kollektiver Anliegen ist Selbstsucht das größte Laster, und der selbstsüchtige Mann wird, außer daß er unaufrichtig wirkt – die größte Sünde in japanischen Augen –, als korrupt und »weichlich« betrachtet (Buruma 1988, 196). Mit dem Akzent auf persönlicher Leistung, zu der die Gruppenmitgliedschaft verpflichtet, ist *bushido* (und seine Wiedergeburt in der modernen Arbeitsethik) entschieden ein Kodex männlicher Ehre und enthält Elemente männlicher Selbstkontrolle und Dienstbereitschaft, die auch in vielen anderen Kulturen zu finden sind. Er ist gekoppelt an den komplementären weiblichen Verhaltenskodex der »Scham«, der sexuelle Bescheidenheit und die üblichen häuslichen Tugenden preist. In der Anleitung zum richtigen Handeln weisen die japanischen Geschlechterideale gewisse funktionelle Ähnlichkeiten mit Beispielen aus dem Mittelmeerraum auf. Sie legen das gleiche Gewicht auf Ehre und Scham, aber es bestehen doch auch wesentliche Unterschiede, die vor allem mit der Führungsrolle im Sexuellen zu tun haben (Asano-Tamanoi 1987). In Japan ein Mann zu sein, bedeutet wie in Andalusien (nur in höherem Grade), seine Pflicht anderen gegenüber zu erfüllen und seinen sozialen Verpflichtungen gegen alle Schwierigkeiten und ohne Rücksicht auf persönliche Kosten nachzukommen. Ivan Morris hat in seinem Buch *The Nobility of Failure* (1975) eine fesselnde Schilderung der hohen Wertschätzung vorgelegt, die dem zum Untergang verurteilten Helden zuteil wird, der bis zum bitteren Ende für Gruppenziele kämpft. Solche Helden personifizieren die japanischen Ideale der Tugend und auch der Männlichkeit.

Morris führt für dieses dem japanischen Selbstbild so teure heroische Ideal viele anschauliche Beispiele an, von denen wir eines zitieren, bevor wir zu Burumas Analyse der zeitgenössischen Volkskultur zurückkehren. Da ist der Krieger und Führer Yoshitsune Minamoto, eine charismatische Gestalt der Kamakura-Periode (1185–1333). Minamoto war ein kleiner, physisch nicht sehr eindrucksvoller Mann, der aufgrund seiner unerschütterlichen »Aufrichtigkeit« (selbstlose Hingabe an die Sache, die nationale Obsession) größere und kräftigere Gegner besiegte. Er war ein berühmter Stratege und Soldat, der sich erfolgreich einsetzte, um Teile der Inseln unter die verhältnismäßig aufgeklärte Herrschaft seines Klans zu bringen und damit vorübergehend in einer dem Bruderkrieg verfallenen Provinz Recht und Ordnung wiederherzustellen. Als glänzender General und Ausbund administrativer Fähigkeiten gewann er eine Schlacht nach der anderen, bis er schließlich, der Legende nach, nicht durch Überlegenheit der anderen, sondern durch Verrat schwächlicher Intriganten unterlag. Trotz seiner fragilen Erscheinung wird Minamoto noch heute unter anderem wegen seiner »starken Maskulinität«, wie Morris es nennt (ibid., 74) als nationaler Held verehrt. Minamoto bewies diese Qualität durch eine Reihe heroischer Taten, durch militärischen Mut und Risikobereitschaft sowohl auf dem Schlachtfeld wie in seiner militärischen Planung, aber ebenso durch seine Großmut und Güte seinen Anhängern gegenüber – und außerdem durch sein »aktives Liebesleben« (ibid., 73 f.).

Krieger wie Minamoto lösten in Japan eine Tradition des virilen

»großen Mannes« mit stark nationalistischen Obertönen aus. In den Jahrhunderten der japanischen Entwicklung zum Nationalstaat wurde diese heroische Überlieferung zum Bestandteil der japanischen Nationalität, die sich in der Vorstellung eines physisch kleinen Mannes wiederfindet, der sich gegen übermächtige Schwierigkeiten behauptet. Einige der heroischen und aktivistischen Eigenschaften, die zu dieser Heldenmythologie gehören, sind in die japanischen Wunschvorstellungen vom heutigen Mann aufgenommen worden, allerdings in sehr reduziertem Maße. Sie erhielten neues Leben in der militärischen Periode der japanischen Expansion mit all ihren Samuraitönen und aufsehenerregenden Heldentaten. Aber nach Japans Niederlage 1945 erfuhren die *bushido*-Aspekte eine Wandlung und wurden neu auf wirtschaftliche Ziele ausgerichtet. Als moralische Ideale blieben sie indessen lebendig.

Japanische machos: Hintergründe

Am Fall Minamoto zeigt sich demnach, daß der moderne japanische »macho« einen ehrwürdigen nationalen Stammbaum hat. Blicken wir noch einmal zurück, diesmal auf die Übergangsperiode der Tokugawa, eine Zeit, in der das moderne Japan gerade anfing, aus seiner feudalen Abgeschiedenheit aufzutauchen. Zu Beginn der Tokugawa-Zeit, als in Japan der Verstädterungsprozeß einsetzte, versuchte die Regierung, die immer größer werdenden Städte zu kontrollieren, indem sie politische Führer aus der Umgebung ernannte, Dorfältesten oder Bezirksvorsitzenden vergleichbar. Diese lokalen Bosse herrschten ebenso durch persönliches Charisma und Protektion wie durch ihre Schwerter. Daher mußten sie in der Bevölkerung, über die sie herrschten, genügend Furcht verbreiten, um die Ordnung aufrechtzuerhalten.

Weil der Regierung das klar war, wählte sie diese Führer häufig aus Berufen aus, die Tapferkeit und Ausdauer voraussetzten, beispielsweise unter Feuerwehrleuten oder auch Samurai, die harte Zeiten durchmachten und Arbeit suchten. Solche Führer hatten daher von vornherein einen Ruf von Verwegenheit und waren »überaus unabhängig« (Buruma 1988, 205). Als lokale Helden und Vorbilder repräsentieren sie einen säbelrasselnden Stil, der sich der japanischen Kultur als harte Schule der Männlichkeit einprägte: »hart, stoisch, männlich und *macho*« (ibid., 184). In der Vorstellungswelt des Volkes wurden diese *kyokyaku* genannten Männer (ibid., 205) zu legendären Gestalten, die einen (teils unverdienten) Robin-Hood-Ruf bekamen, weil sie die Armen beschützten, den Schwachen beistanden und die Bösen bestraften.

Später wandelte sich die soziale Rolle dieser mythenträchtigen lokalen Bosse etwas. Gegen Ende der Tokugawa-Periode, als die japanische Gesellschaft unstabil und korrupt wurde, begannen viele von ihnen ihre Herrschaft durch Glücksspiel, Verbrechen und Erpressung zu untermauern und waren schließlich nicht mehr von gewöhnlichen Gangstern oder *yakuza* (die japanische Mafia) zu unterscheiden. Wie die berühmten *ronin*, die arbeitslosen Samurai der Zeit, verloren einige dieser Außenseiter ihre Stützpunkte in den Städten und wurden zu ziellosen Wanderern, ähnlich den Cowboyhelden des Wilden Westens. Trotz dieses Abgleitens in Ungnade überlebte ihr Robin-Hood-Bild in der Phantasie des Volkes (das vielleicht in einer Periode sozialer Verschiebungen derartige Gestalten brauchte). Mit der Zeit wurde aus dieser Überlieferung der Mythos vom umherziehenden Kreuzritter ohne Furcht und Tadel, der nach Samuraimuster einem strengen Ehrenkodex gehorchte und Armen und Schwachen in Notzeiten zur Seite stand, geheimnisvoll plötzlich auftauchte und dann ebenso geheimnisvoll verschwand, nachdem die edlen Aktionen vollbracht und die Bösewichte ins Jenseits befördert waren. Die großen Taten solcher Volkshelden wurden zu unwiderstehlichen Sujets für Theater, Dichtung und Volksliteratur, heutzutage vor allem für Filme. Ein dem westlichen Publikum wohlbekanntes Beispiel hierfür ist Akira Kurosawas Film *Yojimbo* von 1960. In diesem Film spielt der beliebte volkstümliche Schauspieler Toshiro Mifune einen wandernden Samurai, der in einem lokalen Bürgerkrieg ganz allein Ordnung und Gerechtigkeit wiederherstellt. Das archetypische Motiv des umherschweifenden Helden findet sich in ähnlicher Form in den *Sieben Samurai* (ebenfalls von Kurosawa) und in zahllosen Hollywoodfilmen.

Um das gleiche Motiv mit Anklängen an die westliche Tradition des »ganzen Kerls« geht es noch in weiteren Filmen dieses anerkannten Meisters des japanischen Kinos. Da ist der Held von Kurosawas allerersten Film *Sanshiro Sugata* (1943). Wie seine späteren Filme *Ikiru, Himmel und Hölle, Rotbart* und sein Meisterwerk *Ran* (der auf *König Lear* basiert, dessen drei Töchter hier als Söhne erscheinen), behandelt *Sanshiro Sugata* die geistige Initiation eines Jungen zur Männlichkeit. Es geht um den »Test«. Wie so viele andere Jugendliche in Film und Trivialliteratur erhält der Titelheld eine Einführung in kriegerische Fertigkeiten – Judo in diesem Fall –, die den Übergang ins Erwachsenenalter symbolisieren. Der unerfahrene Junge schließt sich einem Meister an, der in einem Tempel lebt. Von Natur aus begabt, wird Sanshiro sehr bald ein unbesiegbarer Kämpfer. Aber etwas fehlt in dem Charakter des Jungen, und sein Meister ist nicht zufrieden mit seinen Fortschritten. Vielleicht war Sanshiros Aufstieg zu leicht gewesen, er hatte keine Niederlage erlitten und überwinden müssen: Er hatte nicht dem Tod ins Auge geblickt. Als er erkennt, daß seine Schulung nicht ganz vollkommen war, stellt er sich dem Meister, der schlicht und geheimnisvoll seinem Schüler befiehlt: »Stirb!« Die Reaktion des jungen Mannes ist ein klassisches Beispiel für die japanische Version einer Initiation zur Männlichkeit: »Ohne mit der Wimper zu zucken, springt Sugata in den Teich hinter dem Tempel, wo er die gesamte Nacht hindurch zum Mond emporstarrt und sich an einem Holzpfosten festhält, um nicht zu ertrinken. Es ist seine Weihe. Im Morgengrauen ist seine geistige Krise beendet: Er hat die endgültige Wahrheit in der Schönheit der Natur gesehen. In heftiger Erregung springt er aus dem Teich, um seinem Meister die gute Nachricht zu überbringen. Nun ist er dabei, ein Mann zu werden« (Buruma 1988, 176).

Der Held der Kriegskünste ist ein gutes Beispiel für *koha* oder die harte Schule, in der das Individuum eine fest determinierte Abfolge von Hindernissen bewältigt, um kraftvoll und weise, ein wahrer Mann zu werden. Die typischen Charakteristika des *koha*-Helden sind Stoizismus und eine Reinheit des Motivs, die beinahe naiv ist (wieder die »Aufrichtigkeit«). Er hat stets ein heftiges Temperament, das angesichts von Ungerechtigkeiten zum Ausbruch kommt, und er zeigt Ausdauer bis in den Tod. Er ist sehr um seine Männlichkeit besorgt, und wie der westliche Cowboy muß er »seine Männlichkeit immer wieder in Kämpfen beweisen« (ibid., 178). Mit seiner Haltung im Sinne von *bushido* ist dieser Junge mit dem männlichen Geist in das japanische nationale Selbstbild eingegangen und dient als moralische Basis für ein stereotypisches patriotisches Ideal: Der kleinere, aber aufrichtigere Held siegt über den größer gewachsenen (oft: fremdländischen) Feind. Die harte Schule repräsentiert ein heroisches Ideal, das selten erreicht wird.

Buruma illustriert seine These mit Bezügen zur Trivialliteratur. Da gibt es eine populäre Comic-Serie mit dem Titel ›Ich bin ein Kamikaze‹. Diese Hefte sind ungeheuer beliebt bei japanischen Jungen und Männern, mehr noch als ihre Pendants in den Vereinigten Staaten. Fast alle sind voller melodramatischer Geschichten, in denen die Heldentaten von prahlerischen Samurai, Abenteurern oder Sportlern verherrlicht werden (Schodt 1983, 87), alles »solides Machozeug« (Taylor 1983, 188). Worte wie *shunen* (Zähigkeit) und *otoko-rashisa* (Männlichkeit) kommen ständig aus den brüllenden Mündern der Helden (Schodt 1983, 80). Das Standardschicksal liefert einer dieser Comics mit einem jungen Helden namens Shinko Yamato. Der Name hat symbolische Bedeutung: Yamato ist der klassische Name für die japanische Nation, ein alter Begriff, der häufig mit chauvinistischem Unterton benutzt wird: *Yamato no tamashii*, »Der Geist Japans«. Die Comics vermitteln eine patriotische Botschaft, die dem amerikanischen Ideal des »G I Joe« durchaus vergleichbar ist.

Die Geschichte erzählt, wie der junge Shinko von seinem Vater gelehrt wird, ein Mann zu sein. Der junge Mann hat alle erforderlichen Eigenschaften des harten japanischen Helden: Er ist klein an Statur, aber seine wilde Zielstrebigkeit gleicht die fehlende Größe aus – wieder der unbezähmbare japanische Geist. Er hat die Integrität und den Idealismus der Jugend. Er ist (übertrieben) aufrichtig. Er ist aufbrausend und maßlos stoisch, rein in seinen Gefühlen und zielbewußt in der Sache. Aber – und das ist das Entscheidende – Shinko selbst ist kein Selbstmordkandidat, denn er ist nach dem Krieg geboren. Sein Vater war Kamikazeflieger. Merkwürdigerweise ist der Vater nicht gestorben, und das erklärt sein zwanghaftes Verhalten: Zu seiner ewigen Schande ist sein Flugzeug zerschmettert, ohne daß er dabei getötet wurde. Um diese Demütigung auszugleichen, hat er beschlossen, einen perfekten Mann aus seinem jungen Sohn zu machen.

Ausführlich wird Shinkos Erziehung zur Männlichkeit geschildert, bei der sein Vater unentwegt dieselbe Botschaft wiederholt: »Wenn ein japanischer Mann einmal beschlossen hat, etwas zu tun, dann führt er es aus – bis zum bitteren Ende, um jeden Preis.« Der Junge wird dann verschiedenen Prüfungen unterworfen. Sein Vater schlägt ihn mit Bambusschwertern auf den Kopf, um ihn abzuhärten gegen Schmerzen, er wirft ihn von einem Lastwagen in voller Fahrt, er bindet ihn während eines gewaltigen Schneesturms an einen Brückenpfeiler. Der zähe kleine Shinko überlebt all diese Prüfungen. Der wichtigste Test für Kühnheit jedoch betrifft seine Auseinandersetzungen mit Wada, dem Raufbold der Schule und Sohn eines großen Gangsterbosses. Unglücklicherweise ist Wada viel größer und kräftiger als Shinko, der jeden Kampf verliert. Da er indessen die Botschaft seines Vaters voll und ganz in sich aufgenommen hat, hält er durch wie ein echter Samurai. Schließlich aber besiegt der kleinere Junge in einer letzten großen Konfrontation seinen Folterer in einem Duell mit Bambusschwertern. Da er nun den Weg zu wahrer Männlichkeit gelernt hat, tötet er seinen grausamen und zynischen Gegner nicht, sondern läßt ihn leben, auf daß er seine Taten bereue. Nachdem er bewiesen hat, daß er ein Mann ist, und damit die japanischen Regeln erfüllt hat, braucht er nicht zu töten. Shinko zeigt seinem Feind (und seinen beeindruckten jungen Lesern) großmütig »den Weg zu wahrer Männlichkeit« (ibid., 180). Mehr über den japanischen Machismus in den Comics findet sich bei Schodt (1983).

Kamikazehelden

Die Bewunderung für Zähigkeit und Opfer erreicht ihren Höhepunkt in der Figur des echten Selbstmordfliegers, des Kamikaze, dem eigentlichen Thema des oben zitierten Comics. Weil dieses kurzlebige Phänomen (das Konzept war erst nach 1944 völlig ausgearbeitet) westlichen Beobachtern so unerklärlich schien, wurden seine Hintergründe verschiedentlich untersucht. In seinem Buch über japanischen Heroismus hat Ivan Morris (1975) anhand von schriftlichen Berichten, Briefen und Tagebüchern gezeigt, wie sehr die Motive der Kamikazeflieger und U-Bootlenker einigen der extremeren japanischen Vorstellungen entgegenkamen, die mit der Betonung der Loyalität oder »Verpflichtung« *(on)* gegenüber Autoritätspersonen und Eltern auch auf *bushido*-Ideale zurückgingen. Nach diesem Konzept war das Leben ein Netz unausweichlicher gegenseitiger Verpflichtungen. Für den Mann bestand der ganze Sinn des Lebens darin, den Eltern, die ihn zum Mannsein aufgezogen hatten, seine große Schuld zu erstatten und ebenso der durch den Kaiser personifizierten Gemeinschaft, die ihn ernährt hatte. Das Leben galt in der Tat als wertlos und unehrenhaft, so es nicht absolut dem Dienst dieser verehrten Institutionen gewidmet war. Das letzte, höchste Opfer zu bringen, bedeutete deshalb eine große Ehre, und die zum Untergang verurteilten Flieger waren »voll der Freude« über die Chance, ihre Verpflichtungen in einer so dramatischen und endgültigen Weise zu erfüllen. Interessanterweise wurde kaum eine Belohnung in einem Leben nach dem Tod erwartet. Wie die meisten Piloten in ihren Briefen schrieben, waren sie Agnostiker oder sogar »Atheisten« (ibid., 318). Was sie mit dem Tod erreichten, war posthume Ehre und nicht das Paradies, das einige fanatische islamische Sekten für die Helden des Schlachtfeldes vorsehen.

Abgesehen von wie auch immer gearteten psychologischen Anpassungen, die vielleicht mit im Spiel waren, lag in dieser seltsamen Freude der dem Tod geweihten jungen Männer in ihren letzten Stunden auch eine Antwort auf den entscheidenden Test für ihre Männlichkeit. Und diese ist, wie wir bereits sahen, moralisch untrennbar verbunden mit der sozialen Rolle, mit der Pflicht der Gesellschaft gegenüber, und deshalb patriotisch. So berichtete ein junger Pilot namens Isao Matsuo von der »Hero's Special Attack Unit« seiner Familie 1945 von der großen Ehre, zum Sterben ausgewählt worden zu sein. Das gäbe ihm die Gelegenheit, »wie ein Mann zu sterben«. Ein junger Matrose, der sich zum Sterben meldete, wurde von seinem kommandierenden Offizier gefragt, warum er das denn getan hätte. Seine Antwort war einfach: »Ein Mann muß für sein

Land tun, was er kann.« In dem Hochgefühl, für das letzte Opfer auserwählt zu sein, sagte ein junger Freiwilliger zu einem anderen: »Was für ein Glück ... daß man als Junge geboren ist! Eine Frau könnte kein Abenteuer wie dieses erleben« (Morris 1975, 319f.). Derartige Gefühle erinnern an die japanischen Filmhelden, die sich in Untergangshymnen ergehen, wenn sie mit einer Übermacht von Feinden konfrontiert sind: »Laßt uns Männer sein, laßt uns sterben wie Männer!« (Buruma 1988, 221) Es ist eine japanische Überlieferung, die vielleicht gar nicht so verschieden ist von westlichen Idealen des männlichen Mutes, zumindest in gewissen Kreisen.

Der sanfte Weg zur Männlichkeit

Der harte Weg der Selbstverleugnung ist das eine Thema in der japanischen Kultur, aber es gibt auch einen sanfteren Weg *(nanpa)*. Dieser wird unter anderem symbolisiert in der Figur des berühmten Filmhelden »Tora-San«. In den Tora-San-Filmen geht es immer um einen Wohltäter mit pazifistischem Einschlag. Sie gehören mit ihrem nur auf Japan begrenzten Publikum zu den am besten besuchten Filmen. Der äußerst populäre Filmschauspieler Torajiro Kuruma, der diesen Tora-San verkörpert, ist unbestritten der beliebteste Charakter in der Geschichte des japanischen Films. Seit 1939 haben seine Filme stets das gleiche archetypische Thema: der noble, sanfte Abenteurer, der den Schwachen beisteht, Probleme löst und sämtliche Familientugenden aufrechterhält, die mit einem »goldenen Herzen« verbunden sind (Buruma 1988, 255). Er ist in seinem entschlossenen Eintreten für die traditionellen Werte weder kriegerisch noch gewalttätig, sondern gütig und vor allem aufrichtig. Tora-San repräsentiert eine klassische Vaterfigur der zurückhaltenden, liebenswerten Art und lehrt die ihn verehrenden Jungen eine Männlichkeit innerer Stärke. Viele Tora-San-Filme handeln ganz spezifisch von den Schwierigkeiten einer verantwortungsvollen Männlichkeit der Pflicht, Ehre und Rechtschaffenheit. Diese Qualitäten werden von einem Film nach dem anderen als Lernprozesse dargestellt, durch die man die hervorragenden Tugenden von Aufrichtigkeit, selbstloser

Hingabe an die Sache und Ausdauer in einer harten Welt erwirbt. Der Titel von Tora-Sans erstem Film lautete auch *»Es ist schwer, ein Mann zu sein«* (ibid., 255) – ein Thema, das fortan kontinuierlich weiterentwickelt wurde.

Nanpa, der sanfte Weg, unterstreicht die anderen in Japan hochgeachteten Ideale, Pflicht *(giri)* und soziale Verantwortung, vor allem kindliche Loyalität. Für den durchschnittlichen Japaner der heutigen Mittelklasse entspricht das der Haltung des Angestellten oder Technokraten, einer Art und Weise, »seinen Anteil an Arbeit zu leisten«, doch dieses Thema spielte in Japan schon immer eine große Rolle. Und doch gibt es bei denen, die zugunsten von altväterischen Lehren oder Angestelltenfleiß die stolze Wildheit der Samurai ablehnen, eine ähnliche Wertschätzung von Idealen der Ausdauer und praktischen Zweckdienlichkeit innerhalb des Rahmens, der durch die Gruppenbedürfnisse vorgegeben ist. So haben Robert Bellah (1985) und Georg DeVos (1973) in ihren klassischen Arbeiten zur japanischen Kultur festgestellt, daß Zielstrebigkeit schon immer im Mittelpunkt aller Ideale stand und die japanische Kultur wie die sozialen Einrichtungen immer auf die Vereinbarkeit von individuellen Leistungen mit kollektiven Zielen ausgerichtet waren.

Effizienz und Aktivismus sind in der weichen Schule japanischer Männlichkeit sehr wichtig. Leistungen zählen nicht viel, wenn sie sich nicht in einer sozial produktiven Art ausdrücken. Selbst Bildung und Gelehrsamkeit werden als Mittel zum Zweck empfunden und weniger als Werte an sich. Bellah schreibt darüber (1985, 16): »Der nur gelehrte Mann ist nicht des Respektes wert. Wissen sollte sich vielmehr in der Praxis niederschlagen.« Der verdienstvolle japanische Mann ist jemand, der die Herausforderung annimmt, »die ihn aus der Geborgenheit des Studiums in das Getümmel der Praxis hinausjagt« (Morris 1975, 216). Ob er das Schlachtfeld oder das Büro wählt, oder ob er im Land umherwandert, um wie Tora-San gute Taten zu vollbringen – er muß ein engagiertes Gruppenmitglied sein. Die männliche Rolle ist »ethisch aktivistisch« und unabhängig vom Beruf (Bellah 1985, 98). Der gute Mann, der aufrichtige, zeigt »blinde Hingabe an direkte Aktion und ein unendliches Vermögen, Kummer und Schmerz zu ertragen« (Buruma 1988, 172).

Die männliche Rolle ist daher auf das vertraute Modell von Einsatz und Aktivismus gegründet, jedoch mit stark nationalistischer Färbung. Sie verlangt sozial sinnvolle Leistungen, stets im Einklang mit den Gruppenzielen. Earl Kinmonth hat in seinem Buch *The Self-Made Man in Meiji Japanese Thought* (1981) japanische Vorstellungen der Jahrhundertwende zum Unternehmertum mit westlichen Auffassungen verglichen. Er zeigt, daß der Akzent auf weltlichem Erfolg, von dem Japan in der Periode der Industrialisierung zwischen 1868 und 1914 erfaßt wurde, nicht wie im Westen zu Selbsterhöhung führte. In der japanischen Kultur, die zwar hinsichtlich Studium und harter Arbeit gleiche Anforderungen stellte, mußten individuelle Leistungen stets auf übergeordnete kollektive Ziele ausgerichtet sein, auf »staatliche oder soziale Zwecke« (ibid., 234). Wohlstand und Ehre wurden als kollektive und nicht als individuelle Ziele verstanden, und die Betonung lag mehr auf Kreativität als auf dem Erfolg, den man als angehäuften Wohlstand definierte (ibid., 16). Die japanische Vorstellung von männlicher Leistung wurde in der frühen Meiji-Periode (wie wohl auch heute) in der typischen Mahnung zusammengefaßt, die sich in Zeitschriften und Tageszeitungen fand: »Jedesmal, wenn ein Jugendlicher seinen Mund aufmacht, ist es Zeit, auf Unternehmungsgeist zu bestehen.« Aber die Ziele waren damals (wie heute) entschieden kollektiver Natur: »wohlhabendes Land und starke Armee« (ibid., 111).

Unternehmungsgeist im Dienste der Familie, der Firma und der Nation ist männlich, sich ihm zu entziehen, ist weibisch. Die männliche Rolle in der japanischen Gesellschaft scheint mehr als anderswo auf einem selten hohen Pflichtgefühl zu ruhen. Ein wirklicher Mann folgt durch Mühsal und Opfer dem Pfad der Pflicht und erfüllt seine Aufgaben bis zum bitteren Ende, ganz wie der verhinderte Kamikaze in der Comic-Geschichte seinem Sohn sagte: »In Japan wird Reife dadurch bewiesen, daß man sein gesellschaftliches Schicksal akzeptiert« (Buruma 1988, 225).

Dennoch kann es, wie schon gesagt, ein Fehler sein, Burumas Erkenntnisse und die populären Ausdrucksformen, auf die er sich stützt, zu verallgemeinern. Da Buruma kein geschulter Anthropologe ist, könnte man seiner Arbeit Ethnozentrismus oder männliche Vorurteile vorwerfen, und wir müssen vor Verzerrungen dieser Art auf der Hut sein. Vielleicht gilt das ebenso für die übrigen oben zitierten Autoren. Ich bin nicht in der Lage, ihre Unparteilichkeit zu beurteilen, aber Burumas Buch ist von einigen japanischen Wissenschaftlern (Kondo 1984) dahingehend kritisiert worden, daß es das Bizarre und Exotische in der japanischen Gesellschaft übertreibe und zuviel aus der Trivialliteratur und aus Filmen (die aber schließlich große Teile der Gesellschaft beeinflussen) auf allgemeine Einstellungen überträgt. In neueren Arbeiten anerkannter Wissenschaftler, Frauen in der Hauptsache, zeigen sich jedoch einige interessante Parallelen, so daß ich seine Erkenntnisse heute weniger skeptisch betrachte.

Anläßlich ihrer Untersuchung japanischer Sitten in der Kindererziehung befragte die Feldforscherin Joy Hendry ihre Informanten nach den Charakterzügen, die Japaner ihren Kindern vermitteln möchten (1986, 93). Die »Wunschliste« für Jungen, die sie sorgfältig zusammengetragen hat, enthielt »Mut, Standhaftigkeit, Entschlossenheit, Verantwortungsgefühl und Männlichkeit«, also alle Eigenschaften, die in den von Buruma angeführten Filmen verherrlicht werden. In ihrer interessanten Studie über japanische Geschlechtervorstellungen stellte die Anthropologin Sonya Salamon eine stark entwickelte »Stereotypie von Männlichkeit« fest, die eine aktive Rolle in wirtschaftlichen und sexuellen Beziehungen sowie Einfallsreichtum und vor allem persönliche Unabhängigkeit betonte (1986, 134). Autonomie und Charakterstärke prägen dieses Männlichkeitsbild. »Man ist kein Mann in der japanischen Kultur«, schreibt Salamon, wenn man nicht »frei ist«, also fähig, unabhängig zu handeln und auf diese Weise Herausforderungen – in diesem Fall geht es um die berufliche Karriere – selbständig zu bewältigen. Und in ihrer Abhandlung über die Haltung der Frauen ermittelte die Anthropologin Takie Lebra, selbst Japanerin, daß die künftigen Bräute, die sie befragte, ebenfalls die altvertrauten männlichen Eigenschaften als wünschenswerte Qualitäten ihrer Ehemänner aufzählten. Die meisten jungen Frauen sagten, sie würden Schwächlingen, die sich abhängig oder unentschlossen verhielten, aus dem Wege gehen. Solche Schwächlinge galten nicht als wirkliche Männer. Alle Frauen wollten einen »männlichen Mann« (1985, 137), ein Ideal, das in einer Ausdrucksweise formuliert wurde, die an die von Buruma zitierte erinnert.

Schließlich ist, wie im Fall des Helden Yoshitsune Minamoto aus der Feudalzeit, dessen »aktives Liebesleben« eine Rolle spielte, auch sexuelle Durchsetzungskraft für eine glaubwürdige Männlichkeit wichtig. Zur Illustration eine wahre Geschichte, die dem amerikanischen Anthropologen John Embree widerfuhr, als er Suye Mura, ein Dorf, das er in den dreißiger Jahren erforscht hatte, verlassen wollte. Die Dorfbewohner hatten eine Bitte an ihn: Sie verlangten, daß er mit einer Frau des Ortes schliefe, bevor er Japan verließe. Sie waren wegen seiner Zurückhaltung während seines Aufenthalts bei ihnen etwas ratlos und verwirrt und sagten zu ihm, dies sei seine letzte Möglichkeit »zu zeigen, daß du ein Mann bist« (Smith und Wiswell 1982, 66). Embree wich höflich aus – mit ewigem Schaden für seinen Ruf. In Japan ist der Weg zur Männlichkeit in der Tat schwer.

9. KAPITEL

Ausnahmen: Tahiti und Semai

Jeder Mann ist der Sohn seiner Taten

Cervantes, *Don Quijote*

Männlichkeit muß bestätigt, gerechtfertigt und in vielen Gesellschaften verteidigt werden, ob auf »hartem« oder »weichem« Wege. Selbst wenn sie zweideutig ist wie in der hinduistischen Kultur, wird Männlichkeit als ein problematischer Status erfahren, als eine labile Grenze, die in jeder Richtung durchlässig ist. Mit all ihren dazugehörigen Ängsten ist die Männlichkeitsschwelle jedoch keine universale kulturelle Kategorie. Es gibt einige Gesellschaften, in denen das Konzept entweder bedeutungslos oder überhaupt nicht vorhanden ist. Diese virtuell androgyn angelegten Kulturen provozieren Fragen nach der universalen »Notwendigkeit« von Männlichkeit in der Entwicklung des Mannes, und meiner Ansicht nach legen sie nahe, daß kulturelle Unterschiede in dem Mosaik der Männlichkeit schwerer wiegen können als die Natur.

Wir haben bereits einige berühmte Beispiele für solche sexuell unbestimmten Kulturen von Margaret Mead in *Geschlecht und Temperament in drei primitiven Gesellschaften* (1935) vorgeführt bekommen. M. Mead vertritt in diesem Buch einen extremen kulturellen Determinismus und versucht, die grenzenlose Formbarkeit von Geschlechterrollen und -bildern an drei Gesellschaften aufzuzeigen, deren Geschlechterrollen sich von jenen des westlichen Modells grundlegend unterscheiden. Obwohl ich die farbenfrohe Palette ihrer Beschreibungen sehr schätze, verzichte ich hier darauf, ihre Daten zu benutzen, da die Zuverlässigkeit ihrer Arbeit in Zweifel gezogen worden ist (Freeman 1983). Statt mich in diese Debatte einzuschalten, möchte ich zwei andere Beispiele heranziehen: das Volk in Tahiti im französischen Polynesien und die Semai von Malaysia, die in weniger umstrittenen Monographien geschildert worden sind. Ich verlasse mich dabei hauptsächlich auf Robert Levys vorzügliche Arbeiten über die Bewohner von Tahiti (1971, 1973) und auf Robert Dentans beispielhafte Monographie über die Semai von Malaysia (1979).

Tahiti: Fließende Grenzen

Tahiti ist eine der Gesellschaftsinseln und gehörte früher zu Französisch-Polynesien. Es ist heute fast ein Synonym für »tropisches Paradies«. Mitte des 18. Jahrhunderts kam es erstmals in Kontakt mit westlichen Forschern, unter anderen mit Captain Cook. Von den allerersten europäischen Besuchen an hat die Kultur Tahitis, vor allem ihre Behandlung der Geschlechterrollen, wegen ihrer Lässigkeit die westliche Neugier erregt. Die meisten Besucher äußerten ihr Erstaunen über den ungewöhnlichen und für westliche Begriffe seltsamen Mangel an geschlechtlicher Differenzierung (und Geschlechterrollen) auf den Inseln. So vermerkte beispielsweise der Seefahrer John Forster (1778, 421 f.), einer der ersten westlichen Forscher, der über die geschlechtlichen Sitten schrieb, daß die Frauen auf Tahiti einen bemerkenswert hohen Status hätten und es ihnen gestattet wäre, fast alles zu tun, was die Männer täten. Es gab dort weibliche Häuptlinge mit wirklicher politischer Macht. Jede Frau konnte sich am Sport der Männer beteiligen, und manchmal rangen sie sogar mit männlichen Gegnern; einige Frauen beherrschten und schlugen noch dazu ihre Ehemänner. Außerdem hatten die Frauen ganz allgemein große Bewegungsfreiheit und »unterhielten sich frei mit jedem ohne Einschränkung«. Forster stellte sodann Vergleiche mit den anderen Inseln an, die er während seiner Reisen besucht hatte und auf denen die Frauen häufig abgeschlossen lebten.

Später, im 19. Jahrhundert, schrieb der amerikanische Autor und Diplomat Henry Adams aus Tahiti, daß für seinen Geschmack die Geschlechter einander zu ähnlich wären. »Die polynesische Frau«, klagte er, »scheint mir zu sehr wie der polynesische Mann; der

Unterschied ist nicht groß genug, um Gefühle zuzulassen, er läßt nur physische Abweichungen zu« (1930, 484). Und in der gleichen Zeit beschrieb der französische Maler Paul Gauguin die Eingeborenen als »androgyn« und fügte hinzu, daß »es etwas Viriles in den Frauen und etwas Weibliches in den Männern« gäbe (Gauguin 1924).

In den sechziger Jahren unseres Jahrhunderts, als Robert Levy Feldforschung auf Tahiti betrieb, fand er diese Eindrücke von sexueller »Unbestimmtheit« noch immer zutreffend. Er berichtet, daß Geschlechtsunterschiede in Tahiti »nicht stark markiert« sind, sondern eher »verwischt« oder »vermischt« (Levy 1973, 234f.). Männer sind nicht aggressiver als Frauen, und Frauen scheinen nicht »sanfter« oder »mütterlicher« als Männer. Wie ihre Persönlichkeiten sind sich auch die Rollen von Männern und Frauen so ähnlich, daß sie kaum zu unterscheiden sind. Beide Geschlechter erfüllen überwiegend die gleichen Aufgaben, und es gibt keine beruflichen oder handwerklichen Tätigkeiten, die durch kulturelle Vorschriften nur dem einen Geschlecht vorbehalten wären. Die Männer übernehmen gewöhnlich das Kochen (ibid., 233), und Frauen tun fast alles, was die Männer außerhalb des Hauses tun. Zudem besteht keine Notwendigkeit, Männlichkeit zu beweisen, kein Druck auf die Männer, in irgendeinem wichtigen Bereich anders als Frauen oder Kinder aufzutreten. Männer haben keinerlei Angst, sich in einer Weise zu verhalten, die westliche Menschen als feminin betrachten würden. Bei Tänzen beispielsweise tanzen erwachsene Männer in enger körperlicher Berührung miteinander und reiben sich ohne jede Hemmung aneinander, und die meisten Männer suchen auch häufig ohne Scham den Dorfhomosexuellen auf (den *mahu*, dessen ritualisierten Status wir später erörtern werden).

Selbst dort, wo sich minimale Unterschiede in den Geschlechterrollen der Tahitianer feststellen lassen, finden häufig »Überschneidungen« (ibid., 235) statt, vor allem unter Männern – eine Situation, die Levy überraschend fand (ibid., 234). Männer zeigen keinerlei Verlegenheit, eine weibliche Identität anzunehmen, und ein typischer männlicher Informant pflegte seine Argumente folgendermaßen zu umranken: »Nehmen wir an, Sie sind der Mann und ich die Frau, und wir streiten uns.« Manchmal auch drehte der Informant die Situation um, schrieb Levy, und »machte mich zur Frau und ihn zum Mann« (ibid., 235). Und Levy führt weiter aus:

> Es gibt viele andere Beispiele für winzige Überschneidungen im Rollenspiel der Männer. Teri'i Tui (ein tahitischer Informant) demonstrierte mir und seinen jüngsten Kindern zum Beispiel die traditionelle Methode des Gebärens, indem er vorgab, schwanger zu sein, und sich in die richtige Position auf den Boden setzte. Dann bat er seine ältesten Söhne, daß sie so taten, als hülfen sie ihm bei der Entbindung. Andere Männer zeigten mir, wenn sie vom Stillen eines Babys sprachen, wie das getan würde, indem sie sich ein eingebildetes Baby an die eigene Brust legten (ibid.).

Derartige männliche Grenzüberschreitungen beim Rollenspiel kommen nicht nur häufig vor, sie sind auch von keinerlei Scheu begleitet. Levy war überrascht von dieser seltsamen Nonchalance und befragte die Männer ständig darüber. Aber die Männer antworteten regelmäßig, daß es »keine allgemeinen Unterschiede« zwischen männlich und weiblich im Hinblick auf Charakter, Gedanken, moralische Züge oder die Schwierigkeiten in ihrem Leben (ibid., 236) gäbe. Hier gibt es kein »starkes Denken«! In der Tat ist »Weichlichkeit« (Levys Begriff) allgemein akzeptiert als normaler männlicher Wesenszug (ibid., 133). *Macho*-Typen werden als fremd und abstoßend empfunden. Wie Gauguin und Henry Adams schloß Levy beinahe klagend: »Die Männer schienen ein wenig feminin und die Frauen ein wenig maskulin« (ibid., 100).

Dieses Verwischen der Geschlechterrollen spiegelt sich auch in der tahitischen Sprache, die das Geschlecht grammatisch nicht zum Ausdruck bringt. Pronomen weisen nicht auf das Geschlecht des Subjekts oder Objekts hin, und das Geschlecht hat auch sonst keinerlei andere grammatische Funktion. Man kann in der Tat lange jemandem zuhören, der über den Umgang mit anderen spricht, ohne daß man weiß, ob das Subjekt oder Objekt männlich oder weiblich ist. Hinzu kommt, daß die meisten traditionellen Eigennamen auf Tahiti gleichermaßen auf Mann oder Frau angewendet werden. Während einige verwandte Völker wie die Maori Neuseelands anscheinend viele neutrale Objekte ihrer Umgebung in männlich und weiblich eingeteilt haben, so gibt es im heutigen Tahiti nichts dergleichen (ibid., 232f.).

Im Unterschied zu den entschlossen beschützerisch veranlagten Männern in Truk machen die Tahitianer keine Anstrengung, ihre Frauen zu schützen oder fremde Eindringlinge abzuwehren. Das Gegenteil trifft zu – zum Entzücken und auch zum Schrecken westlicher Beobachter. Als das englische Schiff *Dolphin* 1767 auf Tahiti anlegte, waren die Seeleute verblüfft über ihren Empfang: Die Eingeborenenfrauen, schrieb der Kapitän, »kamen herunter und zogen sich nackt aus, vollführten alle verführerischen Gesten, die sie konnten, um sie [die Seeleute] an Land zu locken« (zitiert bei Levy 1973, 97). Anscheinend hatten die tahitischen Männer dieses Verhalten nicht nur hingenommen, sondern ihm auch noch ihren Segen gegeben (ibid., 126). Als der französische Forscher Bougainville Tahiti zehn Monate später erneut entdeckte, war er derart verwundert über die zwanglose Erotik der Frauen und das Gewährenlassen der Männer, daß er den Ort nach der Insel benannte, auf der Aphrodite der Legende nach zum erstenmal aus dem Meer auftauchte: *La Nouvelle Cythère*. Bougainville schrieb: »Jeden Tag gingen unsere Männer ohne Waffen, allein oder in kleinen Gruppen, im Land umher. Sie wurden in die Häuser eingeladen und dort gespeist, aber es war kein leichter Imbiß, auf den sich hier die Höflichkeit des Gastgebers beschränkte. Sie boten ihnen ihre Töchter an« (1958, 128). Man vergleiche dieses Verhalten mit dem der Männer von Truk!

Auf Tahiti werden an Männer nur wenige Anforderungen gestellt. Sie jagen nicht. Es gibt keine gefährlichen oder anstrengenden Betätigungen, die als maskulin gelten. Es gibt keine Kriege oder Fehden. Die französische Kolonialverwaltung war verhältnismäßig milde und sorgte für Wohlfahrtsunterstützung der Bedürftigen. Die Lagune bietet Fischmöglichkeiten im Überfluß und macht gefährliche Tiefsee-Expeditionen wie in Truk überflüssig. Bebaubarer Boden ist ebenfalls reichlich vorhanden: Jeder besitzt entweder genügend Land oder pachtet es »für eine sehr kleine Summe« (Levy 1973, 11 f.). Auch Haustiere gibt es in Fülle und weder bedrückende Armut noch wirtschaftlichen Kampf. Statt Wettbewerbsgeist zu fördern, begünstigt die Wirtschaft einen ungewöhnlichen Grad an Kooperation, da die Familien sich gegenseitig helfen beim Fischen und bei der Ernte der beiden wichtigsten Erzeugnisse, Vanille und Taro, einer tropischen Knolle. Levy zufolge wird materialistisches Streben als untahitisch geradezu mit Mißbilligung bedacht. Der Durchschnittsmann »weigert sich, hoch hinaus zu wollen«, und ist mit dem baren Existenzminimum völlig zufrieden. Eine lakonische Einstellung zur Arbeit gilt als »überlieferungsgemäß wahrhaft tahitisch« (ibid.). Nichttahitische Bewohner und Besucher empfinden die Männer als faul. Man machte Levy auf einen abweichenden männlichen Typ aufmerksam, der gemischter Herkunft, polynesisch und kaukasisch, von einem in China geborenen Vater aufgezogen war, um hart zu arbeiten und es zu Geld zu bringen. Die anderen Dorfbewohner kritisierten ihn, weil er »zu hart arbeitet und zuviel plant, um ein normaler Tahitianer zu sein« (ibid., 51).

Im Einklang mit diesem sanften Selbstbild erwartet man von Männern nicht nur, daß sie passiv und nachgiebig sind, sondern auch, daß sie Kränkungen ignorieren. Es existiert kein männlicher Ehrbegriff, der verteidigt werden müßte, keine »Revanche«. Männer akzeptieren den kulturellen Wert einer »Schüchternheit«, die jede Vergeltung verbietet, und selbst wenn Männer herausgefordert werden, kommt es nur selten zu Schlägereien (ibid., 285). Die bemerkenswerte Passivität der Männer ist etwas, das Besucher seit Cook immer wieder mit Erstaunen beobachtet haben. Ein früher Forschungsreisender, John Turnbull, stellte ganz allgemein fest (1812, 339): »Ihre Gemüter sind sanft bis zum äußersten ... Ich habe in der ganzen Zeit, in der ich dort war, nie einen (Tahitianer) gesehen, der seine Ruhe verloren hätte.«

Verbote jeder Aggression gehen so weit, daß sogar Rachegedanken ausgeschlossen werden, auch wenn man betrogen worden ist. Ein französischer Gendarm, der Anfang der sechziger Jahre einen Distrikt auf Tahiti verwaltete, äußerte sich sehr zufrieden über diesen Zug. Vorher hatte er in Französisch-Guinea, in Algier und Marokko gearbeitet. Für ihn waren die Tahitianer reinste »Lämmer« im Vergleich (erwähnt bei Levy 1973, 276). Der französische Polizist stellt den Bewohnern Tahitis die Marokkaner gegenüber, die ein »hitziges Temperament« zeigten, wenn sie wütend waren. Am meisten überraschte ihn indessen das totale Fehlen von Rachegefühlen. »Selbst wenn sie von einem Besucher oder einem Kaufmann betrogen werden, scheinen sie weder Zorn darüber noch irgendein Bedürfnis nach Abrechnung zu haben.« Die gleiche Beobachtung machte in den Zeiten vor der Christianisierung der Missionar James Wilson (1799, 327), der die Männer Tahitis folgendermaßen beschreibt: »Ihr Verhalten ist liebenswürdig und einnehmend; ihr Gang leicht, fest und anmutig; ihr Verhalten frei und ohne Scheu; sie sind immer von grenzenloser Großzügigkeit untereinander und Fremden gegenüber, ihr Temperament ist milde, sanft und ungekünstelt; sie sind nicht leicht beleidigt und leicht wieder beruhigt, und sie behalten selten Groll oder Rachegefühle zurück, ganz gleich, mit was für einer Provokation sie konfrontiert worden sind.«

Riten: Der mahu

Jedoch haben auch die Tahitianer ohne strenge Verhaltensregeln oder Kennzeichen einer konventionellen Männlichkeit eine rituelle Übergangszeremonie für Jungen. Sie besteht aus einer Beschneidung des Penis. Anders als die Beschneidungsrituale, denen wir bisher begegnet sind, wird dieses aus rein »gesundheitlichen« Gründen vorgenommen und hat nichts von einer Prüfung an sich. Es gilt nicht als ein Übergang zum Mannsein, sondern einfach als medizinisches Verfahren. Das Ritual ist einfach und nicht anstrengend. Wenn der Junge alt genug ist, bringt man ihn an einen einsamen Ort, wo der Fachmann die kurze Operation unter Ausschluß der Öffentlichkeit vornimmt. Es gibt keine öffentliche Bewertung des Verhaltens. Keine Auflage oder Konsequenz ist mit einem eventuellen Schmerzensschrei oder dem Zeigen von Furcht verbunden, und man weiß, daß viele der Jungen schlicht ohnmächtig geworden sind, ohne daß es einen Skandal gegeben hätte (Levy 1973, 119f.).

Ein herausragender Zug der tahitischen Kultur ist die Figur des *mahu* oder Dorfhomosexuellen – eine alte Überlieferung, die von den frühen Forschern oft erwähnt wird. Wie der berühmte *berdache* bei den nordamerikanischen Plains-Indianern (W. William 1986) oder der *xanith* bei den Omani-Muslimen, die von Wikan (1984) beschrieben worden sind, ist der *mahu* offenbar ein Transsexueller, der sich entschlossen hat, eine ehrbare Frau zu sein. Er wird dabei nicht nur einfach geduldet, sondern – wieder wie der *berdache* – häufig auch hoch geachtet. Einer der ersten Besucher, James Morrison, gab aufgrund seiner Beobachtungen zwischen 1789 und 1791 den folgenden Bericht:

> Sie haben eine Reihe von Männern, die Mahoo [mahu] genannt werden. Diese Männer sind in mancher Hinsicht wie die Eunuchen in Indien, sind aber nicht kastriert. Sie haben niemals Geschlechtsverkehr mit Frauen, sondern leben wie diese. Sie zupfen sich die Bärte aus und kleiden sich wie Frauen, tanzen und singen mit ihnen und sind ebenso weiblich in ihrer Stimme. Sie sind im allgemeinen ausgezeichnet im Herstellen und Bemalen von Stoff, sie machen Matten und jede andere Arbeit von Frauen. In ihrer Art sind sie als wertvolle Freunde geachtet (zitiert bei Levy 1973, 130).

Die *mahus* sind praktizierende Homosexuelle, die sich Männern und Jungen für Geschlechtsverkehr und Fellatio anbieten. Jedes Dorf scheint einen dieser transsexuellen Charaktere zu haben (nur einen, nicht mehrere), und er wird stets ohne jede Schande von seinen Mitmenschen akzeptiert. Die meisten Tahitianer verkehren offen mit ihm, wenn keine Frauen zur Verfügung stehen, und denken sich nichts dabei. Interessanterweise übernehmen die »normalen« männlichen Tahitianer, anders als die anderen Männer, die wir studiert haben, für gewöhnlich die passive Rolle beim Verkehr mit dem *mahu*, und sie geben das auch ganz offen zu. Levy (1973, 135) berichtet: »Männer, die ihre Beziehungen zum *mahu* schildern, neigen dazu, ihre passive Teilnahme an der Beziehung und deren Einseitigkeit zu betonen, wie der folgende Ausspruch von Toni [ein Informant Levys] nahelegt: ›Ich bin von einem *mahu* in Papeete genommen worden‹.«

Levy glaubt seinem Informanten die »blasierte« Einstellung zum *mahu* nicht ganz und findet die Sitte psychologisch problematisch. Bei seinen Nachforschungen in dieser Angelegenheit erzählten ihm seine Informanten jedoch immer wieder, daß der *mahu* lediglich ein vorübergehendes Sexualobjekt sei, das nicht mehr bedeute als einen Ersatz für die Lust auf eine Frau. Wie Gregor ist Levy ein orthodoxer Freudianer und scheint zu glauben, daß alle Männer der Welt als

Resultat angeborener ödipaler Kastrationsängste Männlichkeitsprobleme haben. In dieser Sicht erscheint natürlich das Bedürfnis, »maskulin« zu sein, als angeboren und nicht als soziales Konstrukt. Daher ist eine Erklärung erforderlich, wenn Männer kein Interesse zeigen, ihre Männlichkeit sowohl in bezug auf den *mahu* wie ganz allgemein unter Beweis zu stellen.

Levy bedient sich einer funktionellen psychosozialen Erklärung, wie sie in Kultur-und-Persönlichkeitstheorien verbreitet war (1971). Er behauptet, daß der *mahu* für Männer ein negatives Modell von Männlichkeit repräsentiert. Indem sie sich selbst mit dem *mahu* vergleichen, kann letzterer ihnen die Gewißheit geben, daß sie tatsächlich Männer sind: »Da wir nicht *mahu* sind, sind wir männlich«, sagen sie sich. Sonst hätten diese Männer unter den Bedingungen ihrer androgynen Kultur keine kulturellen Mittel, eine männliche Identität zu erhärten – die Levy für eine psychologische Notwendigkeit hält. Es mag einiges zutreffen an dieser Argumentation, nur ist sie in meinen Augen ethnozentrisch und forciert.

Zum einen ist Levys eigenem Bericht absolut kein Beweis zu entnehmen, daß Männlichkeit an sich für die Tahitianer von irgendeiner Wichtigkeit ist. In Wahrheit sagen sie niemals etwas wie: »Wir sind männlich, weil wir nicht *mahus* sind«, lassen es weder ausdrücklich noch implizit anklingen, und Levy hat trotz aller gezielten Fragen niemals irgendeine Furcht in sexuellen Belangen bei seinen Informanten entdecken können. Sie scheinen im Gegenteil wenig für eine Männlichkeit übrigzuhaben, die vom Weiblichen getrennt und ihm entgegengesetzt wäre. Diese Auffassung ist ihnen einfach fremd. Sie kennen keinen Druck auf Jungen, risikofreudig zu sein oder sich in dieser Richtung zu beweisen, oder sich in Rolle oder Persönlichkeit von ihren Müttern oder Schwestern zu unterscheiden. Ich denke daher, daß es eher den Tatsachen entspricht (wie Levy sie uns vorführt), wenn man die Tahitianer beim Wort nimmt: Männlichkeit interessiert sie nicht sehr, und der *mahu* ist genau das, was sie sagen, nämlich nicht mehr und nicht weniger als ein alternatives Sexualobjekt. Man darf daraus schließen, daß Männlichkeit in Tahiti, ganz gleich aus welchen Gründen (Repression, kulturelle Formung, Ich-Ideal) keine wichtige symbolische oder verhaltensmäßige Kategorie darstellt. Man fragt sich allerdings, wie ein Mann in Tahiti reagieren würde, wenn seine Männlichkeit auf feindselige oder provokative Art in Zweifel gezogen würde, beziehungsweise, ob sich Männer überhaupt in dieser Weise gegenseitig beleidigen. Leider habe ich keine verläßliche Informationsquelle darüber gefunden.

Die Semai

Wenden wir uns nun dem Volk der Semai in Zentralmalaysia zu. Sie sind in gewisser Weise den Tahitianern im Fehlen eines »Geschlechterschemas« ähnlich (Bem 1983). Die Semai gehören zu den Ureinwohnern Südostasiens und leben gegenwärtig in den Hügeln und Bergen der malayischen Halbinsel. Sie werden auch Senoi Semai genannt. Das Wort *Senoi* bedeutet »Person«, also »Semaivolk«. Ethnologen pflegten diesen Begriff auf jene malayischen Ureinwohner anzuwenden, die primitive Bodenwirtschaft betreiben und eine der ursprünglichen Sprachen der Halbinsel sprechen. Diese Senoi-Sprachen gehören zur austroasiatischen Familie, die auch das Kambodschanische, die Mon-Sprache in Burma und die von den vietnamesischen Bergvölkern gesprochenen Sprachen einschließt. Diese Völker sind alle entfernt miteinander verwandt und stellen wahrscheinlich Reste einer alteingesessenen prämongoloiden südasiatischen Bevölkerung dar, möglicherweise gehören auch die Dravida-Völker Südindiens und die australischen Ureinwohner dazu. Die heutigen Semai sind in zwei Bevölkerungsgruppen gespalten, die durch topographische Barrieren getrennt sind: die Ost- und die West-Semai. Erstere, die noch isolierter leben, führen ein verhältnismäßig traditionelles Leben; letztere sind für die Außenwelt erreichbarer und haben sich etwas mehr der malaiischen Lebensweise angepaßt.

Im anthropologischen Fachjargon nennt man die Semai ein »Rückzugsvolk«. Das bedeutet, daß sie einst ein viel größeres geographisches Gebiet als ihr gegenwärtiges Habitat bewohnt haben, dann durch zahlenmäßig und überhaupt stärkere Eindringlinge verdrängt wurden und sich in das weniger attraktive Hinterland zurückzogen (in diesem Fall in das zentrale Bergland). Obwohl wir praktisch nichts über die frühen Kontakte zwischen den Semai und den eindringenden malaiischen Völkern wissen, nehmen Ethnologen an, daß es für die Semai keine sehr glücklichen Erfahrungen waren. Vermutlich hat eine Reihe militärischer Niederlagen gegen die größeren und technologisch fortschrittlicheren Malaiier die Ureinwohner dazu gebracht, »eine Politik der Flucht statt des Kämpfens« zu ergreifen (Dentan 1979, 2). Wenn das zutrifft, kann es zur Erklärung der betonten Gewaltlosigkeit der heutigen Semai und ihrer Tendenz beitragen, sich vor Gefahren zurückzuziehen statt sich zu verteidigen. Denn, wie wir sehen werden, gehören die Semai zu den am wenigsten aggressiven, ja zu den zurückhaltendsten Völkern dieser Erde. Diese bemerkenswerte Eigenschaft hat eine wahre Flut von wissenschaftlicher Spekulation darüber in Gang gebracht, ob dieses Volk überhaupt aggressive Impulse hat (Robarchek 1977; Paul 1978; Robarchek und Dentan 1987).

Physisch handelt es sich bei den Semai um sehr kleine Menschen. Die meisten Männer der Ost-Semai sind etwas weniger als 1,53 m groß. Die West-Semai sind durchschnittlich fast 15 cm größer. Ein interessanter Zug ist, daß alle Semai rassisch sehr gemischt sind, ein Ergebnis von Jahrzehnten lässiger Vermischung mit Malaiien, Chinesen und anderen, die durch ihre abgeschiedenen Waldgebiete zogen. Einige Semai sehen fast chinesisch aus mit abgewandelten Augenfalten, andere haben die Züge und dunkle Hautfarbe des benachbarten Negrito-Volkes der Semang. Viele haben glatte Haut mit wenig oder keinem Körperhaar, andere wieder schwere Körper und Gesichtshaar. Einige sind kaum von den Malaiien zu unterscheiden. Sie sind ein derartiges Mischvolk, daß physische Anthropologen Schwierigkeiten haben, sie einer der anerkannten ethnischen Gruppen zuzuordnen, und die Versuche resigniert aufgegeben haben. Der Grund für diese ungeheure genetische Vielfalt liegt in ihrer gewaltlosen Kultur.

Die Semai glauben, Widerstand gegen Annäherungen einer anderen Person, sexueller oder anderer Natur, sei gleichbedeutend mit einer Aggression gegen diese Person. Sie nennen solche Aggressivität *punan* – eine sehr wichtige Vorstellung in ihrer Kultur, die so etwas wie »Tabu« bedeutet. *Punan* ist ein Wort der Semai für jeglichen noch so milden Akt, der eine andere Person abweist oder frustriert. Wenn man jemandem »punan« antut, dann wird dessen »Herz schwer«, und die betroffene Person kann sich daher verletzen oder die Orientierung verlieren und etwas Unziemliches oder sogar Gewalttätiges tun. Das würde das gesamte Dorf einer Strafe durch die Geister aussetzen, die untunliches Verhalten verbieten. Wenn zum Beispiel eine durch *punan* aus dem Gleichgewicht gebrachte Person in ihrer Verwirrung ein lautes Geräusch von sich gibt oder jemanden schlägt, besteht die Gefahr, daß der mächtige Affengott Enku ein heftiges Gewitter mit Wolkenbrüchen und Wirbelstürmen herunterschickt, um das Dorf fortzuspülen. Um solche Gefahren zu meiden, kommen die Semai Bitten und Belästigungen stets gütig entgegen. Will ein Mann mit einer Frau schlafen, sei sie verheiratet oder nicht, dann sagt er ihr das einfach, und man erwartet von ihr, daß sie ihm ohne Protest zu Willen ist, sich hinlegt und die Beine spreizt. Umgekehrt geschieht dies allerdings auch. Einen Verehrer abzuweisen, ist *punan* (Dentan 1979, 62). Im gleichen Sinne darf ein Mann oder eine Frau eine andere Person in geschlechtlichen Dingen nicht ungebührlich drängen oder »locken«, denn auch das ist schockierend aggressiv. Gleiches gilt für Bitten um materielle Dinge oder andere Gefälligkeiten. Die Semai kennen offensichtlich keinerlei sexuelle Eifersucht, und Ehebruch ist vollkommen üblich. Von solchen außerehelichen Beziehungen sagen sie einfach: »Es ist nur ein Ausleihen.«

Diese Verbote, die Gefühle eines anderen Menschen zu verletzen, gleichen in den Dörfern der Semai zum größten Teil alles aus. Das Geschlechtsverhalten ist im allgemeinen versöhnlich und von solchen extremen Höflichkeitsregeln geleitet. Aber für aggressivere Außenseiter, zumal für die beharrlichen Malaien und Chinesen, sind die Semai-Frauen leichte Beute. »Malaiische Männer bekommen häufig

Zugang zu den Frauen der West-Semai, indem sie sie umwerben, bestechen oder bedrohen« (ibid., 9). In der Vergangenheit hat diese räuberische sexuelle Praxis bisweilen gewalttätige Formen angenommen. Bis in die zwanziger Jahre hinein überfielen die malaiischen Plünderer die Semai immer wieder, töteten die Männer, die keinen Widerstand leisteten, und nahmen Frauen und Kinder mit sich (Dentan, Brief an den Autor vom 12. Januar 1988). Ohne jedes Gefühl für männliche Ehre oder väterliche Rechte machen die Männer der Semai nicht die geringste Anstrengung, dieses »Durcheinander« an geschlechtlicher Vermischung zu verhindern (1979, 11). Für die Abkömmlinge von Vergewaltigung oder Verführung bestehen auch keinerlei Nachteile. Jedes illegitime Kind, das derartigen Verbindungen entspringt, wird von den Semai geliebt und gut behandelt, denn sie »können es nicht ertragen, Kinder vernachlässigt zu sehen« (ibid., 9). Kurz, für die Semai-Männer sind Ehre, Vaterschaft oder soziale Grenzen kein Gegenstand der Beunruhigung, und Außenstehende finden die Frauen der Semai häufig attraktiv und gefällig. Dies mag merkwürdig klingen, doch so ist ihre Kultur beschaffen.

Damit das *punan*-Konzept in der Praxis funktioniert, müssen die Semai die passiven, nichtkompetitiven Charakterzüge kultivieren, auf die sich eine so selbstverständliche Lässigkeit gründet. Ihrem Persönlichkeitsbild liegt ein alles durchdringendes, streng gewaltloses Selbstbild zugrunde. Nur ist dieses äußerst friedliche Selbstbild, wie Dentan nachweist, nicht lediglich ein Ideal, nach dem die Menschen streben. Es ist in die Persönlichkeitsstruktur als unbewußtes Element des Ichideals integriert, eingeimpft. Die Semai sagen zum Beispiel nicht: »Ärger ist schlecht.« Sie sagen: »Wir ärgern uns nie«, und ein entschieden zorniger Mann wird seine Gefühle rigoros ableugnen (ibid., 55). Die Semai sagen nicht: »Es ist gut davonzulaufen, wenn man bedroht wird.« Sie sagen: »Wir laufen davon, wenn wir bedroht werden.« Sie schlagen sich nie und kämpfen nicht gegeneinander, und selbst lärmende Streitigkeiten sind verboten, weil Lärm »die Menschen verängstigt«. Wenn jemand wegen der Tat eines anderen verstimmt ist, dann geht er einfach fort oder schmollt. Wenn Streitigkeiten nicht ohne Groll gelöst werden können, wird einer der Antagonisten das Dorf verlassen.

Das ist also das unerschütterlich nichtaggressive Bild, das die Semai der Außenwelt bieten. Sie sind tatsächlich in Malaysia (und unter Anthropologen) berühmt für ihre exzessive, fast masochistische Schüchternheit. Westliche Besucher, die unter ihnen gelebt haben, benutzen ständig Adjektive wie »schwach« und »schüchtern«, um sie zu beschreiben (ibid., 56). Zu diesem Bild der Zurückhaltung gehört natürlich auch ein Aspekt von Selbstherabsetzung, und die Semai sprechen daher oft von ihrer eigenen Minderwertigkeit und Rückständigkeit im Vergleich zu den stärkeren Völkern, die sie kennen, wie den Malaien. Ein Wort, das sie für sich selbst gebrauchen, wenn sie mit Nicht-Semai sprechen, ist das malaiische »Sakai«, das etwas wie »viehischer Eingeborener« oder »Sklave« bedeutet (ibid., 1). Werden sie von Außenstehenden grob angesprochen, dann versuchen sie die Situation zu entspannen, indem sie sich selbst als »nur dumme, stupide Wilde« bezeichnen, die nichts Böses im Sinn hätten. Vielleicht verdecken solche sprachlichen Selbstabwertungen auch tiefere Gefühle von Groll, wie das bei unterdrückten Völkern häufig der Fall ist, aber wir haben keine Belege dafür, und die Semai bestreiten, überhaupt zornige Gefühle zu haben. Tauchen Schwierigkeiten auf, kapitulieren sie entweder sofort oder verschwinden in den Wald. Die Ost-Semai haben eine solche Angst vor Fremden, daß sie manchmal schon bei dem Geräusch eines Motorboots fliehen, das sich ihrem Territorium stromaufwärts nähert (ibid., 43).

Daß die Semai keinerlei Sinn für sportliche Wettkämpfe haben, welche die Gefahr bergen, daß jemand verliert und unglücklich wird, ist nicht weiter erstaunlich. Niemand kann jemand anderem Befehle erteilen, denn das würde ihn »frustrieren«. Kinder dürfen auch nicht hart angefaßt werden. Hier kommt der interessante Begriff *bood* ins Spiel. *Bood* bedeutet ungefähr »sich nicht danach fühlen, etwas zu tun«. Wenn Eltern ihrem Kind sagen, es solle etwas tun, und das Kind antwortet, »ich *bood*«, ist der Fall erledigt. Ein Kind unter Druck zu setzen, ist *punan* und damit nicht akzeptabel. Dentan, groß im Understatement, sagt dazu: »Die Semai verwöhnen ihre Kinder« (ibid., 59). Es gibt auch keine Kinderspiele, die auf Wettbewerb ausgerichtet oder wild sind. Es gibt keinen Druck auf Jungen, sich stark oder mutig aufzuführen. Das wäre für die Semai völlig unverständlich.

Sie unterscheiden nicht zwischen einem männlichen und einem weiblichen Privatbezirk. Keine Anstrengung wird gemacht, um Frauen abzuschließen oder zu beschützen, und die westliche Vorstellung von häuslicher und anderer Privatsphäre ist ebenfalls unbekannt. Jemandem den Zutritt zum eigenen Haus zu verweigern, wird zum Beispiel als ein Akt extremer Feindseligkeit betrachtet und ist daher *punan*. Dentan hatte einige Schwierigkeiten, sich dieser Sachlage anzupassen.

> Meiner Frau und mir fiel es ziemlich schwer, uns an die Vorstellung zu gewöhnen, daß das Streben nach Privatsphäre als aggressiv gilt. Die Ost-Semai gehen beispielsweise häufig schon früh am Abend zu Bett. Unser Haus war daher verhältnismäßig leer, und wir benutzten den Abend, um Feldnotizen zu tippen. Das Problem dabei war, daß gegen fünf Uhr morgens irgendein wohlausgeruhter Semai beschließen würde, bei uns vorbeizuschauen... Jemand, der so von allein ankommt, setzt sich dann einfach für eine Weile hin und summt eine kleine Melodie, oder er stöbert durch unsere Sachen, in der Hoffnung, auf irgend etwas Interessantes zu stoßen (ibid., 29).

Wirtschaftliche Hintergründe

Da es unter den Semai keine sozialen Schranken gibt, ist ihnen nicht nur jede Vorstellung von Privatsphäre unbekannt; sie legen auch wenig Wert auf persönliches Eigentum, Individualismus oder materiellen Ehrgeiz. Ihre Wirtschaft ist auf einem auf Selbstversorgung gerichteten Brandrodungsfeldbau gegründet. Die wichtigsten Anbaupflanzen sind Amarant (aus den Blättern kocht man eine Grütze), Mais, Reis und Kürbis. Land gibt es reichlich, und die Semai scheinen sich nicht unter Druck zu fühlen, ihre Bodenwirtschaft zu intensivieren oder zu modernisieren. Ihre Anbaumethoden sind eher kooperativ als kompetitiv. Privates Eigentum an Grund und Boden oder an Verbrauchsgütern gibt es nicht. Wenn ein Mann kein Land in Bearbeitung hat, so braucht er nur einen Freund oder Verwandten um ein Stück von dessen Land zu bitten. Eine solche Bitte abzuschlagen, wäre *punan*, also wird das Land fröhlich übergeben (ibid., 43). Gleiches gilt für Werkzeuge und andere bewegliche Güter.

Im Unterschied zu den Tahitianern lieben die Semai die Jagd. Nur Männer jagen. Hauptwaffe ist ein Blasrohr von zwei bis zweieinhalb Meter Länge. Das Blasrohr wird aus zwei Bambusrohren gefertigt; eins ist in das andere gesteckt, damit sich die Waffe nicht des eigenen Gewichts wegen biegen kann. Aus diesem Rohr schießen die Männer kleine Pfeile ohne Federn, deren Spitzen mit einem klebrigen Gift bestrichen sind, das aus der *Strychnos*-Ranke gewonnen und mit anderen Giften vermischt wird. Der Pfeil ist am Ende eingekerbt, so daß die Spitze mit dem Gift abbricht und in dem fliehenden Tier steckenbleibt. Jagen ist auch weder anstrengend noch gefährlich. Man jagt nur Kleinwild, die größten Tiere sind kleine Schweine. Die Männer gehen zum Jagen nicht sehr weit in den Wald, meist sind sie mittags im Dorf zurück, bevor es also zu heiß wird. Während der Zeit der Obstreife liegen die Jäger meist unter einem Fruchtbaum und warten darauf, daß die Beute zu ihnen kommt. Treffen sie auf Gefahr, so laufen sie fort und verstecken sich ohne Scham oder Zögern.

Darüber hinaus ist die Jagd nicht sehr wichtig. Sie beschafft wenig tierisches Protein und praktisch kein Material für Kultgegenstände. Wesentlich mehr Wild bringt das Fallenstellen, und darin sind die Semai sehr geschickt (ibid., 32). Sie halten auch einige Haustiere, vor allem Hühner, aber sie können es nicht über sich bringen, sie zu töten, also tauschen oder verkaufen sie sie an malaiische oder chinesische Händler, wenn sie voll ausgewachsen sind. Die Semai wissen sehr wohl, daß die Händler diese »Lieblinge« töten werden, aber sie ziehen es vor, nicht darüber nachzudenken. Die achtungsvolle Haltung gegenüber Tieren prägt auch ihre Einstellung gegenüber gefährlichen Vierbeinern und Raubtieren, inklusive Elefanten und Tiger, die in diesem Gebiet zahlreich vertreten sind. Beim Anblick solcher Tiere stellen sich ihnen die Semai nicht wie die Massai, sondern drängen sich ängstlich in ihrem Langhaus zusammen und überlassen das Tier seinen Raubgelüsten. Wenn sie im Freien überrascht werden, laufen sie fort und verstecken sich. Sie kehren erst wieder zu ihren unterbrochenen Arbeiten zurück, wenn das Tier abgezogen ist. Weder böse Menschen noch gefährliche Tiere dürfen herausgefordert werden. Es wäre *punan*.

Fischen im Fluß ist für die Nahrung ebenfalls wichtig. Beide,

Männer wie Frauen, fischen. Die Männer benutzen Reusen, die Frauen Körbe. Mit der Hand zu fischen, manchmal unter Verwendung eines milden Fischgiftes, ist ein Spiel der Kinder (ibid., 33). Manchmal fischen Männer und Frauen gemeinsam. Zum Beispiel errichten ein Mann und seine Frau in einem kleinen Wasserlauf einen Damm mit Steinen oder anderen Abfällen und lassen eine enge Öffnung frei, in der sie ihr Netz festmachen. Dann schlagen sie in einer gewissen Entfernung oberhalb des provisorischen Damms aufs Wasser, holen sich ihre Beute und wiederholen das Verfahren stromaufwärts.

Die Gleichheit der Geschlechter

Wie nach dem Vorausgegangenen nicht anders zu erwarten, legen die Semai nur wenig Gewicht auf Geschlechtsunterschiede bei der Zuschreibung von sozialen Rollen oder spezifischen Charakterzügen. Aber ihre Sprache unterscheidet – im Gegensatz zu derjenigen der Tahitianer – durchaus zwischen »männlich« *(kraal)* und »weiblich« *(krdoor)*. Und das Geschlecht spielt in der Verwandtschaftsterminologie eine wichtige Rolle, rangiert als Unterscheidungsfaktor sofort nach dem Alter. Aber abgesehen davon, daß sie alles, was sich rund hervorwölbt, als »Brüste« bezeichnen, ist in ihren Gesprächen kaum von Geschlechtsunterschieden die Rede, und sie kennen auch kein Geschlechterschema. Frauen sind ebenso wie die Männer an den politischen Angelegenheiten beteiligt, wenn sie auch weniger häufig lokale Dorfvorsteher sind. Männer werden selten Hebammen, aber es besteht kein soziales Tabu dagegen. Es gibt keine »durch Neid belasteten Gegensätze« zwischen Männern und Frauen (Dentan, Brief an den Autor vom 12. Januar 1988). Wenig Charakterzüge gelten als eindeutig »maskulin« oder »feminin«. Geschlechtsbezogene Arbeitsteilung ist Ansichtssache und weder vorgeschrieben noch geächtet (Williams-Hunt 1952, 51); Mann oder Frau können tun, wofür sie sich geeignet fühlen, ohne Kritik heraufzubeschwören. Dabei wird erwartet, daß jemand, der geschickt bei einer Tätigkeit ist, die normalerweise vom anderen Geschlecht bevorzugt wird, diese dann auch besonders gut macht. So sind männliche Hebammen besonders talentiert, und weibliche Dorfvorsteher ungewöhnlich mächtig (ibid.). Es existieren so wenig anerkannte Unterschiede zwischen den Geschlechtern, daß der einzig äußerlich sichtbare geradezu den Status eines klassischen Aphorismus erreicht hat: »Die Lendenschurze der Männer sind lang, die Lendenschurze der Frauen kurz.« Sonst sind Männer und Frauen ziemlich gleich. Kein *machismo* hier!

Trotz all dieser geschlechtlichen Überschneidungen verdient eine etwas rätselhafte Bemerkung in Dentans Buch erwähnt zu werden. Die Männer kümmern sich sehr um ihre Blasrohre. Kein anderes Besitztum kann es »auf Gefühlsebene« mit dem Blasrohr aufnehmen (Dentan 1979, 31). Sie verschwenden mehr Zeit auf das Anfertigen eines Blasrohrs als auf den Bau eines Hauses, und nachdem sie das Blasrohr fertiggestellt haben, verbringen sie noch mehr Zeit damit, es zu polieren und mit Ornamenten zu versehen. Die Semai-Männer, schreibt Dentan, »behandeln ihre Blasrohre als Männlichkeitssymbole.« Offenbar – denn weitere Belege werden nicht geliefert – sind die Männer also auch mit ihrer sexuellen Potenz beschäftigt, und das Blasrohr ist ein phallisches Symbol. Die Gleichung Waffe = Penis, die auch von den Buschmännern und anderen ähnlich sanften Völkern hochgehalten wird, scheint überall dort zu gelten, wo Männer jagen. Abgesehen von dieser Symbolik scheinen die Semai der Einstellung von Melvilles Bartleby-Figur (»ich ziehe es vor, das nicht zu tun«) zur Männlichkeit zu folgen. Oder vielmehr, sie ziehen es vor, vor Herausforderungen »fortzulaufen« (eine ihrer Lieblingswendungen). Als Anstoß zu mutigem Handeln wird Männlichkeit jedenfalls in ihrem Bezugssystem nicht genutzt, und Kühnheit jeder Art steht ihrem Moralkodex entgegen. Schließlich werden Blasrohre niemals gegen Menschen benutzt, und Neid auf Jagderfolge ist ihnen fremd.

Zusammenfassung

Man muß sich davor hüten, aus den beiden Einzelfällen Tahiti und Semai allgemeine Schlußfolgerungen zu ziehen. Einmal ist keiner der Fälle ganz eindeutig. Dentan berichtet, daß die schüchternen Semai ihre Blasrohre als Virilitätssymbole betrachten, was zu denken gibt. Ob sie nun Potenz mit einem weiteren Begriff von Männlichkeit gleichsetzen oder nicht, ist unklar. Levy stellt fest, daß tahitische Jungen, die *sehr* feminisiert sind, manchmal mit der Prophezeiung etwas gehänselt wurden, sie würden der nächste *mahu*. Dennoch gibt es in keiner der beiden Gesellschaften die Kategorie »echter Mann«, die mit Zugangsbeschränkungen verbunden wäre. Tahitianer und Semai scheinen sich einfach nicht sehr um Männlichkeit zu kümmern.

Trotz der dürftigen Daten kann man mittels Vergleichen einige vertretbare Schlußfolgerungen zu dem Fehlen eines Männlichkeitskults in beiden Gesellschaften treffen. Es bestehen deutliche Ähnlichkeiten zwischen ihnen hinsichtlich moralischer Normen, Anpassungsverhalten und äußerer Umgebung. In beiden Fällen sind die Männer davon befreit, sich durch Risikobereitschaft beweisen zu müssen. Es gibt keinen Mangel an natürlichen Ressourcen und damit keinen wirtschaftlichen Anreiz für Anstrengung und Wettbewerb, und es gibt keinen offenen Markt für berufliche Fähigkeiten und daher kein Wettkampfethos. Weil die Wirtschaft kooperativ ausgerichtet ist, ist Ehrgeiz wertlos. Von der Welt draußen drohen keine ernsten Gefahren, die eine Verteidigung seitens der Männer notwendig machen würden. Keine der beiden Gesellschaften fühlt sich durch Eindringlinge bedroht, keine pflegt die Kriegskunst. Weltlicher Erfolg wird kaum erstrebt. Eine abgeschirmte Privatsphäre von Frauen und Kindern, die von Männern beschützt werden müßte, kommt in ihren Vorstellungen nicht vor. Männer haben kein Interesse daran, sich selbst als verschieden von den Frauen oder als ihnen überlegen zu definieren, noch als ihre Beschützer. Es gibt somit kaum eine ausreichende Basis für eine Männlichkeitsideologie, die Männer dazu motivieren könnte, sich unter Druck zu produzieren oder Grenzen zu verteidigen.

Auch wenn die Zusammenhänge zwischen Ideologie und materiellem Rahmen klar scheinen, muß man doch vorsichtig damit sein, kausale Zusammenhänge herzustellen. Nimmt man diese beiden Systeme von Daten als gegeben, könnten uns das Objektive (Materielle) und das Subjektive (Ideologie) leicht zu einer Scherzfrage wie derjenigen nach der Henne oder dem Ei bringen: Was war zuerst da, die Wirtschaft oder das Androgyne? Darüber hinaus würden wir unstatthafterweise teleologische Denkweisen anwenden, wenn wir den materiell-wirtschaftlichen Bedingungen, die sich mit der herrschenden Ideologie zu vertragen scheinen, automatisch logische oder kausale Prioritäten einräumten (Giddens 1987, 68 f.). Wie inzwischen hinreichend deutlich geworden ist, bin ich zwar für eine materialistische Betrachtungsweise, die der Umwelt und Wirtschaft kausale Priorität beimißt, aber es gibt keine Möglichkeit, sie zu beweisen. Materialismus ist in all seinen Formen noch immer Theorie und nicht Faktum, und man kann sich nicht auf eine Theorie berufen, um seine Hypothese zu beweisen. Aus idealistischer Sicht könnte man beispielsweise einigermaßen vernünftig geltend machen, daß das Ideal der Passivität einen Mangel an Wettbewerb hervorgebracht habe, und nicht umgekehrt. Nichtsdestoweniger kann man zumindest, wenn man die nutzlose Frage nach den Ursprüngen beiseite läßt, die Hypothese einer wechselseitigen Beziehung wagen, in der die Ideologie, einmal vorhanden, eine Anpassung an die Umwelt fördert und intensiviert. Wenn sich eine bestimmte Reaktion oder Haltung auf das Überleben der Gruppe günstig auswirkt und gleichzeitig Gruppen- und individuelle Bedürfnisse miteinander in Einklang bringt, dann kann man annehmen, daß selektiver Druck vorhanden ist, um diese Reaktion zu erhalten. Wechselwirkungen zwischen einzelnen Zügen beweisen demnach keine kausalen Beziehungen in linearer Form, legen aber die Existenz von Drittfaktoren nahe, die jene Wechselwirkungen hervorbringen (ibid., 69).

Tahitianer wie Semai gelten als »kindlich« im Vergleich zu westlichen und anderen ebenso fleißigen Völkern. Vielleicht können sich Männer ohne eine typische Männlichkeitsideologie den Luxus leisten, ähnlich wie Steinzeit-Peter-Pans passiv und abhängig zu bleiben. Denn die Informationen, die wir über ihre Gedanken und Träume haben, sind unvollständig, und wir können nicht wissen, welche psychologischen Vorgänge sich in den Köpfen der Einheimischen abspielen. Es scheint jedoch, daß es in diesen beiden Kulturen (und anderen ähnlichen) nur wenig oder keinen gesellschaftlichen Druck gibt, »zu handeln wie Männer«, und daß sich die Männer dort nicht durch ein »inhärentes« Bedürfnis getrieben fühlen, »männlich« zu handeln. Das unterstützt sehr die feministische Vorstellung, daß Geschlechternormen zugeschrieben werden und nicht angeboren sind.

Abschließend ein Blick auf den größeren Rahmen biologischer Reizreaktionen. Wenn sie mit Gefahr konfrontiert werden, schütten alle Säugetiere, auch der Mensch, Adrenalin aus (Konner 1983). Diese biologische Reaktion erhöht ihre Überlebensfähigkeit. Wenn auch vom chemischen Standpunkt aus diese hormonalen Prozesse stets gleich sind, so unterscheiden sich doch die Verhaltensfolgen radikal von einer Spezies zur anderen. Bei den niederen Säugetieren ist die Reaktion weitgehend durch genetische Prägung determiniert, also durch den Instinkt. Evolutionärer Druck hat manche Tiere zum Kämpfen, andere zur Flucht prädisponiert (was manchmal als Kampf/Flucht-Syndrom bezeichnet wird). Beim Menschen wird die Verhaltensreaktion nicht vom Instinkt bestimmt, sondern durch Lernen. Kulturen mit einer ausgesprochenen Männlichkeitsideologie haben anscheinend den Kampf als Überlebensstrategie gewählt. Ohne jede genetische Prägung müssen Männer in jenen Kulturen zum Mut konditioniert werden, um zu kämpfen. Die Semai und die Tahitianer haben, aus welchen historischen Gründen auch immer, eine Strategie gewählt, die auf Vermeidung von Konfrontation ausgerichtet ist. Und das ist vermutlich die Erklärung für ihren Mangel an Männlichkeitsideologie: sie fliehen.

10. KAPITEL

Schlußfolgerungen

Ein Mann kann nicht so abtreten, wie er kam, Ben,
zu irgendwas muß der Mensch gut gewesen sein.

Arthur Miller, *Tod eines Handlungsreisenden*

Können wir nun, nachdem uns aus ungefähr jeder Ecke dieser Welt Beschreibungen von Männlichkeitsvorstellungen vorliegen, unsere ursprünglichen Fragen beantworten? Gibt es eine Tiefenstruktur der Männlichkeit? Gibt es einen allgemeingültigen Archetyp von Männlichkeit? Obwohl ich dieses Projekt in dem Verdacht begann, daß die Antwort »ja« lauten würde, bin ich jetzt weniger sicher. Nach der Betrachtung der letzten beiden Fälle glaube ich nicht, daß es eine abschließende Antwort auf diese Frage gibt. Vielleicht sollte ich ein »endgültiges Vielleicht« vorschlagen, das der Cartoonist Walt Kelly stets für wirklich große Fragen bereit hielt.

Die angeführten Daten stützen eine ganze Reihe verschiedener Interpretationen. Wir haben gesehen, daß viele Gesellschaften leistungsorientierte Grundsätze vertreten; andere, wie die Semai und die Bevölkerung von Tahiti, geben sich mit entspannten und passiven Männern zufrieden. Ich bin auch sicher, daß es androgyne Fälle gibt, von denen andere Anthropologen bald berichten werden. Jedoch scheint der Druck, »ein Mann sein zu müssen«, sehr viel häufiger zu sein. Männlichkeit ist in den meisten Gesellschaften ein Test, eine Prüfung, und es besteht kein Zweifel, daß diese statistische Häufigkeit etwas bedeutet. Eindeutig ist, daß Männlichkeitskulte in direktem Verhältnis zu dem Grad von Ausdauer, Kühnheit und Selbstdisziplin stehen, den die männliche Rolle erfordert. Vielleicht zeigt diese Häufigkeit einfach nur an, daß das Leben fast überall hart ist und Anforderungen stellt, und vielleicht müssen Männer, denen gewöhnlich aufgrund ihrer anatomischen Beschaffenheit die »gefährlichen« Aufgaben zugeteilt werden, zum Handeln getrieben werden. Männlichkeitsideologien zwingen Männer, sich bei Strafe des Identitätsverlustes erwartungsgemäß zu benehmen, eine Drohung, die offenbar schlimmer ist als der Tod. Bis einmal jemand eine Gesellschaft entdeckt, in der an die männliche Rolle zwar hohe Anforderungen gestellt werden, in der es aber dennoch keine Männlichkeitsideologie gibt, dürfen wir den Schluß wagen, daß Männlichkeit in direkter Beziehung zum Streß der männlichen Rolle steht. Aber auch hier sind die kausalen Zusammenhänge schwer zu entwirren, und es ist unklug, Vermutungen anzustellen. Indessen können wir getrost folgendes sagen: Wenn Männer zum Kämpfen erzogen werden, ist Männlichkeit wichtig, und wenn Männer zur Flucht konditioniert werden, gilt das Gegenteil. Nur, warum haben die meisten Gesellschaften den Kampf gewählt? Diese Frage liegt jenseits der Grenzen dieser Untersuchung, und die Antwort hängt wahrscheinlich mit der allgemeinen Knappheit von Ressourcen und damit zusammen, daß es für die meisten Gesellschaften nicht (wie für die Semai) möglich ist, einfach in die offene Wildnis hinein davonzulaufen.

Versuchsweise können wir eine Beobachtung hinzufügen. Sie betrifft die Notwendigkeit, daß Männer zum Männlichsein animiert werden müssen, während das für die Weiblichkeit nicht gilt. In mancher Weise sind Frauen natürlich nicht anders als Männer. Auch sie müssen zu häufig selbstaufopfernden Verhaltensweisen erst angespornt werden. Auch Frauen müssen Selbstbeherrschung und Disziplin lernen, und dies manchmal um einen hohen persönlichen Preis. Der Unterschied ist folgender: Frauen unterstehen normalerweise der Kontrolle von Männern. Weil Männer gewöhnlich politische oder legale Macht ausüben, und weil sie größer und stärker sind, können sie Frauen meist durch Gewalt oder Gewaltandrohung zur Willfährigkeit zwingen, das heißt, wenn die herkömmliche Moral nicht ausreicht. Die Männer selbst sind hingegen, zumal in kleinsten sozialen Gruppenzusammenhängen, nicht immer anderen untergeordnet; sie sind daher gesellschaftlich schwerer zu kontrollieren. Vielleicht ist es dieser Unterschied, der ein besonderes Moralsystem (»echte Männlichkeit«) erforderlich macht, um sicherzustellen, daß Männer freiwillig akzeptieren, sich der Gruppe gegenüber angemessen zu verhalten. Aus dem gleichen Grunde sind Männlichkeitsideologien in den egalitären Wettbewerbsgesellschaften wahrscheinlich am stärksten ausgeprägt, in Andalusien, auf Truk bei den Samburu und Sambia und in anderen Gesellschaften, in denen Männer um spärliche Ressourcen kämpfen müssen: Wenn es keine formellen Zwänge von außen gibt, müssen verinnerlichte Normen im Interesse der Funktionsfähigkeit regulativ wirken.

Eine weitere Beobachtung: Echte geschlechtsneutrale oder androgyne Kulturen wie die der Semai sind verhältnismäßig selten. Das kann auf ein evolutionäres Gesetz sozialer Anpassung hinweisen, da der Kampf für soziale Gruppierungen eine erfolgreichere Überlebensstrategie darstellt. Aber diese androgynen Kulturen sind mehr als bloße Ausnahmen, die ein unerschütterliches Gesetz bestätigen. Männlichkeit stellt sich nicht als monolithischer Kodex dar, der entweder vorhanden ist oder fehlt; wir scheinen eher einem Kontinuum von Männlichkeitsbildern und -systemen begegnet zu sein, einer gleitenden Skala oder einem schillernden Spektrum. Machismo ist nur das eine Extrem auf dieser Skala, und dort stehen ganz offensichtlich Truk, Spanien, die Samburu, Amhara, Sambia und einige Untergruppen wie die Rajputs und die amerikanischen Cowboys. Die Mehinaku, die Chinesen, Japaner und die modernen Amerikaner der Städte wären dann näher der Mitte zu einzuordnen, und die Semai mit ihrem nur minimalen Interesse an Virilität sowie die Tahitianer mit ihrem *mahu* würden das andere Ende der Skala repräsentieren, während sich Hindus jeder Festlegung entziehen. Häufig wird Männlichkeit als Ideologie von nationalistischen oder anderen politischen Bewegungen benutzt, die auch die emotionale Seite des Männlichkeitsbildes intensivieren. Manchmal verbinden sich auch Gesetze der Ehrerbietung und Hierarchie mit rauhen Maskulinitätsnormen wie in Japan und China, so daß das Bild noch komplexer wird. Immerhin können wir einige vorläufige Schlußfolgerungen zu diesem Männlichkeitskontinuum und seinen Verästelungen ziehen.

Einmal treten offenbar immer dann, wenn »wahre« Männlichkeit betont wird – ganz gleich, wie stark und aus welchen Gründen –, regelmäßig drei moralische Gebote in den Vordergrund. Diese imperative Triade tritt in unterschiedlichen Graden auf, ist jedoch verbreitet genug, um die Schlußfolgerung nahezulegen, daß Männlichkeit eine Reaktion auf spezifische strukturelle und psychologische Defizite ist. Diese Defizite sind durch die Arbeitsteilung nach Geschlechtern bedingt, die als solche eine Anpassung an die Umwelt darstellt. Wir sind diesen drei Geboten zuerst im Mittelmeerraum begegnet, wo sie stark ausgeprägt sind. Um in den meisten dieser Gesellschaften ein Mann zu sein, muß man Frauen schwängern, Abhängige vor Gefahren schützen und die gesamte Familie und Verwandtschaft versorgen. Vielleicht können wir also, wenn es schon keinen »universalen« Mann gibt, doch von einem »allgegenwärtigen« Mann sprechen, für den diese Verhaltenskriterien gelten, von dem »Erzeuger-Beschützer-Versorger«. Dieses dreifache Bild gehört zu den Kriterien des männlichen Rollenspiels; es legt jedoch nahe, daß die männliche Rolle komplexer ist als die des simplen Brotverdieners in der Mythologie westlicher Gesellschaften. Von »echten« Männern wird erwartet, daß sie die Natur zähmen, um die grundlegenden Familieneinheiten ihrer Gesellschaft wieder neu zu schaffen und zu erhalten. Sie sollen also aus freiem Entschluß die soziale Ordnung neu schaffen und perpetuieren durch den Willen, aus nichts etwas von Wert zu schaffen. Mannsein ist eine Art Fortpflanzung; die heldische Komponente liegt in Selbstbestimmung und Disziplin, im absoluten Selbstvertrauen des Mannes – mit einem Wort, in seiner Handlungsautonomie. Aggressive Sexualität ist hier wichtig; man kann somit von dieser Maskulinität nicht als einer rein kulturellen Erfindung sprechen, die völlig getrennt von der »Natur« und ihr entgegengesetzt wäre, wie es Sherry Ortner (1974) in ihrem Schema tut: männlich/Kultur gegen weiblich/Natur. Ein wenig komplizierter ist es doch.

In den meisten Gesellschaften sind die drei männlichen Imperative entweder gefahrenbezogen oder höchst kompetitiv. Sie verurteilen die Männer zu Risiken auf dem Schlachtfeld, auf der Jagd oder in der Auseinandersetzung mit ihren Gefährten. Da jeder Mensch den Drang in sich trägt, sich Gefahren zu entziehen, kann man also »wahre« Männlichkeit als Antrieb zu hoher Leistung im sozialen Kampf um knappe Ressourcen verstehen, als einen Verhaltenskodex, der durch Bewältigung innerer Hemmungen kollektive Interessen fördert. Indem sie ihre Verpflichtung erfüllen, riskieren Männer Niederlagen – eine lauernde Gefahr, die zwischen ihrem Leben und dem der Frauen und Jungen steht. Sie riskieren den Ruf oder das Leben, aber die gestellten Aufgaben müssen bewältigt werden, wenn die Gruppe überleben und gedeihen soll. Und weil die Jungen sich für solche Kämpfe stählen müssen, bereitet man sie durch verschiedene Abhärtungsmaßnahmen darauf vor. Um Männer zu sein, müssen sie vor allem die Tatsache akzeptieren, daß sie jederzeit verfügbar sind. Dieses Annehmen der vollen Einsatzbereitschaft bildet überall die Basis der Männlichkeitspose. Aber mit schlichter Ergebung in diese Notwendigkeit ist es nicht getan. Die Entscheidung zur Männlichkeit muß, damit sie sozial sinnvoll ist, mit Begeisterung gepaart, mit stoischer Entschlossenheit oder vielleicht sogar mit »Grazie« gekoppelt sein. Sie muß öffentlich als positive Wahl, als Jubel selbst im Schmerz erscheinen, denn sie impliziert die moralische Verpflichtung, die Gesellschaft und ihre wesentlichen Werte gegen alle Widrigkeiten zu verteidigen. Männlichkeit ist daher der Sieg über kindlichen Narzißmus, der nicht nur anders geartet ist als die Erwachsenenrolle, sondern eine Antithese zu ihr darstellt.

Nichts von all dem ist sehr neu; andere Autoren haben bereits in wissenschaftlicher oder populärer Form auf diese Aspekte hingewiesen. Dennoch ist die unterschwellige Verbindung zwischen Männlichkeitsleitbildern und ihren weitergespannten sozialpsychologischen Folgen in der wissenschaftlichen Literatur über die Geschlechterprobleme nicht genügend herausgearbeitet worden. Einer der Gründe hierfür liegt wohl darin, daß die meisten psychologischen Beobachter an Geschlechterfragen aus einer Perspektive des methodologischen Individualismus herangegangen sind, sich also nur auf individuelle Identität oder auf intrapsychische Prozesse konzentriert haben und nicht so sehr auf die Beziehung zwischen individuellem Verhalten und gesellschaftlichem Kontext. Die Dinge sehen etwas anders aus, wenn man davon ausgeht, daß Geschlechterideologien soziale Tatsachen sind, kollektive Vorstellungen, welche die Menschen dazu zwingen, in bestimmten Formen zu handeln – Formen, die oft Zwang oder Opfer bedeuten, die aber gewöhnlich indirekt zur Anpassung an die Gesellschaftsstruktur führen, bei Männern vor allem, was die

Verteidigung von Grenzen betrifft. In diesem Sinne sollten wir in Männlichkeitsvorschriften nicht nur »Hauptstraßen« zu persönlicher Erhöhung oder psychischer Entwicklung sehen, sondern – wichtiger – sie als Mittel begreifen, Männer in ihre Gesellschaften zu integrieren, als Schlüssel zum Dazugehören in einer harten, oft bedrohlichen Welt.

Männliche Verhaltensgesetze scheinen sich, auch wenn sie nur symbolisch sind, nicht willkürlich entwickelt zu haben, sondern eher abgeleitet zu sein. Aus den Daten ergibt sich, daß die soziale Organisation von Arbeit und die Intensität des männlichen Leitbilds eng zusammenhängen. Das bedeutet, daß Männlichkeitsideologien eine Anpassung an die soziale Umgebung darstellen und es sich nicht einfach um eine Verallgemeinerung autonomer geistiger Projektionen oder psychischer Phantasien handelt. Je härter die Umwelt oder je knapper die Ressourcen, um so nachdrücklicher wird Männlichkeit als Inspiration und Ziel betont. Dieser Zusammenhang könnte nicht deutlicher, konkreter oder zwingender sein, und obwohl er die kausalen Beziehungen nicht beweist, deutet er doch auf eine systemische Beziehung, in der die Geschlechterideologie die materiellen Lebensbedingungen widerspiegelt. Der Frage nach den Ursprüngen muß offensichtlich noch weiter nachgegangen werden.

Um zu überleben, müssen sich alle Gesellschaften zwei grundlegenden formalen Erfordernissen stellen: Produktion und Reproduktion, das heißt Wirtschaftskraft und Fortpflanzung. Damit sich eine Gruppe über die Zeiten hinweg erhält, müssen die Menschen eine minimale Anzahl von Kindern haben und sie in geeigneter Weise sozialisieren – keine einfache Aufgabe, wie jeder weiß, der ein Kind gehabt oder gekannt hat oder sich an die eigene Kindheit erinnert. Gleichzeitig muß jemand die Kinder und ihre Mütter ernähren und schützen, da beide zu sehr in anderer Weise in Anspruch genommen sind, um sich an Jagd oder Kriegen zu beteiligen (Friedl 1975). Aus anatomischen oder sonstigen Gründen sind Frauen in den meisten Gesellschaften weitgehend für die Reproduktion und Männer für die Produktion und Verteidigung verantwortlich. Beide Rollen, die der Frauen und die der Männer, sind weit mehr auf die Erhaltung sozialer Strukturen ausgerichtet als auf eine sozial neutrale oder für die Gruppe unwesentliche persönliche Selbstverwirklichung. Die Gesellschaft ist ein störanfälliges *perpetuum mobile*; sie ist von der Reproduktion ihrer grundlegenden Strukturen abhängig, insbesondere der Familie, denn ohne die Familie gibt es keinen Kontext für die Sozialisierung von Kindern, und demnach auch nicht für das Weiterleben der Kultur. Das setzt genügend Menschen voraus, die gewisse minimale Opfer bringen und aktive Beiträge leisten.

In den meisten Gesellschaften ist diese grundlegende Kontinuität stets bedroht, entweder unmittelbar oder mittelbar. Sie wird auf zweierlei Weise bedroht: durch inneren Zerfall und durch Gefahren von außen, die allgemein zum menschlichen Leben (und dem der Tiere) gehören: Raubtiere, wilde Natur, begrenzte Ressourcen. Seit Jahrzehnten versichern die Anthropologen, daß Kultur der Kunstgriff ist, mit dem sich die Menschen an die bestehenden Verhältnisse anpassen. Die moralischen Regeln und Normen der Kultur spornen die Menschen an, soziale Ziele zu verfolgen (oft mehr durch psychologische als durch materielle Belohnung oder Strafe), während sie gleichzeitig ihren eigenen persönlichen Neigungen nachgehen. Darin liegt das Genie der Kultur, sie versöhnt individuelle Ziele mit Gruppenzielen. Das auffallendste Beispiel dafür unter den modernen Industrienationen ist die japanische Kultur, aber dasselbe leisten in gewissem Grade auch alle anderen überlebenden und blühenden Kulturen.

Ich meine, wir können Männlichkeit deshalb als einen Mythos charakterisieren, der in Walter Paters Worten männliche Konstruktivität heiligt. Die kritische Schwelle ist durch den Moment repräsentiert, in dem der Junge mehr produziert, als er konsumiert, und mehr gibt, als er nimmt. Männlichkeit ist die soziale Barriere, welche die Gesellschaften gegen inneren Verfall, menschliche Feinde, Naturkräfte, gegen die Zeit und alle menschlichen Schwächen, die das Leben der Gruppe gefährden, errichten müssen. Mir ist klar, daß diese Ansicht von einem methodologischen Gesichtspunkt aus kritisiert werden kann, denn sie gerät, indem sie einen engen analytischen Individualismus ablehnt, nahe an das Gegenteil, an methodologischen Holismus, oder ist soziozentriert. Beide Ansätze bieten jedoch, wie Steven Lukes (1973) und vor kurzem Anthony Giddens (1987) ausgeführt haben, keine erschöpfende Lösung und brauchen sich auch gegenseitig nicht auszuschließen. Lukes schreibt (1973, 177):

»Ebenso wie soziale Phänomene mit individuellen Zusammenhängen, gilt das Gegenteil.« Wir können vielmehr die Tatsache, daß gegenwärtig eine bestimmte Konzeption von Männlichkeit vorherrscht, als das Ergebnis menschlicher Strategien begreifen, die sich unter höchst vielfältigen Bindungen im ganzen bewährt haben. Dann werden auch die scheinbar abweichenden Fälle wie die der Tahitianer und Semai verständlicher. Eine These, die diesem Buch zugrunde lag, war, daß eine Wechselwirkung oder ein Feedback zwischen dem materiellen Kontext einer Gesellschaft und ihrer Ideologie sowie zwischen individueller Handlungsweise und gesellschaftlichen Zwängen besteht. Die Frage nach dem kausalen Zusammenhang ist dabei als erkenntnistheoretisches Konzept weniger nützlich; dagegen bietet es sich an, von einem Synergieeffekt, dem kombinierten Wirken von verschiedenen Faktoren, auszugehen.

Zum Schluß kann ich vielleicht zu meiner ursprünglichen Theorie zurückkehren, indem ich die Vorzüge eines dialektischen Funktionalismus an diesem Punkt unter Beweis stelle. Ich vermute allerdings, daß ein solcher multikausaler Funktionalismus von der Gegenseite als eine »Art Marxismus« ausgelegt wird, insofern als auch Marxismus quasifunktionalistisch ist. Die Nähe zu Marx liegt so sehr in der Verwendung des Begriffs »dialektisch«, den ich zur Beschreibung meines analytischen Rahmens gewählt habe, und sie liegt auch nicht in der unbewiesenen Voraussetzung, daß soziales Sein soziales Bewußtsein bestimmt. Obgleich ich mit solchen grundlegenden Lehren des Materialismus sympathisiere, betrachte ich sie mehr als Fragen denn als Antworten – ein erkenntnistheoretischer Zwiespalt, den die meisten klugen Marxisten heute vermutlich als ein empirisches Problem ansehen würden, dem im Einzelfall durch empirische Forschung begegnet werden sollte.

Statt dessen gibt es einen anderen, subtileren Grund, weshalb man diese Meinung als marxistisch bezeichnen könnte oder zumindest als übereinstimmend mit marxistischen Traditionen. Diese Sicht gründet sich auf einen Kulturbegriff, welcher der Arbeitswerttheorie von Marx nahesteht. Marx vertritt vor allem in seinem kleineren soziologischen Meisterwerk, der *Kritik des Gothaer Programms* (1890) die Auffassung, daß jeder gesellschaftliche Wert das Produkt menschlicher Arbeit sei, die von dem Rohmaterial der Natur ausgeht. Ich übernehme diese Arbeitswerttheorie hier in modifizierter Form oder vielmehr, ich beziehe sie auf kulturelle Werte. In meinen Augen ist jedes dauerhafte soziale Gebilde nicht etwas Gegebenes; seine Entwicklungsmöglichkeiten hängen vielmehr von einem bestimmten Arbeitsniveau ab, von menschlicher Anstrengung, die konstant Ordnung und Sinn aus dem Wirken der Natur bezieht. Als Wertgefüge, das die Gesellschaft trägt, bedeutet Kultur nichts anderes als physische und geistige Arbeit, die Bemühung der Menschen, unentwegt die Bedingungen zu reproduzieren, welche die Kultur hervorbringen. Und damit diese Arbeit von Wert ist, muß sie in sozialer Beziehung sinnvoll sein, das heißt, sie muß einen Beitrag leisten zu den generell konstruktiven Zielsetzungen. Männlichkeitsideale zwingen die Männer, ihre inhärente Trägheit und Furcht zu besiegen und zu arbeiten, ihre Energie im produktiven oder »nutzbringenden« Sinne einzusetzen.

Nur steht die Arbeit selbst ebensowenig für sich allein wie die Ideologie, denn menschliche Arbeit ist immer auch kulturell bedingt. Was ich der Arbeitswerttheorie von Marx deshalb hinzufügen möchte, wäre die Aufforderung, die expressiven und moralischen wie auch die wirtschaftlichen Aspekte der Kultur als Teil des »materiellen« Kontextes zu betrachten. Auch diese Aspekte verbinden Ursachen mit Wirkungen durch das, was Kulturanthropologen heute »Performanz« nennen (Bauman 1977) oder, genauer, »Performativität« (wofür das »performative Exzellieren« der mediterranen Völker zeugt, wie Herzfeld [1985a] am Beispiel Griechenlands anschaulich dargelegt hat).

Die psychologische Dimension stellt neben Ideologie und Umwelt den notwendigen dritten Faktor in der Männlichkeitsgleichung dar. Psychische Regression ist das größte Hindernis für die »Performativität« menschlicher Arbeit, steht der männlichen Konstruktivität am meisten im Wege; daher die Reaktionsbildung einer allmächtigen Maskulinität, die gegen die krankhafte Angst aufgerichtet wird. Regression ist die Neigung, zu früheren Entwicklungsphasen zurückzukehren, der Realität auszuweichen. Der Wunsch zu fliehen, vor der Gefahr davonzulaufen, Trost an der Seite der Mutter zu suchen, ist wahrscheinlich eine universale menschliche Neigung. Er ist bei allen Menschen vorhanden, bei Männern wie Frauen, bei alt und jung. Freud sieht den psychischen Rückschritt der Entwicklung – Regression – als ein Element, das in allen Formen von Charakterstruktur und geistiger Funktion enthalten ist. In seinen späteren metaphysischen Betrachtungen, wie *Jenseits des Lustprinzips* (1920), hob Freud die Regression sogar auf das ontologische Niveau eines Triebs, im Einklang mit seiner Vorstellung vom Todestrieb. Für Freud war das ewiggleiche Ziel des Todeswunsches Regression, es war der Wunsch, aus dem gegenwärtigen Stadium zurückzufallen in ein Stadium, das zuvor da war – in letzter Analyse zu einer biopsychologischen Befriedung, die dem Tod gleichkommt (Balint 1987, 132). Vom Klinischen her setzte Anna Freud Regression an die erste Stelle ihrer Aufzählung von Abwehrmechanismen, und Verdrängung an die zweite (1936). Alle Kinder, schreibt sie, neigen dazu, wenn sie sich bedroht fühlen, »trost- und schutzsuchend zu den primitivsten Formen der präödipalen Mutterbeziehung zurückzukehren« (1965, 2226). Diese kindische Tendenz sei auch bei Erwachsenen niemals ganz fern. Trotz ihrer Konzentration auf Verdrängung, Kastrationsängsten und Penisneid erkennen die meisten zeitgenössischen Psychoanalytiker doch an, daß Regression ein wichtiger, wenn nicht der bedeutendste Faktor in allen seelischen Prozessen ist und eine »allgemeine« oder »allgegenwärtige« Tendenz des seelischen Geschehens (Arlow und Brenner 1976, 64) darstellt.

Diese Anerkennung des Gewichts kindlicher Regression hat in der Tat einen ganz neuen psychoanalytischen Forschungszweig zum Thema des infantilen Narzißmus hervorgebracht. Ein Beispiel dafür ist die Arbeit von Heinz Kohut über das »bipolare Selbst«, das er als eine Alternative zu Freuds Ödipuskomplex vorschlägt. Ein Pol des Selbst ist Kohut zufolge von der »Mutter als Selbstobjekt« abgeleitet, also von der Symbiose mit der Mutter, und der andere ist der »Pol, der die männlichen Ideale« trägt (1981, 226). Nach diesen Begriffen kann Männlichkeit als Ansporn seitens der Gesellschaft verstanden werden, dem progressiven Pol zuzuwachsen und damit das Lustprinzip durch das Realitätsprinzip zu ersetzen, also die Verpflichtung zur Arbeit zu akzeptieren. Kein Wunder, daß sich die Hauptrichtung des

Angriffs auf die amerikanischen Männlichkeitsvorstellungen, zumindest von emanzipierten Männern, gegen ihre harte Arbeitsethik wendet (Tolson 1977, 48; Ochberg 1987).

Eine weitere Beobachtung auf dieser Linie betrifft die qualitative Natur des männlichen Beitrags. Diese Beobachtung wird vielleicht einige radikalere Feministinnen überraschen (und entrüsten), aber ich meine, die Forschungsergebnisse beweisen ihre Richtigkeit. Als ich mit den Forschungen zu diesem Buch begann, war ich darauf vorbereitet, wieder zu der alten Maxime zu kommen, daß konventionelle Weiblichkeit nährend und passiv und Männlichkeit eigennützig, selbstgefällig und rücksichtslos sei. Doch dem war nicht so. Eine meiner Entdeckungen ist jetzt, daß Männlichkeitsideologien immer ein Kriterium selbstloser Großzügigkeit einschließen, selbst bis zum Opfer. Immer wieder finden wir, daß »echte« Männer diejenigen sind, die mehr geben als nehmen; sie dienen anderen. Echte Männer sind großmütig bis zur Übertreibung – wie die Fischer der Mehinaku, die Viehzüchter der Samburu oder die »Big Men« der Sambia oder Dodoth. »Nicht«-Männer sind häufig diejenigen, die als geizig und unproduktiv geächtet werden. Männlichkeit ist also ebenfalls ein nährendes Konzept, wenn wir Nähren mit Geben, andere-unterstützen gleichsetzen. Es stimmt zwar, daß sich dieses männliche Geben vom weiblichen Nähren unterscheidet, weniger demonstrativ und als solches erkennbar ist. Es ist indirekter, mittelbarer, mehr an Äußerlichkeiten gebunden; die betroffenen »anderen« sind vielleicht eher die Gesellschaft im allgemeinen als bestimmte Personen.

Auch die Form des »Nährens« unterscheidet sich. Frauen nähren andere direkt. Sie tun es mit ihrem Körper, ihrer Milch und ihrer Liebe. Das ist sehr aufopfernd und großmütig. Überraschenderweise nähren jedoch »echte« Männer ebenfalls, auch wenn sie vielleicht gar nicht erfreut über diesen Ausdruck wären. Ihre Unterstützung ist indirekt und daher weniger leicht begrifflich zu fassen. Männer nähren ihre Gesellschaft, indem sie Blut, Schweiß und ihren Samen hingeben, Nahrung für Mutter und Kind nach Hause bringen, Kinder zeugen und notfalls an fernen Orten sterben, um sichere Lebensbedingungen für ihre Gesellschaft zu schaffen. Auch dies ist Nähren im Sinne von Geben oder Mehren; gleichwohl sind paradoxerweise die notwendigen persönlichen Eigenschaften für diesen männlichen Beitrag genau entgegengesetzt zu denen, die wir westliche Menschen normalerweise einer nährenden Persönlichkeit zuschreiben. Um seine Familie zu unterhalten, muß der Mann fern sein, jagend oder kämpfend; um zärtlich zu sein, muß er stark genug sein, um Feinde abzuwehren. Um großzügig zu sein, muß er selbstsüchtig genug sein, Güter anzuhäufen, was oft bedeutet, sich gegen andere durchzusetzen; um sanft zu sein, muß er erst stark, sogar rücksichtslos angesichts von Feinden sein, und um zu lieben, muß er zuvor aggressiv genug sein, um eine Frau zu umwerben, zu verführen und zu »erobern«. Wichtig bei all dem ist außerdem – im Hinblick auf die gegenwärtigen Thesen einiger Feministinnen –, daß diese Sicht das grundlegende feministische Argument stützt, weil es die soziobiologische Behauptung, männliche Aggressivität sei angeboren, zurückweist. Meine These lautet dagegen, daß Männer von Natur aus nicht so grundlegend verschieden von Frauen sind und zur Selbstbehauptung und Aggressivität erst motiviert werden müssen.

Was sagen uns nun die Ausnahmefälle der sanften Bevölkerung von Tahiti und der schüchternen Semai über Männlichkeit? Wesentlich ist, daß sie, wie vermutet, nahelegen, Männlichkeit sei eine symbolische Rahmenkonzeption, ein kulturelles Konstrukt, unendlich variabel und nicht immer notwendig. Heißt das nun, wie einige Feministinnen und emanzipierte Männer versichern (Pleck 1981, Brod 1987), daß unsere westliche Maskulinität ein Trick ist, überflüssig und unnötig? Sind wir bereit, das alles über Bord zu werfen? Können wir spielerische Peter Pans sein und uns der »Selbstverwirklichung« oder »Empfindsamkeit« widmen, was immer diese Begriffe wirklich bedeuten? Oder auf höherem Niveau: Können wir alle Proust nachahmen, der in seinem mit Kork ausgeschlagenen Zimmer die *Suche nach der verlorenen Zeit* schrieb, und unser Leben mit schönen Träumereien »kindlicher Amnesie« (Kohut 1981, 158) verbringen? Oder ist da im Gegenteil etwas an dieser unserer komplexen Wettbewerbswelt, das von den meisten von uns die harte Disziplin fordert, die zur Männlichkeitsethik gehört? Vielleicht. Aber dann müssen wir fragen: Warum müssen wir überhaupt so kompetitiv und diszipliniert sein? Warum kann es nicht eine moderne Industriegesellschaft und Fortschritt ohne eine aggressive männliche Geschlechtsrolle geben? Gibt es in einer komplexen Gesellschaft in einem allgemeineren Sinne etwas, das nach einer männlichen Rolle verlangt? Können wir, wie die Semai, einfach vor den Herausforderungen davonlaufen, die zum modernen Leben gehören?

Aber diese Fragen zu beantworten, steht uns nicht an, denn wir gestalten unsere Rollen nicht von Grund auf selbst. Die Möglichkeiten sind nicht grenzenlos. So lange es Kämpfe zu bestreiten, Kriege zu gewinnen, harte Arbeit zu leisten gilt, so lange werden einige von uns »wie Männer handeln« müssen. Doch weshalb sollte dieses Gebot wiederum Frauen ausschließen? Warum sollte es nur Männer gestattet sein, »echte« Männer zu sein und den Ruhm erfolgreich bestandener Risiken davonzutragen? Hier jedoch müssen wir einhalten, denn dies ist eine Frage für den Philosophen und nicht für den Sozialwissenschaftler.

ANHANG

Literaturverzeichnis

Abu-Lughod, Lila, *Veiled Sentiments: Honor and Poetry in a Bedouin Society*. Berkeley 1986

Adams, Henry, *Letters of Henry Adams, 1858–1891*, hg. von Worthington L. Ford. Boston und New York 1930

Alston, A. J., *The Devotional Poems of Mirabai*. Delhi 1980

Ames, Roger T., Taoism and the androgynous ideal. In: *Women in China. Current Directions in Historical Scholarship*, hg. von Richard W. Guisso und Stanley Johannesen. Youngstown, N. Y., 1981, S. 21–45

Archer, John, und Barbara Lloyd, *Sex and Gender*. Cambridge 1985

Arlow, Jacob, und Charles Brenner, *Grundbegriffe der Psychoanalyse. Die Entwicklung von der topographischen zur strukturellen Theorie der psychischen Systeme (Psychoanalytic Concepts and the Structural Theory*, 1963). Reinbek b. Hamburg 1976

Asano-Tamanoi, Mariko, Shame, family, and state in Catalonia and Japan. In: *Honor and Shame and the Unity of the Mediterranean*, hg. von David D. Gilmore. Washington D. C. 1987, S. 104–20

Bakan, David, *The Duality of Human Existence*. Chicago 1966

Baker, Susan W., Biological influences on human sex and gender. *Signs* 6 (1980), 80–96

Balint, Michael, *Regression. Therapeutische Aspekte und die Theorie der Grundstörung (The Basic Fault: Therapeutic Aspects of Regression*, 1968). München 1987

Barth, Fredrik, *Ethnic Groups and Boundaries: The Social Organization of Cultural Difference*. London 1969

– *Cosmologies in the Making: A Generative Approach to Cultural Variation in Inner New Guinea*. Cambridge 1987

Bates, Daniel G., Normative and alternative systems of marriage among the Yörük of southeastern Turkey. *Anthropological Quarterly* 47 (1974), 270–87

Bates, Daniel G., und Amal Rassam, *Peoples and Cultures of the Middle East*. Englewood Cliffs, N. J. 1983

Bauman, Richard, *Verbal Art as Performance*. Rowley, Mass. 1977

Bednarik, Karl, *Die Krise des Mannes*. Zürich 1968

Bell, Rudolf M., *Fate and Honor, Family and Village: Demographic and Cultural Change in Rural Italy Since 1800*. Chicago 1979

Bellah, Robert, *Tokugawa Religion: The Cultural Roots of Modern Japan*. New York ²1985

Bem, Sandra L., Gender schema theory and its implications for child development: Raising gender-aschematic children in a gender-schematic society. *Signs* 8 (1983), 598–616

Bernard, H. Russell, Kalymnian sponge diving. *Human Biology* 39 (1967), 103–30

Bettelheim, Bruno, *Die symbolischen Wunden. Pubertätsriten und der Neid des Mannes* (*Symbolic Wounds: Puberty Rites and the Envious Male*, 1955). Frankfurt a. M. ²1990

Bhatty, Zarina, Women in Uttar Pradesh: Social mobility and directions of change. In: *Women in Contemporary India*, hg. von A. de Souza. Delhi 1975, S. 25–36

Biller, Henry B., und Lloyd Borstelmann, Masculine development: An integrative view. *Merrill-Palmer Quarterly* 13 (1967) 253–94

Black-Michaud, Jacob, *Cohesive Force: Feud in the Mediterranean and the Middle East*. Oxford 1975

Blok, Anton, Rams and billy-goats: a key to the Mediterranean code of honour. *Man* 16 (1981) 427–40

Boehm, Christopher, *Blood Revenge: The Enactment and Management of Conflict in Montenegro and Other Tribal Societies*. Philadelphia 1984

Bougainville, Louis Antoine de, *Voyage autour du Monde*. Saverne 1958

Bourdieu, Pierre, The sentiment of honour in Kabyle society. In: *Honour and Shame: The Values of Mediterranean Society*, hg. von J.-G. Peristiany. Chicago 1965, S. 191–241

– The sense of honour. In: *Algeria 1960: Essays by Pierre Bourdieu*. Cambridge 1979 (a)

– The Kabyle house, or the world reversed. In: *Algeria 1960: Essays by Pierre Bourdieu*. Cambridge 1979 (b)

Brandes, Stanley H., *Methaphors of Masculinity: Sex and Status in Andalusian Folklore*. Philadelphia 1980

– Like wounded stags: male sexual ideology in an Andalusian town. In: *Sexual Meanings*, hg. von Sherry B. Ortner und Harriet Whitehead. Cambridge 1981, S. 216–39

Braudel, Fernand, *Das Mittelmeer und die mediterrane Welt in der Epoche Philipps II. (La Méditerranée et le monde méditerranéen à l'époque de Philippe II)*. 3 Bde, Frankfurt a. M. 1990

Brod, Harry, *The Making of Masculinities: The New Men's Studies*. Boston 1987

Brown, Judith K., A note on the division of labor by sex. *American Anthropologist* 72 (1970), 1073–78

Brown, Paula, *The People of Highland New Guinea*. Cambridge 1979/1984

Buruma, Ian, *Japan hinter dem Lächeln* (*A Japanese Mirror*, Frankfurt a. M. u. a. 1988

Campbell, J. K., *Honour, Family, and Patronage*. Oxford 1964
– *Der Heros in tausend Gestalten (The Hero with a Thousands Faces*, 1968). Frankfurt a. M. 1978
Carstairs, G. Morris, *The Twice Born*. London 1958
Caughey, John L., Cultural values in Micronesian society. Unveröffentlichte Diss. University of Pennsylvania 1970
Chandos, John, *Boys Together: English Public Schools, 1800–1864*. New Haven 1984
Chodorow, Nancy, *Das Erbe der Mütter. Psychoanalyse und Soziologie der Geschlechter, (The Reproductions of Mothering*, 1978). München 1985
Chou, Rita J.-A., Health and Sociocultural Factors Related to Life Satisfaction: A Study of the Elderly in Oakland's Chinese Community. Diss. New York 1987
Cicone, Michael, und Diane Ruble, Beliefs about males. *Journal of Social Issues* 34 (1978), 5–16
Collier, George A., *The Socialists of Rural Andalusia: Unacknowledged Revolutionaries*. Stanford 1987
Conant, Robert W., *The Virility of Christ*. Chicago 1915
Cooper, Arnold M., What men fear: The façade of castration anxiety. In: *The Psychology of Men: New Psychoanalytic Perspectives*, hg. von Gerald Fogel, F. M. Lane u. R. S. Liebert. New York 1986, S. 113–30
Crapanzano, Vincent, *Tuhami. Portrait eines Marokkaners* (*Tuhami. Portrait of a Moroccan*, 1980). Stuttgart 1983
Dahlberg, Frances (Hg.), *Woman the Gatherer*. New Haven 1981
D'Andrade, Roy G., Sex differences and cultural institutions. In: *Culture and Personality: Contemporary Readings*, hg. von Robert LeVine. Chicago 1974, S. 16–39
David, Deborah S., und Robert Brannon, The male sex role: Our culture's viewpoint of manhood, and what it's done for us lately. In: *The Forty-Nine Percent Majority*, hg. von D. S. David u. R. Brannon. Reading, Mass. 1976, S. 1–45
Davis, John, *Land and Family in Pisticci*. London 1973
– *People of the Mediterranean*. London 1977
– Family and state in the Mediterranean. In: *Honor and Shame and the Unity of the Mediterranean*, hg. von David D. Gilmore. Washington, D.C. 1987, S. 28–44
Denich, Bette, Sex and power in the Balkans. In: *Women, Culture, and Society*, hg. von Michelle Rosaldo und Louise Lamphere. Stanford 1974, S. 243–62
Dentan, Robert K., *The Semai: A Nonviolent People of Malaya*. New York 1979
DeVos, George, *Socialization for Achievement*. Berkeley 1973
Dimrock, George E., Jr., The name of Odysseus. In: *Essays on the Odyssey:*

Selected Modern Criticism, hg. von Charles H. Taylor. Bloomington, Ind. 1967, S. 54–72

Divale, William und Marvin Harris, The male supremacist complex: Discovery of a cultural invention. *American Anthropologist* 80 (1978), 668–71

Dover, Kenneth J., *Homosexualität in der griechischen Antike* (*Greek Homosexuality*, 1978). München 1983

Dutta, D., H. R. Phookan und P. D. Das, The koro epidemic in lower Assam. *Indian Journal of Psychiatry* 24 (1982), 370–74

Duvignaud, Jean, *Change at Shebika: Report from a North African Village*. New York 1977

Dwyer, Daisy, *Images and Self-Images: Male and Female in Morocco*. New York 1978

Dyck, Noel, Booze, barrooms and scrapping: Masculinity and violence in a western Canadian town. *Canadian Journal of Anthropology* 1 (1980), 191–98

Edwards, James W., Semen anxiety in South Asian cultures: Cultural and transcultural significance. *Medical Anthropology* 7 (1983), 51–67

Ember, Carol R., Myths about hunter-gatherers. *Ethnology* 18 (1978), 439–48

Erikson, Erik H., *Kindheit und Gesellschaft*, (*Childhood and Society*, 1963). Stuttgart 1968

Estioko-Griffin, Agnes, und P. Bion Griffin, Woman the hunter: The Agta. In: *Woman the Gatherer*, hg. von Frances Dahlberg. New Haven 1981, S. 121–51

Fabian, Johannes, *Time and the Other: How Anthropology Makes Its Object*. New York 1983

Feldman, Saul D., The presentation of shortness in everyday life – height and heightism in American society. In: *Life Styles: Diversity in American Society*, hg. von Saul D. Feldman und Gerald W. Thielbar. Boston [2]1975, S. 437–42

Fetterly, Judith, *The Resisting Reader: A Feminist Approach to American Fiction*. Bloomington, Ind. 1978

Fogel, Gerald I., Introduction: being a man. In: *The Psychology of Men: New Psychoanalytic Perspectives*, hg. von Gerald Fogel, F. M. Lane u. R. S. Liebert. New York 1986, S. 3–22

Forster, John, *Observations Made During a Voyage Round the World*. London 1778

Freeman, Derek, *Margaret Mead and Samoa: The Making and Unmaking of an Anthropological Myth*. Cambridge, Mass. 1983

Freud, Anna, *Das Ich und die Abwehrmechanismen* (1936). In: *Die Schriften der Anna Freud*. 10 Bde, München 1980. Bd. I, S. 191–355

– *Die Regression als psychischer Entwicklungsfaktor* (1965). A. a. O., Bd. VIII, S. 2212–26

Freud, Sigmund, Die Umgestaltungen der Pubertät (1905). In: *Drei Abhandlungen zur Sexualtheorie*. Sigmund Freud, *Studienausgabe*, hg. von Alexander Mitscherlich, Angela Richards u. James Strachey. 10 Bde, Frankfurt a. M. 1969–75, Bd. V, S. 112–45

– *Zur Einführung des Narzißmus* (1914). A. a. O. Bd. III, S. 37–68

– *Jenseits des Lustprinzips* (1920). A. a. O. Bd. III, S. 213–72

– *Das Unbehagen in der Kultur* (1930). A. a. O. Bd. IX, S. 191–270

Friedl, Ernestine, *Vasilika: Village in Modern Greece*. New York 1962

– *Women and Men: An Anthropologist's View*. New York 1975

Frye, Northrop, *The Secular Scripture*. Cambridge, Mass. 1976

Gauguin, Paul, *Noa Noa*. Paris 1924

Gay, Peter, Liberalism and regression. *Psychoanalytic Study of the Child* 37 (1982), 523–45

Gearing, Frederick, O., *The Face of the Fox*. Chicago 1970

Geertz, Hildred, The meanings of family ties. In: *Meaning and Order in Moroccan Society*, hg. von Clifford Geertz, H. Geertz u. L. Rosen. New York 1979, S. 315–86

Giddens, Anthony, *Social Theory and Modern Sociology*. Stanford 1987

Gilmore, David D., *The People of the Plain*. New York 1980

– Anthropology of the Mediterranean area. *Annual Review of Anthropology* 11 (1982), 175–205

Gilmore, Michael T., *American Romanticism and the Marketplace*. Chicago 1985

Giovannini, Maureen, Female chastity codes in the Circum-Mediterranean: comparative perspectives. In: *Honor and Shame and the Unity of the Mediterranean*, hg. von David D. Gilmore. Washington, D. C. 1987, American Anthropological Association, Special Pub. Nr. 22, S. 61–74

Gladwin, Thomas F., The role of man and woman on Truk: A problem in personality and culture. Trans. of the New York Academy of Sciences, ser. 2, 15 (1953), 305–9

Godelier, Maurice, *Die Produktion der großen Männer. Macht und männliche Vorherrschaft bei den Baruya in Neuguinea* (*La production des Grands Hommes*, 1982). Frankfurt a. M. 1987

Golding, William, *Herr der Fliegen* (*Lord of the Flies*, 1964). Frankfurt a. M. 1987

Goodenough, Ward H., Premarital freedom on Truk: Theory and practice. *American Anthropologist* 51 (1949), 615–20

Gouldner, Alvin W., *Enter Plato: Classical Greece and the Origins of Social Theory*. New York 1965

Gregor, Thomas, *Mehinaku: The Drama of Daily Life in a Brazilian Indian Village*. Chicago 1977

– *Anxious Pleasures: The Sexual Life of an Amazonian People*. Chicago 1985

Habegger, Alfred, *Gender, Fantasy, and Realism in American Literature*. New York 1982

Haberstroh, Charles J., *Melville and Male Identity*. Rutherford, N.J. 1980

Hallman, Ralph, The archetypes in Peter Pan. *Journal of Analytic Psychology* 14 (1969), 65–73

Hantover, Jeffrey P., The Boy Scouts and the validation of masculinity. *Journal of Social Issues* 34 (1978), 184–95

Hart, David M., *The Aith Waryaghar of the Moroccan Rif: An Ethnography and History*. Tucson 1976

Heald Suzette, The making of men: The relevance of vernacular psychology to the interpretation of a Gisu ritual. *Africa* 52 (1982) 15–36

Helms, Mary W., *Ulysses' Sail: An Ethnographic Odyssey of Power, Knowledge, and Geographical Distance*. Princeton 1988

Hendry, Joy, *Becoming Japanese: The World of the Pre-School Child*. Honolulu 1986

Herdt, Gilbert H., *Guardians of the Flutes*. New York 1981

– Fetish and fantasy in Sambia initiation. In: *Rituals of Manhood*, hg. von Gilbert H. Herdt. Berkeley 1982, S. 44–98

Herzfeld, Michael, Honour and shame: some problems in the comparative analysis of moral systems. *Man* 15 (1980), 339–51

– *The Poetics of Manhood: Contest and Identity in a Cretan Mountain Village*. Princeton 1985 (a)

– Gender pragmatics: Agency, speech and bride-theft in a Cretan mountain village. *Anthropology* 9 (1985 [b]) 25–44

– *Anthropology Through the Looking-Glass: Critical Ethnography in the Margins of Europe*. Cambridge 1987

Hezel, Francis X., The first European visit to Truk. *Guam Recorder* n. s. 3 (1973), 38–40

Hill, W. W., *An Ethnography of Santa Clara Pueblo, New Mexico*, hg. von Charles H. Lange. Albuquerque, N. Mex. 1982

Hobsbawm, E. J., und Terrance O. Ranger, *The Invention of Tradition*. Cambridge 1983

Honig, Emily, und Gail Hershatter, *Personal Voices: Chinese Women in the 1980s*. Stanford 1988

Hopkins, Gerard M., *The Correspondence of G. Manley Hopkins and Richard Watson Dixon*, hg. von C. G. Abbot. London 1935

Hughes, Thomas, *The Manliness of Christ*. London 1879

Jeffery, Patricia, *Frogs in a Wall*. London 1979

Jung, C. G. *Psychologische Typen* (1926). In: C. G. Jung, *Gesammelte Werke*, hg. von Marianne Niehus-Jung, Lena Hurwitz-Eisner u. Franz Riklin, 20 Bde. Bd. 6, Olten [16] 1989

Kakar, Sudhir, *The Inner World: A Psychoanalytic Study of Childhood and Society in India*. Delhi 1981

Kakar, Sudhir, und John Mundar Ross, *Tales of Sex, Love and Danger*. Oxford 1987

Kamarovsky, Mirra, *Dilemmas of Masculinity: A Study of College Youth*. New York 1976

Katchadourian, Herant A., The terminology of sex and gender. In: *Human Sexuality: Comparative and Developmental Perspectives*, hg. v. Herant A. Katchadourian. Berkeley 1979, S. 8–34

Kay, A., Population growth in Micronesia. *Micronesian Reporter* 22 (1974), 13–22

Keesing, Roger M., Introduction. In: *Rituals of Manhood*, hg. von Gilbert H. Herdt. Berkeley 1982, S. 1–43

Kelly, Raymond C., *Etoro Social Structure*. Ann Arbor 1974

Kinmonth, Earl H., *The Self-Made Man in Meiji Japanese Thought*. Berkeley 1981

Kline, Paul, *Fact and Fantasy in Freudian Theory*. London 1972

Kohut, Heinz, *Die Heilung des Selbst* (*The Restoration of the Self*, 1977). Frankfurt a. M. 1981

Kondo, Dorinne, Review of *Behind the Mask* by Ian Buruma. *New York Times Book Review*, 16. Sept. 1984, S. 13f.

Konner, Melvin, *Die unvollkommene Gattung* (*The Tangled Wing: Biological Constraints on the Human Spirit*, 1982). Basel u. a. 1983

Kriegel, Leonard, *On Men and Manhood*. New York 1979

Kuper, Adam, *Anthropology and Anthropologists: The Modern British School*. London 1983

La Fontaine, Jean, *Initiation*. Manchester 1986

Leacock, Eleanor, Women's status in egalitarian society: Implications for social evolution. *Current Anthropology* 19 (1978), 247–75

Leary, James P., Fists and foul mouths: Fights and fight stories in contemporary rural American bars. *Journal of American Folklore* 89 (1976), 27–39

Lebra, Takie Sugiyama, *Japanese Women: Constraint and Fulfillment*. Honolulu 1985

Lebra, Takie Sugiyama, und William P. Lebra (Hg.), *Japanese Culture and Behavior: Selected Readings*. Honolulu 1986

Lee, Richard B., *The !Kung San: Men, Women, and Work in a Foraging Society*. Cambridge 1979

Leverenz, David, *Manhood and the American Renaissance*. Ithaca 1989

Levine, Donald N., The concept of masculinity in Ethiopian culture. *International Journal of Social Psychiatry* 12 (1966), 17–23

LeVine, Robert A., *Culture, Behavior, and Personality*. Chicago 1973

– Anthropology and sex: Developmental aspects. In: *Human Sexuality: Compa-*

rative and Developmental Perspectives, hg. von Herant A. Katchadourian. Berkeley 1979, S. 309–31

Levy, Robert I., The community function of Tahitian male transvestism: A hypothesis. *Anthropological Quarterly* 44 (1971), 12–21

– *Tahitians: Mind and Experience in the Society Islands*. Chicago 1973

Lewis, Oscar, *Die Kinder von Sánchez. Selbstporträt einer mexikanischen Familie* (*The Children of Sánchez*, 1961). Bornheim [5] 1989

Lidz, Ruth, und Theodore Lidz, Male menstruation: A ritual alternative to the Oedipal transition. *International Journal of Psycho-Analysis* 58 (1977), 17–31

Lindholm, Charles, *Generosity and Jealousy: The Swat Pakhtun of Northern Pakistan*. New York 1982

Little, Kenneth L., *The Mende of Sierra Leone: A West African People in Transition*. London 1967

Llewelyn-Davies, Melissa, Women, warriors, and patriarchs. In: *Sexual Meanings*, hg. von Sherry B. Ortner und Harriet Whitehead. Cambridge 1981, S. 330–58

Lockwood, William G., Bride theft and social maneuverability in western Bosnia. *Anthropological Quarterly* 47 (1974), 253–69

Loizos, Peter, *The Greek Gift*. New York 1975

Lonner, Walter J., The search for psychological universals. In: *Handbook of Cross-Cultural Psychology*, hg. von Harry C. Triandis und William W. Lambert. Boston 1980, Bd. I, S. 143–204

Lukes, Steven, *Individualism*. New York 1973

McPherson, James M., *Battle Cry of Freedom: The Civil War Era*. New York 1988

Mahler, Margaret S., und Fred Pine u. Anni Bergmann, *Die psychische Geburt des Menschen. Symbiose und Individuation* (*The Psychological Birth of the Human Infant*, 1975). Frankfurt a. M. [8] 1989

Mahoney, F. B., Social and cultural factors relating to the cause and control of alcohol abuse among Micronesian youth. Zitiert bei M. Marshall (1979), S. 160

Mailer, Norman, *Heere aus der Nacht (Armies of the Night)*. München 1968

Mandelbaum, David G., *Women's Seclusion and Men's Honor: Sex Roles in North India, Bangladesh, and Pakistan*. Tucson 1988

Marcus, Michael, »Horsemen are the fence of the land«: Honor and history among the Ghiyata of eastern Morocco. In: *Honor and Shame and the Unity of the Mediterranean*, hg. von David D. Gilmore. Washington D. C. 1987, American Anthropological Association, Special Pub. Nr. 22, S. 49–60

Marshall, Lorna, *The !Kung of Nyae Nyae*. Cambridge, Mass. 1976

Marshall, Mac, *Weekend Warriors*. Palo Alto, Calif. 1979

Martinez-Alier, Juan, *Labourers and Landowners in Southern Spain*. London 1971

Marx, Karl, *Kritik des Gothaer Programms* (1890/91). Berlin [4] 1986

Mead, Margaret, *Geschlecht und Temperament in drei primitiven Gesellschaften* (*Sex and Temperament in three Primitive Societies*, 1935). In: Margaret Mead, *Jugend und Sexualität in primitiven Gesellschaften*, Bd. 3, München [3] 1974

Meeker, Michael E., *Literature and Violence in North Arabia*. Cambridge 1979

Meggitt, Mervyn J., The pattern of leadership among the Mae-Enga of New Guinea. *Anthropological Forum* 2 (1967), 20–35

Mernissi, Fatima, *Beyond the Veil*. New York 1975

Messner, Michael, The meaning of success: The athletic experience and the development of male identity. In: *The Makings of Masculinity*, hg. von Harry Brod. Boston 1987, S. 193–210

Mitchell, Timothy J., *Violence and Piety in Spanish Folklore*. Philadelphia 1988

Morris, Ivan, *The Nobility of Failure: Tragic Heroes in the History of Japan*. New York 1975

Munroe, Robert L., und Ruth H. Munroe, Perspectives suggested by anthropological data. In: *Handbook of Cross-Cultural Psychology*, hg. von Harry C. Triandis und William W. Lambert. Boston 1980, Bd. I, S. 253–317

Murdock, George P., *Ethnographic Atlas*. Pittsburgh 1967

Murphy, Michael, Coming of age in Seville: The structuring of a riteless passage to manhood. *Journal of Anthropological Research* 39 (1983), 376–92

Nadel, S. F., *The Foundations of Social Anthropology*. London 1951

Nandy, Ashis, *At the Edge of Psychology: Essays in Politics and Culture*. Delhi 1980

Newman, Philip, *Knowing the Gururumba*. New York 1965

Newman, Philip, und David J. Boyd, The making of men: Ritual and meaning in Awa male initiation. In: *Rituals of Manhood*, hg. von Gilbert H. Herdt. Berkeley 1982, S. 239–85

Obeyesekere, Genanath, The impact of Ayurvedic ideas on the culture and the individual in Sri Lanka. In: *Asian Medical Systems: A Comparative Study*, hg. von Charles Leslie. Berkeley 1976, S. 201–26

Ochberg, Richard L., The male career and the ideology of role. In: *The Making of Masculinities*, hg. von Harry Brod. Boston 1987, S. 173–92

O'Flaherty, Wendy D., *Women, Androgynes, and Other Mythical Beasts*. Chicago 1980

Ortner, Sherry B., Is female to male as nature is to culture? In: *Women, Culture, and Society*, hg. von Michelle Z. Rosaldo und Louise Lamphere. Stanford 1974, S. 67–88

– Gender and sexuality in hierarchical societies: The case of Polynesia and some comparative implications. In: *Sexual Meanings*, hg. von Sherry B. Ortner und Harriet Whitehead. Cambridge 1981, S. 359–409

Otten, Charlotte M., Genetic effects on male and female development and on the sex ration. In: *Male-Female Differences: A Bio-Cultural Perspective*, hg. von Roberta L. Hall. New York 1985, S. 155–217

Pater, Walter, *Plato and Platonism: A Series of Lectures*. London 1910
Paul, Robert A., Instinctive aggression in man: The Semai case. *Journal of Psychological Anthropology* 1 (1978), 65–79
Peristiany, J.-G. (Hg.), *Honour and Shame: The Values of Mediterranean Society*. London 1965
Pettigrew, Joyce, *Robber Noblemen: A Study of the Political System of Sikh Jats*. London 1975
Pitt-Rivers, Julian, *The People of the Sierra*. Chicago 1961
– Honour and social status. In: *Honour and Shame*, hg. von J.-G. Peristiany. London 1965, S. 19–77
– *The Fate of Shechem. Or the Politics of Sex*. Cambridge 1977
– (Hg.), *Mediterranean Countrymen*. Paris 1963
Pleck, Joseph, *The Myth of Masculinity*. Cambridge, Mass. 1981
Poole, Fitz John P., The ritual forging of identity: Aspects of person and self in Bimin-Kuskusmin male initiation. In: *Rituals of Manhood*, hg. von Gilbert H. Herdt. Berkeley 1982, S. 99–154
Quinn, Naomi, Anthropological studies on women's status. *Annual Review of Anthropology* 6 (1977), 181–225
Raphael, Ray, *The Men from the Boys: Rites of Passage in Male America*. Lincoln, Nebr. 1988
Read, Kenneth, *The High Valley*. London 1965
Reminick, Ronald A., The symbolic significance of ceremonial defloration among the Amhara of Ethiopia. *American Ethnologist* 3 (1976), 751–63
– The sport of warriors on the wane: a case of cultural endurance in the face of social change. In: *Sport and the Humanities*, hg. von William H. Morgan. Knoxville, Tenn. 1982, S. 31–36
Rin, Hsien, Koro: A consideration of Chinese concepts of illness with case illustrations. *Transcultural Psychiatric Research Review* 15 (1963), 23–30
– A study of the aetiology of koro in respect to the Chinese concept of illness. *International Journal of Social Psychiatry* 11 (1965), 7–13
Robarchek, Clayton A., Frustration, aggression, and the nonviolent Semai. *American Ethnologist* 4 (1977), 763–69
Robarchek, Clayton A., und Robert K. Dentan, Blood drunkenness and the bloodthirsty Semai: Unmaking another anthropological myth. *American Anthropologist* 89 (1987), 356–65
Rochlin, Gregory, *The Masculine Dilemma: A Psychology of Masculinity*. Boston 1980
Roland, Alan, *In Search of Self in India and Japan: Toward a Cross-Cultural Psychology*. Princeton 1988
Roy, Manisha, *Bengali Women*. Chicago 1975
Rubin, Gayle, The traffic in women: Notes toward a political economy of sex.

In: *Toward an Anthropology of Women*, hg. von Rayna Reiter. New York 1975, S. 157–210

Sahlins, Marshall, Poor man, rich man, big man, chief. In: *Confirmity and Conflict*, hg. von J. P. Spradley und D. W. McCurdy. Boston 1984, S. 274–88

Saitoti, Tepilit Ole, *The Worlds of a Maasai Warrior: An Autobiography*. Berkeley 1986

Salamon, Sonya, »Male chauvinism« as a manifestation of love in marriage. In: *Japanese Culture and Behavior*, hg. von Takie Sugiyama Lebra und William P. Lebra. Honolulu 1986, S. 130–41

Salisbury, Richard F., The Siane of the eastern Highlands. In: *Gods, Ghosts, and Men in Melanesia*, hg. von P. Lawrence und M. J. Meggitt. Melbourne 1965, S. 50–77

Sanday, Peggy R., Toward a theory of the status of women. *American Anthropologist* 75 (1973), 1682–1700

– *Female Power and Male Dominance: On the Origins of Sexual Inequality*. Cambridge 1981

Schafer, Roy, Men who struggle against sentimentality. In: *The Psychology of Men: New Psychoanalytic Perspectives*, hg. von Gerald J. Fogel, L. M. Lane und R. S. Liebert. New York 1986, S. 95–110

Schieffelin, Edward L., The *bau a* ceremonial hunting lodge: An alternative to initiation. In: *Rituals of Manhood*, hg. von Gilbert H. Herdt. Berkeley 1982, S. 155–200

Schneider, Jane, Of vigilance and virgins. *Ethnology* 9 (1971), 1–24

Schodt, Frederick, *Manga! Manga! The World of Japanese Comics*. Tokio 1983

Schwenger, Peter, *Phallic Critiques: Masculinity and Twentieth-Century Literature*. London 1984

Shapiro, Judith, Cross-cultural perspectives on sexual differentiation. In: *Human Sexuality: Comparative and Developmental Perspectives*, hg. von Herant A. Katchadourian. Berkeley 1979, S. 269–308

Shostak, Marjorie, *Nisa erzählt. Das Leben einer Nomadenfrau in Afrika* (*Nisa, The Life and Words of a !Kung Woman*, 1981). Reinbek b. Hamburg 1982

Simic, Andrei, Management of the male image in Yugoslavia. *Anthropological Quarterly* 42 (1969), 89–101

– Machismo and cryptomatriarchy: power, affect, and authority in the contemporary Yugoslav family. *Ethos* 11 (1983), 66–86

Slater, Philip, E., *The Glory of Hera. Greek Mythology and The Greek Family*. Boston 1968

Smith, Robert J., *Japanese Society: Tradition, Self and the Social Order*. Cambridge 1983

Smith, Robert J., und Ella L. Wiswell, *The Women of Suye Mura*. Chicago 1982

Spence, Janet, und Robert L. Helmreich, *Masculinity and Feminity: Their Psychological Dimensions, Correlates and Antecedents*. Austin, Tex. 1979

Spencer, Paul, *The Samburu: A Study of Gerontocracy in a Nomadic Tribe*. Berkeley 1965

– *Nomads in Alliance: Symbiosis and Growth among the Rendille and Samburu of Kenya*. London 1973

Spratt, Philip, *Hindu Culture and Personality*. Bombay 1966

Stearns, Peter N., *Be a Man! Males in Modern Society*. New York 1979

Stephens, William N., A cross-cultural study of menstrual taboos. In: *Cross-Cultural Approaches*, hg. von Clellan S. Ford. New Haven 1967, S. 67–94

Stoller, Robert, *Sex and Gender*. New York 1968

– Facts and fancies: An examination of Freud's concept of bisexuality. In: *Women and Analysis*, hg. von Jean Strouse. New York 1974, S. 343–64

Stoller, Robert, und Gilbert H. Herdt, The development of masculinity: A cross-cultural contribution. *Journal of the American Psychoanalytic Association* 30 (1982), 29–59

Strathern, Andrew, *The Rope of Moka*. Cambridge 1971

Strathern, Marilyn, Self-interest and the social good: Some implications of Hagen gender imagery. In: *Sexual Meanings*, hg. von Sherry B. Ortner und Harriet Whitehead. Cambridge 1981, S. 166–91

Taylor, Jared, *Shadows of the Rising Sun: A Critical View of the Japanese Miracle*. New York 1983

Theweleit, Klaus, *Männerphantasien*, 2 Bde., Frankfurt a. M. 1977

Thomas, Elizabeth Marshall, *Meine Freunde die Buschmänner* (*The Harmless People*, 1959). Frankfurt a. M., Berlin 1962

Thukydides, *Geschichte des Peloponnesischen Krieges*, hg. von Georg Peter Landmann. Zürich und München [2] 1976

Tierno Galván, Enrique, Los toros, acontecimiento nacional. In: *Desde el Espectáculo a la Trivilización*. Madrid 1961, S. 53–77

Tiger, Lionel, *Warum die Männer wirklich herrschen* (*Men in Groups*, 1971). München u. a. 1972

Tolson, Andrew, *The Limits of Masculinity: Male Identity and the Liberated Woman*. New York 1977

Tseng, W.-S., A socio-cultural and clinical study of a *koro* epidemic in Guangdong, China. Vortrag auf der Tagung der »Society for the Study of Psychiatry and Culture«, Quebec, 16.–19. 9. 1987. Zusammenfassung von R. H. Prince in: *Transcultural Psychiatric Research Review* 25 (1988), 74–77

Turnbull, Colin M., Mbuti womanhood. In: *Woman the Gatherer*, hg. von Frances Dahlberg. New Haven 1981, S. 205–19

Turnbull, John, *A Voyage Round the World in the Years 1800, 1801, 1802, 1803 and 1804*. London 1812

Tuzin, Donald F., *The Voice of the Tambaran: Truth and Illusion in Ilahita Arapesh Religion*. Berkeley 1980
- Ritual violence among the Ilahita Arapesh: The dynamics of moral and religious uncertainty. In: *Rituals of Manhood*, hg. von Gilbert H. Herdt. Berkeley 1982, S. 321–55
Van Gennep, Arnold, *Übergangsriten* (*Les rites de passage*, 1909). Frankfurt a. M. 1986
Vanggaard, Thorkil, *Phallos*. New York 1972
Veyne, Paul, Homosexuality in ancient Rome. In: *Western Sexuality*, hg. von Philippe Ariès und André Bejin. Oxford 1985, S. 26–39
Vivekananda, *The Yogas and Other Works*, hg. von S. Nikhilananda. New York 1953
- *Collected Works of Swami Vivekananda*, 8 Bde. Calcutta 1970
Whiting, John M. W., R. Kluckhohn und A. Anthony, The function of male initiation ceremonies at puberty. In: *Readings in Social Psychology*, hg. von Eleanor E. Maccoby, T. M. Newcomb und F. L. Hartley. New York 1958, S. 359–70
Whyte, Martin K., Cross-cultural codes dealing with the relative status of women. *Ethnology* 17 (1978), 211–37
Wikan, Unni, Shame and honour: A contestable pair. *Man* 19 (1984), 635–52
Williams, John E., und Deborah L. Best, *Measuring Sex Stereotypes: A Thirty-Nation Study*. Beverly Hills 1982
Williams, Walter C., *The Spirit and the Flesh: Sexual Diversity* in *American Indian Culture*. Boston 1986
Williams-Hunt, Peter D. R., *An Introduction to the Malayan Aborigines*. Kuala Lumpur 1952
Wilson, James, *A Missionary Voyage to the Southern Pacific Ocean in 1796, 1797, 1798*. London 1799
Wilson, Peter J., *The Domestication of the Human Species*. New Haven 1988
Wolf, Margery, *Revolution Postponed: Women in Contemporary China*. Stanford 1985
Wyatt-Brown, Bertram, *Southern Honor: Ethics and Behavior in the Old South*. New York 1982
Yap, P. M., Koro – a culture-bound depersonalization syndrome. *British Journal of Psychiatry* 111 (1965), 43–50
Young, Frank W., *Initiation Ceremonies: A Cross-Cultural Study of Status Dramatization*. Indianapolis 1965
Zweig, Ferdynand, *The Worker in an Affluent Society*. New York 1961

Namen- und Sachregister